MARADONA

EL PRIMER DIEGO

MAXI KRONENBERG

Maradona el primer Diego / Maximiliano Kronenberg - 1a edición
LIBROFUTBOL.com, 2022.

188 páginas; 15,2 x 22,9 cm.

ISBN 978-987-8370-92-7

1. Fútbol.
CDD 796.334092

Maradona el primer Diego
de Maximiliano Kronenberg

Cubierta: Luciano Medvetkin	Foto del autor: ©Johanna Jezernicki IG: @johanna_jezernicki_ph
© 2022– Maximiliano Kronenberg © 2022– LIBROFUTBOL.com	Todos los derechos reservados

No se permite la reproducción parcial o total, el almacenamiento, el alquiler, la transmisión o la transformación de este libro, en cualquier forma o por cualquier medio, sea electrónico o mecánico, mediante fotocopias, digitalización u otros métodos, sin el permiso previo y escrito por el editor. Su infracción está penada por la ley.

ISBN 978-987-8370-92-7	1ª edición: septiembre 2022

ediciones@librofutbol.com

+54 9 11 2215 1982

librofutbol

Av. del Libertador 6898 - Núñez - Ciudad de Buenos Aires - Argentina

ÍNDICE

INTRODUCCIÓN

En la raíz está todo, en el gen, en la matriz, en el origen. Es el ADN que llevamos dentro desde que nacimos y luego lo expresamos a través de una pelota de fútbol. Quienes amamos al deporte más hermoso de todos sentimos este primer flechazo, sin siquiera haber tenido uso de razón que nos provoque el desvío de ese destino inexorable que sentimos por jugar al fútbol. Es más: gracias a la pelota, comenzamos a dar nuestros primeros pasos mucho antes de hilvanar tres palabras corridas, también dormimos abrazados a ella, crecimos con un balón en los pies o en la cabeza y hasta pensamos llevarlo de recuerdo cuando se apaguen nuestras vidas.

Vivimos y respiramos fútbol todo el tiempo. Jamás nos cansaremos de ver partidos o de jugar al fútbol, ya sea en el patio de la casa, en la placita o en el potrero, donde ahí surgían los grandes cracks a fuerza de goles y patadas. Había que hacerse fuerte allí; jugar al fútbol (o la pelota) era cosa de guapos en serio en ese baldío irregular y pelado donde reluce más tierra que césped.

Si habremos jugado en alguna canchita de fútbol 5 o de 7 alfombrada, esas que te deja las rodillas peladas, o que el marco de las cortinas de los comercios cerrados se disfracen de arcos mientras el esférico rebota en el cordón de la vereda y sale para cualquier lado o rueda a los tumbos por el empedrado. O tal vez en alguna canchita blanda, dura, también de barro, el hormigón del baby, el parquet de fútbol sala la sintética del futsal, o en el verde césped que resplandece la entrañable cancha de 11. Por eso, el fútbol es la sangre que corre por nuestras venas, lo que nos moviliza y nos conmueve, los que nos motiva y lo que, en cierto modo, le da sentido a nuestras vidas.

Los argentinos tenemos numerosos defectos pero conservamos un ADN difícil de desentrañar: el estilo de juego elegante y el buen trato de la pelota que nos enamora. Es el fútbol lo que nos apasiona, lo llevamos tan adentro que es parte de nuestras vidas. Pero sabe-

mos que primero siempre queremos ganar, como marca la esencia del fútbol

Aunque seamos de carne y hueso, con nuestros errores, virtudes, talentos, defectos y torpezas dentro del campo de juego, ¿quién no habrá soñado en convertir un gol como el de Maradona a los ingleses? ¿Quién no se habrá ilusionado con gambetear a tres rivales juntos y marcar un golazo "a lo Messi", en una jugada perfecta y memorable de PlayStation que apenas dura un instante? ¿Cuántos amigos habremos cosechado gracias al fútbol que nos ha unido? ¿Y con cuántos desconocidos habremos compartido algún equipo sin que importara su nombre, religión, preferencia sexual ni estatus social?

Por eso, si existiera una Ley del Fútbol, su lema sería que podemos cambiar de nombre, de novia, de país, de trabajo o de carrera de estudio, pero jamás podremos cambiar de camiseta. Y a eso vamos...

La cantera es el semillero que promueve jugadores. Las canteras, el semillero o las inferiores son el alma del club, las que definen el estilo de juego de un futbolista desde sus inicios en la etapa de formación hasta su consagración. La cantera es amor por el club, es el sentido de pertenencia que tiene un jugador con la institución, un flechazo al corazón de los hinchas cuando el club de sus amores promueve a un futbolista a la Primera División. También son los jugadores quienes sienten orgullo en nombrar ese maravilloso legado que se va traspasando con el correr de los años.

Cualquiera sea el orden, no caben dudas que Alfredo Di Stéfano, Diego Armando Maradona y Lionel Messi son tres de los cinco mejores jugadores que ha dado la historia del fútbol mundial. Los tres cracks son argentinos y surgieron de tres canteras distintas y también argentinas que, con el paso del tiempo, siguen estando entre las mejores del planeta.

¿Cuáles son las mejores canteras del fútbol argentino?

No quedan dudas de que hay tres por excelencia: River Plate, Argentinos Juniors y Newell's Olds Boys que se transformaron en verdaderas fábricas de cracks y de otros jugadores de buen pie, como se dice en la jerga futbolera.

Tanto River como Argentinos y Newell's se distinguen por su estilo refinado del juego y el buen trato del balón a lo largo del tiempo. Ambas mantienen su filosofía de contar con una identidad única para formar jugadores.

Por eso, la idea inicial de este libro consiste en enaltecer a estos clubes que promovieron a la Saeta Rubia, a Pelusa y a Leo, los tres mejores jugadores que ha dado el fútbol argentino y que representan la excelencia del fútbol mundial, además de explicar por qué River, Argentinos y Newell's siguen siendo las mejores canteras: qué es lo que proponen al momento de formar jugadores, qué las diferencia del resto, qué las identifica y cuál es su historia, entre otras cosas.

Debido a la magnitud de este trabajo de investigación —que me ha costado más de cuatro años elaborarlo para convertirlo en realidad—, Libro Fútbol consideró que lo mejor era convertir mi idea inicial en una trilogía. Es decir, contar los orígenes de cada uno de estos cracks argentinos y vincularos con sus clubes de pertenencia: Alfredo Di Stéfano (River), Diego Armando Maradona (Argentinos Juniors) y Lionel Messi (Newell's Old Boys).

Esta propuesta la acepté con la más absoluta franqueza y me ilusiona mucho más al tener el orgullo de contar los orígenes de los tres cracks más importantes que ha dado nuestra bendita tierra argentina que, además, figuran entre los cinco mejores futbolistas de la historia. La idea no es compararlos, tampoco rivalizarlos, sino rendirles un sentido homenaje acorde a su grandeza.

Es por eso que mi necesidad, mejor dicho, mi pasión por la escritura o por la literatura de la pelota consiste en contar este tipo de historias sobre estos tres personajes de película, desde un sentido romántico, y vincularlas pura y exclusivamente con el fútbol, sin necesidad de recurrir a los golpes bajos.

En Maradona. "El Primer Diego", el segundo libro de mi trilogía, cuento los comienzos de Diego Armando Maradona, también conocido como 'Pelusa', el niño maravilla que se convirtió en gigante como consecuencia de un hecho fortuito, cuando a los 8 años fue descubierto por Francisco Cornejo, un cazatalentos quien rápidamente lo integró a Los Cebollitas, el equipo sensación de las inferiores de Argentinos Juniors en la década de los setenta, que aún tiene el récord de partidos invictos en el fútbol argentino.

Diego era un diamante sin pulir, un volcán de fútbol en estado de ebullición. Su destino estaba marcado desde pequeño. Pelusa, o el Pibe de Oro, concretó el sueño de "jugar un Mundial y salir campeón en la octava de Argentinos Juniors", como auguraba en una entrevista a un programa de TV. Y vaya si lo cristalizó…

Dueño de una magia inigualable, su aparición eclipsó a todo el fútbol argentino en el último cuarto del siglo XX. Desde los 15 años, Pelusa embelleció las canchas con su fútbol y deslumbró a todos con sus goles, sus asistencias, con sus gambetas y con tantas genialidades con la pelota. Fue un jugador único, incomparable, un malabarista de la pelota, con un estilo de juego que roza con la perfección, un jugador fantástico que hacía culto de la estética por sus

movimientos, un don natural del que gozan solo los cracks del fútbol mundial.

Diego era amor puro por el fútbol, un artista de la improvisación, de la épica y de la emoción. Un manual ilustrado capaz de hacer genialidades impensadas desde su zurda mágica. Tenía una manera de jugar tan bella que contagiaba a cualquiera. Los hinchas se enamoraron del jugador estrella del momento. Acaso, se trata de la aparición más deslumbrante en la historia del fútbol argentino. Por más que quisiéramos intentarlo una y mil veces, ningún ser humano podrá repetir sus hazañas con sabor a gloria eterna.

Pero Diego fue mucho más allá de una pelota de fútbol. Su figura atravesó todas las barreras sociales y culturales y saltó a la fama interplanetaria desde que le convirtió dos goles memorables a los ingleses: el primero fue con la mano y el otro, "El Gol del Siglo", su obra maestra, el gol que siempre soñamos desde niños: nada menos que en un Mundial de fútbol para luego levantar la Copa en México 86 y quedar en la cima del mundo. Diego fue, es y será patrimonio cultural, simbólico y futbolístico de los argentinos.

Desde entonces, el astro argentino se convirtió en un mito viviente: en el futbolista más grande de todos los tiempos. Solamente Pelé y Alfredo Di Stéfano podrían entrar en la polémica para saber quién fue el mejor jugador en el siglo XX.

Diego fue nuestra bandera, fue sinónimo de Argentina, cuando muy pocos sabían dónde estaba nuestro país en el mapa. En las décadas de 1980 y 1990, atravesó todas las fronteras, mucho antes de que existiera internet, previo a la era de la globalización. Y en más de una oportunidad, nos habrá sacado de un embrollo: con solo mencionar a nuestro país, inmediatamente venía la palabra "¡Maradona!" con signos de exclamación en cualquier rincón del planeta.

Maradona se metió en el corazón de los argentinos. Su épica mundialista y su pasión por el fútbol le ganó por goleada a sus polémicas, a su arrogancia, a sus contradicciones, a su rebeldía y a sus desenfrenos, a sus infiernos con las drogas y a sus declaraciones frente a sus enemigos. Diego es una canción de tango que despierta todo tipo de emociones y se metió en la galería de los grandes ídolos populares argentinos, junto a Carlos Gardel, Juan Domingo Perón y Evita.

Su pasión por el juego y sus proezas en la cancha escapan a todo tipo de lógica. Cuando el corazón le gana a la razón, no hay manera de explicar tantos sentimientos encontrados hacia un individuo que, por solo jugar a la pelota, dio todo por la bandera argentina.

Existen millones de libros que detallan la vida y obra de Diego Armando Maradona, desde sus frases más polémicas, biografías, autobiografías y sus proezas. Su paso por Boca Juniors, Barcelona, los goles a los ingleses, el Mundial de México 86, el subcampeonato en Italia 90 y su consagración como Dios absoluto en el Napoli, entre tantos otros temas.

Y como lo obvio se traduce en evidente, lo que aquí propongo es un libro diferente, conocer más a fondo los orígenes de Diego Armando Maradona: su infancia en Villa Fiorito, que siempre reconoció con orgullo como su lugar de pertenencia, y ese potrero que lo formó como jugador estelar y lo llevó a la cima del mundo.

Mi libro consiste en conocer un poco más sobre los orígenes de Pelusa desde un costado romántico, y sacar a la luz quién era ese humilde pequeño que a los 15 años deslumbró a todos cuando debutó en Primera, y una década más adelante se convirtió en el mejor jugador del mundo. Se trata de contar historias simples desde otra perspectiva que agiganta aún más su figura.

También está su paso por Los Cebollitas, su amor incondicional por Doña Tota, su debut estelar en Argentinos Juniors y su nueva vida familiar en el barrio de La Paternal. Tampoco falta su idolatría por Bochini, sus mejores goles con la camiseta del Bicho —para muchos, su mejor etapa como futbolista—, el pase a Boca que revolucionó el fútbol argentino a comienzos de la década del ochenta, su historia de amor y desencuentros con la Selección Argentina, y ese triste y solitario final que produjo su desaparición física, un vacío difícil de llenar cargado de dolor y nostalgia. Pero, aunque no lo veamos, Diego fue, es y será eterno.

¿De qué jugaba Diego? ¿Cómo llegó a Los Cebollitas? Su paso por las inferiores de Argentinos Juniors, la historia de su debut en Primera frente a Talleres. ¿Cuántos goles convirtió en el fútbol argentino? ¿Era hincha de Boca o de Independiente? ¿Por qué no jugó en River en su mejor época? ¿Qué significa Maradona en la historia del fútbol argentino? Estas y otras preguntas serán respondidas a lo largo de este libro que desempolva los orígenes (y secretos) de Diego Armando Maradona. Diego, Pelusa, Pelu Dieguito, El Pibe de Oro, Barrilete Cósmico, Dios, D10S, el genio del fútbol mundial, el astro argentino, El Diego... Simplemente, el mejor jugador de todos los tiempos.

Indudablemente, el fútbol argentino ha tenido un antes y un después a raíz de la aparición del *Pibe de Oro* despertó amores y suspiros, acaparó toda la imaginación en el ambiente del fútbol. Por eso, mi obra también es un tributo a Argentinos Juniors, el club que lo formó y también logró retroalimentarse cuando se convirtió en una fábrica de *cracks* por excelencia. Este y otros temas forman parte del capítulo II de este libro.

Gracias al Semillero del Mundo, apareció una camada de notables jugadores distinguida por el paladar futbolero del hincha en las últimas cuatro décadas que más adelante alcanzaron el éxito en diferentes lugares en el planeta: Claudio Bichi Borghi, Fernando Redondo, Sergio Checho Batista, Juan Pablo Sorín, Juan Román Riquelme, Esteban Cambiasso y muchos otros más. Nombrarlos a todos tiene una conexión directa con Diego Maradona, sinónimo de la excelencia del fútbol, también nacidos en La Paternal.

Y eso no es todo, porque el Bicho también consiguió posicionarse en la vanguardia en el fútbol local y también fue reconocido en el extranjero gracias a la aparición de grandes sus figuras que germinaron del semillero, ese orgullo de pertenencia y por mantener una identidad de juego acorde a su historia.

¿A qué juega Argentinos? ¿Por qué se ha convertido en una de las instituciones formadoras de talento de mayor prestigio en el mundo? Además, sus años dorados con el Metropolitano 1984, el Nacional 1985, la soñada Copa Libertadores 1985, el inolvidable partido frente a la Juventus por la Copa Intercontinental en Japón, los partidos memorables y otros grandes éxitos deportivos que lo ubican entre los grandes equipos de la historia del fútbol argentino.

Por eso, este libro develará los secretos de las mejores canteras del planeta fútbol: Argentinos Juniors se transformó en el orgullo para sus hinchas, en el sentimiento genuino por el buen juego desde la década de 1980. El club de barrio se hizo mundialmente conocido gracias a la aparición deslumbrante de Diego Armando Maradona y luego mantuvo su esencia como uno de los principales fabricantes de *cracks* del planeta para convertirse en el Semillero del Mundo.

Esta obra es resultado de un minucioso trabajo de investigación que consistió en meterse en el corazón de cada club y conocer su historia, su presente y su gloria. También gracias a la opinión de exfutbolistas, entrenadores, periodistas, historiadores y destacadas figuras del ambiente del fútbol que sienten ese orgullo de pertenecer a la institución.

Diego Armando Maradona, el mayor símbolo que ha dado el fútbol argentino, también uno de los tres argentinos que figuran entre los cinco mejores jugadores de todos los tiempos, según los especialistas y la consideración popular en el planeta fútbol. No habrá nadie como como él: el abanderado del fútbol con el ADN bien argentino.

PRÓLOGO

Kobe Bryant, antes de su trágico final, contó que su momento inolvidable de niño había sido ya de adulto, cuando conoció a Diego Maradona. Un número uno rendido a los pies de otro número uno. ¡Qué nos queda para el resto de los mortales! Todos soñamos alguna vez con ser futbolistas, con ser Maradona, con conocer a Maradona. Los que decidimos volcarnos al periodismo tuvimos, con más o menos suerte, la posibilidad de estar cerca alguna vez del gran ídolo. Pero no solamente desde una cuestión física. Hemos recorrido su trayectoria desde varias aristas, en notas periodísticas, en informes, en libros. Sobre Diego Armando Maradona, el mejor jugador de todos los tiempos, se ha escrito mucho y se seguirá escribiendo. En esta obra, en esta confesión de Maxi sobre el ADN futbolero, hay una búsqueda centrada en los orígenes y sus relaciones. No hay Diego sin sus orígenes; no hay Diego sin los Cebollitas; no hay Diego sin la Tota; no hay Diego sin Bochini; no hay Diego sin Argentinos y Boca; no hay Diego sin la Selección; no hay Diego sin la Mano de Dios y las otras manos de Dios; no hay Diego sin el Gol del Siglo, sin sus mejores goles; no hay Diego sin el inesperado adiós. Después hay un montón de otros Diego, más alejado de la pelota, pero siempre transpirando fútbol, viviendo la vida con pasión.

Aunque en la historia puede resultar una casualidad, Diego llegó a Argentinos atraído por el imán del Semillero del Mundo antes de ser el Semillero del Mundo. Y entonces también es necesario explicar el antes y el después de ese pequeño club de La Paternal que tiene una patente identitaria y orgullosa como ningún otro. Los éxitos llegaron después de Diego. Pero Diego llegó al Bicho y no a otro club cuando tenía apenas 9 años. "Maradona. El primer Diego..." es el desafío de Maxi de una trilogía que promete. Disfrutemos de Diego mientras esperamos por Afredo Di Stéfano y Lionel Messi.

Oscar Barnade

CAPITULO I

UN TAL PELUSA

Podría decirse que los primeros días de marzo de 1969 marcaron un antes y un después en la historia de Argentinos Juniors. Su pequeña estructura y sus recursos económicos limitados hacían que el modesto club del barrio de La Paternal se acostumbrara a mirar la tabla de posiciones de la mitad hacia abajo. Su principal objetivo consistía en mantener la categoría en Primera División en lugar de ir en busca del campeonato.

En algún miércoles de marzo, después del entrenamiento, Gregorio Carrizo, un pibe de las Infantiles de Argentinos, le preguntó a su entrenador Francisco Cornejo,[1] si podía traer a un amigo, un vecino del barrio que tenía la misma edad, pero jugaba mejor que él para probarlo el próximo sábado.

—¿Mejor que vos? No creo que haya otro mejor que vos. Traelo igual —contestó el técnico al mejor jugador y goleador del equipo.

A la semana siguiente, Gregorio, o Goyo para los conocidos, presentó a su vecino a probarse en una mañana lluviosa en el Parque Saavedra (hoy Parque Sarmiento), donde practicaban las categorías menores antes de pasar a las Inferiores del Bicho.

Finalmente, su vecino apareció en la práctica del complejo Las Malvinas con un pantalón largo color marrón, con una descolorida remera verde y con sus zapatillas azules bien gastadas. Junto a Diego estaban Goyo Carrizo, Montaña y Duré, también de Fiorito. Como había llovido mucho el día anterior, el entrenador decidió llevarse a los pibes en la caja del Rastrojero anaranjado modelo 62 de

---

1 Francis Cornejo fue el descubridor de Diego Maradona. Falleció el 13 de enero de 2008 a los 76 años en el Policlínico Bancario.

José Trotta y hacer la práctica en Parque Saavedra para preservar la cancha.

José, el padre de Oscar que también jugó en Los Cebollitas con Pelusa, fue un hombre clave en la vida de Cornejo y de Maradona. En sus ratos libres que tenía como fletero, le gustaba acercarse a los picados para descubrir nuevos talentos, convencer a los padres y llevárselos a que hicieran una prueba en Argentinos Juniors. Así, Francis pudo nutrirse de una gran camada de pibes para conformar un equipo soñado.

Eran tiempos donde los padres pensaban que los chicos podían jugar al fútbol por diversión y no por presión familiar. Con todo el sacrificio que tenían que hacer para llevarlos al colegio, si el nene tenía talento, con suerte se apostaba a un futuro mejor para hacer alguna diferencia económica, quizá no tan prometedora como en estos tiempos donde muchos piensan más hacer dinero con los pibes que en la esencia de jugar a la pelota.

Y en solo 15-20 minutos dejó deslumbrado al entrenador cuando lo vio en acción. Diego, o Pelusa, había dado una clase magistral de fútbol a base de goles, pases mágicos y gambetas con su zurda de oro en medio del barro. En una jugada, controló una pelota de aire y con la zurda le tiró un sombrero a un rival y se la llevó hasta el área sin que la pelota tocara el suelo. Don Francis quedó perplejo por esa obra de arte de un pibe de solo 8 años.

Años más tarde, aquel descubridor de talentos había confesado que nunca había visto en su vida a alguien que hiciera lo que hizo ese chiquilín con el balón. Aunque también reveló que jugadores como Diego hubiera sido descubierto por cualquier entrenador ya que su genialidad y talento estaban a la vista de todos. "Si no lo veía yo, lo veía otro", sentenció Cornejo.

En su libro *Maradona Cebollita* (2011), Cornejo cuenta al detalle qué fue lo que lo impresionó de este enorme bajito:

"Hay una que no me la voy a olvidar jamás, porque cierro los ojos y la sigo viendo como si fuera ayer. ¿Ayer, dije? No, ayer no, como si la estuviera viendo ahora mismo. Cuando a un jugador la pelota le viene de aire, lo que hace es bajarla con el pie y después la deja caer al suelo y ahí patea o toca. Eso es lo que hacen todos. Pero aquel pibe no, aquel pibe hizo otra cosa: la dominó con la zurda, en el aire y, sin dejarla tocar el piso, con el pie todavía en el aire, le volvió a pegar para hacerle un sombrerito a un rival y mandarse hacia el arco contrario. La jugada siguió pero yo me quedé mirándolo, mirándolo a él. 'Es un enano', pensé. No podía tener ocho años, era seguro".

Don Francis quedó atónito con lo que había visto. Incluso, llegó a pensar que aquel malabarista de la pelota no era un niño de la misma edad de Goyo, sino que se trataba de un enano. Entonces, le pidió que le mostrara su documento.

-Lo tiene mi mamá en casa, dijo el ilustre desconocido.

El entrenador ya tenía el equipo de la categoría '60 armado. Pero no se dio por vencido. Partió con su gran amigo y ayudante de campo José "Yayo" Trotta y con los tres chicos que llevaba en el Rastrojero hacia la vivienda del pequeño crack, en Azamor 523, en Villa Fiorito, un suburbio ubicado al noroeste del partido de Lomas de Zamora, al sur de la provincia de Buenos Aires, para ver el documento y certificar si efectivamente el chiquilín tenía 8 años o si se trataba de un enano, como él creía.

Allí apareció Doña Tota, la madre del "enano" de Fiorito, y le mostró la partida de nacimiento que indicaba que había nacido el 30 de octubre de 1960 en el Policlínico Evita de Lanús. Pero no tenía el documento de su hijo, ya que nunca lo había tramitado.

Diego o "Pelusa", cuyo apodo proviene porque había nacido con mucho pelo y por su melena morena y ensortijada de rulos, es el quinto hijo y el primer varón de la familia Maradona. En total son ocho hermanos: antes habían nacido Ana, Rita, Rosa, Beatriz y luego vinieron Raúl o "Lalo", Hugo[2] (el "Turco") y Claudia.

Los Maradona son una familia de clase humilde y trabajadora proveniente de Esquina, Corrientes. Habían llegado a Buenos Aires en busca de un futuro mejor. Don Diego se dedicaba al cebo de carne: trabajaba a destajo con su camión para recoger los huesos usados de las carnicerías. Mientras tanto, su esposa Dalma Salvadora Franco cuidaba a sus ocho hijos en la humilde casita de Villa Fiorito.

Eran tiempos muy duros para los Maradona. El padre trabajaba a sol y a sombra para alimentar a los nueve integrantes de la familia pero, a veces, el estómago le crujía a Doña Tota, que prefería dejar

---

2 Hugo Maradona, "El Turco". Al igual que Diego, se formó en las inferiores de Argentinos Juniors. Es el menor de los hermanos Maradona. En 1985 se destacó en el Sudamericano Sub-16 en la Selección Argentina junto a otras jóvenes promesas del fútbol argentino como Fernando Redondo, Lorenzo Frutos y Pedro Sallaberry. Jugó 19 partidos en Argentinos Juniors y anotó un gol. Además, ganó la Copa Interamericana de 1986. En 1987 fue transferido al Napoli de Italia para jugar con su hermano Diego pero no logró disputar ningún partido oficial. También jugó en el Ascoli (Italia), Rayo Vallecano (España), Rapid Viena (Austria) y en el Avispa Fukuoka (Japón), entre otros clubes. En total, jugó 236 partidos y anotó 100 goles en toda su carrera. Falleció el 28 de diciembre de 2021 en su casa Nápoles (Italia), donde vivía, como consecuencia de un paro cardíaco. Su deceso se produjo 13 meses y 3 días después de la muerte de Diego, ocurrida el 25 de noviembre de 2020. "El Turco" tenía 52 años.

de comer con tal de que sus hijos pudieran probar un pedazo de carne.

Cornejo le insistió a la madre a realizar el trámite para que su hijo pudiera jugar en Argentinos Juniors. Finalmente, el 5 de diciembre de 1970 fue fichado en "Los Cebollitas", la categoría menor del modesto club de La Paternal. Diego o "Pelusa" tenía 9 años.

Desde entonces, nacía la leyenda de Diego Armando Maradona, también conocido como el "Pibe de Oro", y su relación con Argentinos para luego ilustrar las mejores páginas de la historia del fútbol local y convertirse en el mejor jugador del planeta.

MARADONA Y LOS CEBOLLITAS

"Mis sueños dos: el primero es jugar el Mundial y el otro es salir campeón en octava". Con el tiempo, aquella confesión se transformó en leyenda. Dieguito apenas tenía 14 años y desde entonces soñaba despierto frente a las cámaras que lo entrevistaban para "Sábados circulares", el popular programa televisivo de "Pipo" Mancera por Canal 13, a mediados de la década del '70.

Mientras, otra imagen -también en blanco y negro- lo enfocaba haciendo malabarismo con la pelota en la canchita donde jugaba en Villa Fiorito. Se trata de la primera aparición pública de Diego Armando Maradona registrada por las cámaras de la TV. Sus declaraciones recorrieron el mundo y resultaron un presagio de lo que vendrá, como si aquel muchachito bastante tímido pero demasiado atrevido con la zurda se adelantara a los hechos antes de convertirse en el mejor futbolista de todos los tiempos.

En 1970, Diego fue incorporado a Los Cebollitas, casi un año después de su presentación estelar en el Parque Saavedra. Tenía 9 años e integraba el equipo sensación de la categoría 1960 de las infantiles antes de iniciar su etapa formativa en las inferiores de Argentinos Juniors.

Los Cebollitas era el equipo de las categorías infantiles en el fútbol argentino. Los pequeños cracks nacidos en 1960 estaban dirigidos por Francis Cornejo, un ex empleado del Banco Hipotecario que así bautizó a su equipo por la frescura y el desparpajo que exhibían sus dirigidos en cada partido. En sus ratos libres se ofrecía como director técnico de las categorías menores y además se dedicaba a descubrir talentos, las futuras "joyas" de la Asociación Atlética Argentinos Juniors. Don Francis era el filtro para captar y fichar jugadores de las infantiles y luego promoverlos a las inferiores del Bicho.

Para aprender a jugar al fútbol no había secretos ni misterios. La fórmula que aplicaba Cornejo era muy simple y efectiva: consideraba que las prácticas debían convertirse en un mero espacio de entretenimiento para que los más chicos pudieran aprender a jugar al fútbol y disfrutarlo a pleno, sin presiones de familiares ni de terceros. Con Francis como entrenador, las reglas de juego estaban claras en el fútbol amateur de Argentinos Juniors.

"Francis Cornejo fue lo mejor que le pasó a AAAJ en los últimos 50 años. Formó la esencia de AAAJ. Ahora hay una platea a su nombre. Mi intención es que el complejo del Bajo Flores se llame de esa manera", cuenta Javier Roimiser, historiador de fútbol especializado en Argentinos Juniors "profesionalmente" desde 1996 y actual responsable del Departamento de Historia y Estadísticas de AAAJ.

Como no estaban inscriptos en los torneos de AFA por tratarse de la categoría más baja, el pequeño gran equipo del barrio de La Paternal comenzó a jugar partidos entre sí y también se presentaba en algunos torneos barriales.

También participaron en los Torneos Evita de 1973 y 1974. En esa época, los clubes de AFA no podían llevar su nombre oficial en esta competencia pero podían estar representados por seudónimos. Así como "Los Cebollitas", una idea de Francis, era sinónimo de la escuelita de fútbol de la Asociación Atlética Argentinos Juniors, "La Banda Roja" representaba al Club Atlético River Plate y "Los Matadores" al Club Atlético San Lorenzo, entre otros. Dieguito Maradona tenía entre 12 y 13 años.

En 1973, los Cebollitas perdieron por penales en semifinales contra un equipo de Santiago del Estero, de la localidad de Pintos, que le cortó una racha de 94 partidos invicto. Aquel día, en la localidad cordobesa de Embalse, Diego había errado su penal. [3]

Al año siguiente, Los Cebollitas -con Maradona a la cabeza- se consagraron campeones del Torneo Evita al derrotar a un equipo de Misiones por 3-0, en la misma temporada en la que "Pelusa" ganó el torneo de Novena División, su primer título oficial en AFA jugando para Argentinos Juniors.

Eran tiempos donde todas las categorías de Argentinos tenían como premisa jugar por abajo y hacer pases cortos al compañero, un estilo que estará marcado a fuego en las próximas décadas.

---

3 Artículo "Las Curiosidades de los Juegos Evita", del Ministerio de Turismo y Deportes de la Nación publicado el 26 de abril de 2020 https://www.argentina.gob.ar/noticias/las-curiosidades-de-los-juegos-evita

Sin embargo, la destreza técnica que tenían los jugadores de Los Cebollitas era abrumadora respecto a la de los rivales de la categoría '60, y quedaba mucho más exaltada por la figura estelar del "Pelusa" Maradona.

Desde muy chiquitos, sus hermanitos Lalo y Hugo iban a verlo jugar a su gran ídolo a los entrenamientos y también a los partidos.

-¿Cómo es Diego como hermano?, preguntó en 1979 el periodista Eduardo Carpio, en una de las primeras entrevistas que se conocen sobre la vida de "Pelusa" y su familia.

-Es un fenómeno. Es mi mejor amigo y mi mejor hermano. Nos trae todo, respondió Huguito, con solo 10 años.

-Turco, vos jugás en Argentinos Juniors. ¿De qué jugás?

-De nueve.

-¿Pensás ser como Diego?, insistió el cronista.

-No. Nunca pensé en llegar a eso porque mi hermano es un marciano. No se puede discutir, concluyó Huguito, tajante.

Diego jugaba de 10 "clásico" como Ricardo Enrique Bochini, su gran ídolo de siempre y figura en Independiente, capaz de exhibir su talento por todo el frente de ataque. Maradona es el manual completo del fútbol argentino, el típico jugador de potrero que brillaba con luz propia en cualquier cancha, sin distinción de rivales, edades competencia y categoría. Su gambeta era su condición innata al igual que los piques cortos, los pases con precisión quirúrgica, su olfato goleador, panorama de juego y, sobre todo, su pegada con la zurda mágica. El "Pibe de Oro" tenía un guante en el pie izquierdo.

"No hacía falta saber tanto da fútbol para dase cuenta que (Diego Maradona) era una cosa distinta. El jugador nace, yo no le ensené a jugar al fútbol. Nadie la va a enseñar a jugar al futbol a nadie. Lo va a ir perfeccionando, corrigiendo, pero el jugador es natural", declaraba Francis Cornejo a los medios.

Años más tarde Diego confesaba que su técnica la fue adquiriendo con el típico "va y viene", un ejercicio típico en la niñez que consiste en tirar la pelota contra la pared y controlarla rápidamente. En este caso, lo hacía con su pie izquierdo, su pierna hábil.

Quienes fueron testigos de su evolución aseguran que este chiquilín proveniente de Villa Fiorito era un jugador atrevido dentro de la cancha pero muy tímido y humilde fuera del campo de juego. Ya desde muy pequeño, "Pelusa" estaba a años luz de cualquier futbolista terrenal.

Maradona era un diamante sin pulir, un adelantado para la época, porque una cosa es tener talento y otra bien diferente es ser un genio, y Diego reunía ambos conceptos. Tenía ese estilo incorporado ya que desde muy pequeño jugaba con los más grandes en el potrero de Fiorito, ese terreno despojado de pasto en el que la pelota con algunos gajos apenas podía rodar en un campo irregular en el que predominaban los pozos de todos los tamaños y, si llovía, habrá que jugar igual en medio del barro. En el potrero, el fútbol es cosa de guapos.

Cornejo era consciente que tenía en sus manos una de las joyas más preciadas para cualquier entrenador. Además de su talento con la pelota y de su admirable capacidad acrobática, Dieguito siempre destacó por su freno repentino, el pique corto demoledor, esos ojos que tiene en la nuca para leer la jugada y la típica lengua afuera que lo distingue como crack al momento de hacer una gambeta. Sin embargo, había que moldearlo desde pequeño para que años más tarde pudiera dar el salto a Primera y llegar a la consagración como el mejor futbolista del planeta.

El entrenador notó que Diego jugaba de volante, ocupando la función del clásico 10 recostado sobre la izquierda, pero nunca se movía hacia la derecha. *"Jugá donde te sientas más cómodo pero también buscá donde haya espacios y sea más fácil, trotá por todo el frente de ataque"*, fue unos de los consejos del descubridor de talentos.

Don Francis también le indicaba cómo tenía que definir la jugada, sobre todo cuando tenía que ejecutar un penal. ¿Cuál era el secreto? *"Tres metros de distancia mirando la pelota y un metro antes, levantar la cabeza y mirar al arquero".*

Diego y su gran amigo "Goyo" fueron compinches en los comienzos de Los Cebollitas. Juntos, se cansaron de hacer goles y de demoler defensas tirando paredes frente a cualquier rival. Fiorito y Argentinos los unía. El fútbol, el club, el barrio y el potrero, su lugar de pertenencia. Por eso, compartieron innumerables anécdotas durante la infancia, dentro y fuera de la cancha.

"Goyo y Diego bailaban en la cancha, se entendían de memoria porque venían de Fiorito. Era una cosa espectacular. Nunca a vi a nadie que lo acompañe como ese muchacho", recordaba Don Francis, visiblemente emocionado.

Diego y Goyo eran amigos inseparables. También hacían travesuras, como todo chico de cualquier edad y de cualquier clase social. "A veces hacíamos cosas que no debíamos hacer, como viajar colgado del tren para guardar esa poquita plata cuando veníamos de entrenar y comernos una pizza o tomar un vaso de Coca. Esas son

cosas malas", decía Carrizo a la TV inglesa. Y completa: "a veces comíamos juntos cuando terminaba un partido, sufríamos lo mismo, donde iba uno iba el otro como si fuéramos carne y uña, siempre juntos".

El debut de Diego en la novena fue contra Independiente. Los Cebollitas ganaron 4 a 0 con dos tantos de "Pelu" en la vieja cancha del Rojo, en Avellaneda. El "10" dejó su sello en el segundo gol: primero eludió al arquero y después se metió en el arco con pelota y todo. Enseguida, comenzó a hacer jueguitos en mitad de cancha.

En la platea estaban nada menos que Ricardo Bochini y Daniel Bertoni, dos emblemas de Independiente, muchos años antes de que fueran campeones del mundo con la Selección Argentina. La historia cuenta que en ese momento, Diego no sabía que lo estaba observando su máximo ídolo hasta que le avisaron que el Bocha lo estaba mirando desde la platea. Pelusa quedó asombrado cuando se enteró de lo sucedido y "se fue del partido" pero inmediatamente volvió tras el grito de Cornejo. Tras la goleada consumada, Bochini lo fue a visitar al vestuario. Pelusa creyó que había tocado el cielo con las manos.

Diego era el hijo que no pudo tener Cornejo. Futbolísticamente hablando, el técnico y el pequeño genio del balón generaron un vínculo muy estrecho, con algunas picardías, complicidades y secretos que se fueron revelando con el correr del tiempo.

Una vez, Don Francis lo puso en el banco de suplentes en un partido de la octava frente a Boca, teniendo edad de novena. El técnico lo había anotado en la planilla como "Montanya" y lo reservó para el segundo tiempo.

Boca estaba ganando 3-0 y con baile a Argentinos hasta que el "Pibe de oro" saltó a la cancha. El partido finalizó 3-3, con un triplete del ilustre "desconocido". La inocencia suele ser el aspecto más leal y valorable en los años de la infancia. Por eso, sus compañeros lo felicitaron y le dijeron "Diego" y eso alertó al entrenador xeneize.

"¡Me pusiste a Maradona, hijo de puta!", le dijo el DT de Boca entre mezcla de resignación y enfado al "pillo" de Cornejo.

Otras de las tantas historias señalan a un Pelusa caprichoso por quedar afuera de un partido contra Banfield. Diego había cumplido el pedido de Doña Tota, que lo había mandado al mercado a comprar soda. Al regresar a su casa, tropezó con un escalón y se le vino el sifón encima. Se había cortado la mano y también el brazo.

Al otro día, "Pelusa" apareció en el vestuario con la mano vendada. Francis lo vio y le preguntó qué le había pasado. La lógica indica que en esas condiciones no podía jugar, por eso, el entrenador inmediatamente lo marginó del partido. Entonces, Maradona se puso a llorar en un rincón hasta que apareció su gran amigo "Goyo". El "9" goleador de Los Cebollitas le había suplicado al técnico que pusiera a su amigo frente al Taladro. Cornejo accedió al pedido justo antes del comienzo del partido. Dijo que iba a ponerlo unos minutos porque Diego tenía siete puntos de sutura. Sin embargo, jugó los noventa minutos. Los Cebollitas aniquilaron a su rival por 7 a 1, con cinco goles de "Pelusa".

En otro encuentro, Los Cebollitas ganaban 8 a 0 frente a Navarro, por la liga de la UOCRA. El partido estaba completamente resuelto al término del primer tiempo. Sin embargo, la segunda parte se jugó igual, como manda el reglamento.

Pero algo raro estaba ocurriendo, ya que el tridente compuesto por Diego Maradona, Claudio Rodríguez y Goyo Carrizo no paraba de errar goles "cantados". En cada jugada de peligro tiraban la pelota por arriba del travesaño y eso colmó la paciencia de Francis Cornejo.

Pero "Yayo" Trotta se dio cuenta de lo que estaba ocurriendo e inmediatamente avisó al entrenador: entre los tres competían para ver quién era el primero en bajar el hornero que estaba en esos árboles ubicados detrás del arco.

Don Francis se puso loco: primero les indicó a sus dirigidos dónde estaba el nido y luego se llevó la mano sobre el cogote. Los tres entendieron el mensaje al instante y volvieron a apuntar por debajo de los tres palos. ¿El resultado? Los Cebollitas golearon 14 a 0.

El apellido Maradona comenzaba a despertar admiración en el ambiente del fútbol argentino. Su figura no pasaba desapercibida por la magia que desplegaba en cada partido y porque desde muy pequeño entretenía a los hinchas haciendo jueguitos en cada entretiempo en la Primera de Argentinos. Si fuera por él, sería capaz de hacer malabares durante varias horas sin que la pelota tocara el piso.

"Maradona fue muchos años un Fulbipibe", cuenta el periodista y sociólogo Sergio Levinsky, y agrega: "Los Fulbipibes hacían malabares con la pelota en los entretiempos en Primera División. Estaban auspiciados por los botines Fulvence. La marca les daba unos mangos a los pibes de las inferiores de Argentinos Juniors y Maradona hacia malabares en los entretiempos. Hacia cosas de locos: se ponía la pelota entre los hombros, después se la pasaba a la cabeza. Nunca se le caía. Era increíble".

El primer artículo periodístico que se le recuerde tiene su origen el 28 de septiembre de 1971. Su debut en los medios fue nada menos que en el diario Clarín, uno de los periódicos más importantes del

momento. Diego aun no había cumplido los 10 años y ya había aparecido en los medios. "Con Porte y Clase de Crack", rezaba el título que ilustraba el siguiente artículo:

"Es zurdo, pero ya sabe usar la derecha. Diego Caradona (sic), diez años, se ganó los calurosos aplausos en el entretiempo de Argentinos – Independiente, haciendo gala de una rara habilidad para el 'jueguito' con el empeine y también con el chanfle. Con camiseta que le queda un poco holgada y el flequillo que no lo deja ver, Dieguito parece escapado de cualquier baldío porteño de 'los de antes'. La duerme, la levanta con doble pisada y tiene todo el porte de jugador nato. No parece un pibe de hoy, pero lo es; y con este amor tan argentino por la pelota nuestro fútbol nunca dejará de nutrirse de grandes jugadores", publicaba el periódico con la firma del periodista Beto Devoto, aunque había cometido el error de mencionarlo con la letra "C" en lugar de la "M" inicial de su apellido.

Su fama como malabarista para entretener a los hinchas en los entretiempos de Argentinos Juniors llegó la pantalla de la TV. En ese mismo año, fue convocado a *Sábados Circulares*, el popular programa de Pipo Mancera. Diego apenas tenía 10 años y ya soñaba con jugar un Mundial.

El ambiente del fútbol comenzaba a hablar de ese genio de la zurda mágica, del pibe que jugaba como un crack en las inferiores de Argentinos aunque muy pocos conocían su apellido. En ese entonces, sus amigos y conocidos le decían Diego, Dieguito o Pelusa hasta que apareció River Plate, uno de los clubes más grandes del fútbol argentino, e intentó llevárselo dos veces de la cantera de Argentinos Juniors. La primera fue en 1973, cuando el presidente Wiilliam Kent inició las gestiones con Don Diego. Entonces, el padre de Pelusa se lo comentó a Don Francis.

-Usted es el padre, haga lo que quiera, le dijo Cornejo.

-Dieguito está muy contento en Argentinos, sentenció el padre del crack, de manera tajante. Su respuesta había sido un "NO" rotundo a la propuesta del club Millonario. Chitoro lo hizo como muestra de confianza plena hacia Don Francis Cornejo y también en señal de gratitud hacia la institución que había cobijado a su hijo.

Con Maradona en la cancha, Los Cebollitas fueron campeones invictos en las categorías Novena y Octava, en 1974 y 1975, respectivamente, y perdieron por penales la final del Torneo Evita en 1973. Aquel genial equipo de pibes que tenían sueños de grandeza pero en ese entonces jugaban solamente por amor a la pelota consiguió el histórico récord de 136 partidos invicto.

Por lo general, este formidable equipo de la categoría 1960 formaba con: Ojeda; Oscar Trotta, Chaile, Chammah, Montaña; Lucero, Dalla Buona, Maradona (capitán); Duré, Carrizo y Delgado.

Debido a su incipiente fama, el elenco dirigido por Cornejo recibió invitaciones para disputar partidos en el extranjero, en Perú y Uruguay, algo inédito para la época por tratarse de un equipo integrado por menores de 14 años. Finalmente, el nombre *Los Cebollitas* que tanto distinguía a la célebre cantera de Argentinos Juniors dejó de utilizarse una vez que Maradona debutó en Primera, en 1976.

Salvo "Pelusa", ningún Cebollita de su edad llegó a debutar como profesional en la máxima categoría del fútbol argentino aunque fueron promovidos jugadores de otras camadas como el marcador central o lateral derecho Oscar Roberto Lucero (32 partidos en Argentinos en las temporadas 1981-82), y Marcelo Osvaldo Dalla Buona, (12 encuentros en AAAJ), transferido en 1982 al Sabadell de España.

En cambio, Goyo Carrizo, su gran amigo, vio sus sueños truncados en el camino al sufrir una lesión en su rodilla que le impidió llegar a la Primera de Argentinos.

A pesar de esta enrome frustración, el gran compinche de Diego de Villa Fiorito, el que mismo que le había sugerido a Francis para probarlo y lo llevó a los entrenamientos en Parque Sarmiento, lo recuerda con enorme cariño: "Son cosas lindas que me quedaron en el recuerdo, no me voy a olvidar jamás".

DOÑA TOTA Y PELUSA

A lo largo de su vida, Diego Armando Maradona estuvo rodeado de mujeres: sus cinco hermanas, Ana María, Elsa (Lilí), Rita (Kity), María Rosa y Claudia (Cali), sus hijas Dalma, Giannina y Jana, y sus exparejas Claudia Villafañe, Verónica Ojeda y Rocío Oliva. Pero no habrá ninguna como Doña Tota. Un amor verdadero entre una madre y su hijo predilecto. Un amor eterno.

A Doña Tota también se la conocía como la "Madre del Fútbol" aunque en realidad fue la mujer más influyente, la que le dio la vida a un tal *Pelusa* que, al poco tiempo, el mundo futbolístico lo conocerá desde los 15 años como Diego Armando Maradona: para muchos, el mejor futbolista de todos los tiempos. Fue un amor idílico, since-

ro y genuino entre una madre y su hijo. Diego solía decir que era la mujer perfecta. Acaso, no le encontraba ningún defecto.

Doña Tota en realidad se llamaba Dalma Salvadora Franco Cariolichi. Nació el 3 de agosto de 1930 en la localidad de Esquina, ubicada al sudoeste de la provincia de Corrientes. Un reconocido lugar turístico de la región del litoral argentino y sede de tres festivales importantes: la Fiesta Nacional del Pacú, la Fiesta Nacional del Carnaval y de la Sandía.

Esquina siempre le trajo maravillosos recuerdos a Diego: funcionaba como el refugio ideal en el que solía visitar para pescar en alguna que otra escapada en sus ratos libres o como lugar predilecto para el descanso, y así poder desconectarse de todo a orillas del río Paraná.

En su provincia natal, Dalma conoció a Diego Maradona, a quien le decían Chitoro. El hombre trabajaba como lanchero; llevaba a los animales a las islas cuando el río crecía. Se enamoraron y se casaron. Las dos primeras hijas, Ana María y Elsa, nacieron en Corrientes.

Como la situación económica apremiaba, la familia Maradona tuvo que dividirse cuando decidieron instalarse en Buenos Aires. Primero, la mujer viajó con su hija Ana María y con su madre Salvadora Cariolichi. Su apellido es croata aunque está deformado, pues su padre se llamaba Mateo Kriolic y era oriundo de Prapuntjak, una localidad cercana a Bakar, a unos 150 kilómetros de Zagreb. Como a muchos inmigrantes, al bisabuelo materno de Diego lo anotaron mal cuando había desembarcado al país procedente de Europa, a comienzos del siglo XX.

A fines de la década de 1950, Dalma llegó a Buenos Aires con la intención de poder trabajar como planchadora o bien para realizar tareas domésticas en casas de familia, y así aportar dinero a la casa. Al poco tiempo arribó Don Diego junto con Lilí, la segunda hija del matrimonio Maradona. El padre de la familia se vio obligado a vender la lancha que tanto quería para poder costearse el pasaje a Buenos Aires. Chitoro lloró cuando tuvo que desprenderse de ella, ya que era su herramienta de trabajo, el único sustento que tenía para mantener a la familia.

Al final, los cuatro Maradona y la abuela Salvadora se instalaron en Villa Fiorito, un barrio humilde y de gente trabajadora ubicado al noroeste del partido de Lomas de Zamora, al sur del Gran Buenos Aires. Cuando llegaron se encontraron con la "sorpresa" de que la vivienda que tenían asignada ya estaba ocupada. La familia correntina no sabía dónde ir hasta que el hombre consiguió otro hogar, también en Fiorito, en la calle Azamor 523,[4] una casita muy precaria que ni siquiera tenía luz. Mientras, las mujeres esperaban con sus colchones afuera hasta que finalmente pudieron solucionar el desperfecto.

Con el tiempo, Don Diego consiguió empleo en Tritumol, una empresa trituradora de huesos para la industria química. Trabajaba noche y día para poder llevar el sustento a la casa.

La familia Maradona se agrandó con la llegada de sus hijos Rita (Kitty) y María Rosa, Diego, Lalo, Hugo y Claudia (Cali). Después de cuatro mujeres, Pelusa fue el quinto hijo y el primer varón, el favorito de la señora Dalma, con todo lo que implica para una madre la llegada del primer hombrecito de la casa.

Diego Armando Maradona nació el domingo 30 de octubre de 1960 a las 7:05 de la mañana en el Policlínico Evita, en Lanús Oeste. La mujer viajó con su marido Chitoro y su cuñada Ana María hacia el nosocomio para que le realizaran el parto. Los tres salieron desde Fiorito y luego tomaron un tranvía hacia Lanús. Cuando bajaron del transporte, Doña Tota, que ya había roto bolsa, se agachó para levantar un objeto que brillaba en el cordón de la vereda. Era una estrella con perlas y tenía la forma de un prendedor. La aferró en su pecho y se la llevó al Policlínico.[5]

Una madre siempre intuye lo que está por venir, sobre todo, si se trata del nacimiento de un hijo. Doña Tota tenía la convicción de que algo bueno estaba en camino con la llegada de su quinto hijo, su primer varoncito, en una familia de cuatro hijas. El sueño de tener un hijo varón estaba a punto de convertirse en realidad.

Así se lo contó Doña Tota a la Agencia Telam:

> Estaba con la panza muy dura por las contracciones y mi marido y mi cuñada, Ana María, me dijeron que teníamos que irnos rápido para el hospital. Caminamos tres cuadras hasta la estación Fiorito y ahí nos tomamos el tranvía hasta Lanús. Nos bajamos a una cuadra y media del hospital Evita, y a mí me costaba estar parada porque los dolores eran muy fuertes. Ya estaba llegando a la puerta cuando vi, contra el cordón de la vereda, algo que brillaba con forma de estrella, era un prendedor con forma de estrella, que tenía esos strass chiquitos que lo

---

4 Se trata de la casita donde creció Diego Armando Maradona, en Villa Fiorito. El 27 de octubre de 2021, el gobierno de Alberto Fernández la declaró lugar histórico nacional.

5 Capítulo "El Parto" del libro *Bocas del tiempo*, del escritor uruguayo Eduardo Galeano (2004).

hacían brillar. Me puse la estrella en el pecho. Al ver esa estrella que brillaba supe que mi hijo iba a ser especial.

La intuición de una buena madre nunca falla. La estrella que había encontrado en la vereda era ese prendedor que jamás soltó mientras la señora pujaba para que saliera el quinto benjamín de la casa, su primer varón. Quince minutos más tarde, nació el hijo que tanto anhelaba. Cuenta la historia que los médicos y enfermeros que atendieron a la mujer gritaron "gol" cuando nació el pequeñín Maradona. Salió bien morrudito, con las piernas fornidas. Además, le comentaron a Doña Tota: "Este sí que es macho. Es puro músculo. La felicitamos, señora".

Dieguito creció en Villa Fiorito en el seno de una familia humilde, rodeado de muchísimo amor y afecto, pero tener un plato de comida era una lucha constante en el día a día. Su padre Don Diego se sacrificaba para llevar el sustento a la casa, y que a nadie le faltara nada. A veces, sus padres no comían con tal de que sus ocho hijos no pasaran hambre.

"Yo me di cuenta a los 13 años de que a mi vieja le dolía el estómago todas las noches porque la comida no le alcanzaba y allí lloré mucho. Para ella, comida no había. Quería que comiéramos nosotros", reveló Maradona en un programa de TV.

Pelusa enloquecía cada vez que su madre le preparaba milanesas a la napolitana. Para los Maradona, comer carne en casa era como conseguir un vaso de agua en medio del desierto. Todavía cuesta creer que, en Argentina, un país agrícola ganadero por excelencia, basado en su exitoso modelo exportador que lo distinguía desde mediados del siglo XX, comer carne sea un privilegio para unos pocos, aún en estos días.

"De chicos comíamos carne una vez por mes, los días cuatro, que era cuando mi viejo cobraba. Comíamos milanesas a la napolitana. Era como llegar a Navidad", recordaba Maradona aquellos momentos tan duros que tuvieron que vivir durante la infancia. Es que el salario de Don Diego no alcanzaba; el dinero se esfumaba apenas recibía su salario en mano.

Sin embargo, el primer hijito varón fue bendecido por sus padres y también mimado desde siempre por sus cuatro hermanas. Diego fue el "rey" de la casa. Comenzó a caminar a los 10 meses, algo prematuro para un bebé cuando, por lo general, suelen hacerlo recién a los 11 meses o al año de vida. Pelusa (apodado así porque estaba lleno de pelos) inmediatamente tomó contacto con la pelota cuando apenas podía dar sus primeros pasos.

Dieguito era el niño consentido de la casa: "Como nací después de cuatro hermanas, no sabía hacer un café", confesó en una entrevista concedida al programa "Líbero",[6] por TyC Sports.

Maradona nunca renegó de sus orígenes, de sus raíces. Sobre todo de Villa Fiorito, un barrio muy humilde en el que sentía ese orgullo de pertenencia. Siempre destacó el esfuerzo que ponían sus padres para que sus hijos pudieran crecer sanos, sin que nada les faltara. A veces podían conseguirlo pero hubo otras ocasiones en que Don Diego y Doña Tota tuvieron que pasar hambre con tal de que sus hijos tuvieran un plato de comida.

Diego también contaba que el primer sueldo que había cobrado como futbolista profesional en Argentinos Juniors se lo había gastado todo cuando invitó a su madre a comer pizza a un local en el barrio de Pompeya: "Pasé por pizzería 'La Rumba', en Pompeya, y me gasté todo el sueldo con mi vieja, los dos solos. Nos comimos y nos tomamos todo. Comimos una pizza con una gaseosa bien grande, americana. La vieja, un fierro. Después quise comprar el local y no me lo vendieron. Fue una de las pocas cosas que me dijeron que no", recordaba con nostalgia y alegría.

Doña Tota y Diego siempre mantuvieron un amor incondicional, el de una madre hacia un hijo y viceversa. En varias oportunidades, el *crack* argentino solía dedicarle algunas frases que la hacían derretir de tanto cariño: "Yo juego para vos, mamá", confesó el capitán argentino después de haberle convertido dos goles antológicos a Inglaterra para llegar después a la cima del mundo, por los cuartos de final en México 86.

De repente, se produjo el siguiente diálogo radial en el programa *La oral deportiva*, uno de los más escuchados de la Argentina en aquel momento, que transmitía los partidos de la Selección en vivo desde México, con la conducción del periodista José María Muñoz, también conocido como el mayor relator de América.

—Andá a descansar, hijo, que me hiciste la madre más feliz del mundo hoy —le dijo ella, con la voz quebrada.

—Tota, te amo —respondió el Diez.

—Mamita —contestó su madre, emocionada hasta las lágrimas.

—Perdón, pero hablarle a mi mamá es muy difícil porque yo la quisiera tener acá al lado mío en este momento porque estamos viviendo momentos excepcionales, realmente. Yo sé lo que ella sufre cuando dicen que el nene juega mal, el nene esto o el nene lo otro.

---

6 *Líbero vs.* Diego Armando Maradona (17/12/2012). Véase en https://www.youtube.com/watch?v=sB5zofSGJ1k&t=911s

Hoy estoy seguro de que el nene la hizo feliz, entonces quiero que sepa que la adoro, que los goles que hice son para ella –concluyó Diego.

"Para mí, mi mamá es lo más grande que Dios me dio en la vida. Ella no se equivoca nunca. Está bien lo que hace y lo que dice", recordaba Diego. "Yo no le digo Diego ni nada, le digo 'mi ojito'. Un Diego nace cada tantos años", le respondía Doña Tota.

Su madre siempre fue su fiel ladera, su compinche y también su primera cómplice en las buenas y en las malas. "Siempre recuerdo que me dijo que pase lo que pase iba a estar a mi lado", recordaba Diego.

Existen numerosas anécdotas que vinculan a Diego con Doña Tota, pero hay una que lo pinta de cuerpo entero durante su infancia. El primer varón de los Maradona había desobedecido a su padre y se fue a jugar al fútbol con las únicas zapatillas que tenía. Eran unas Flecha. "Mi viejo se agarró una calentura bárbara y empezó a fajarme. Pero la Tota vino corriendo, levantó el dedo y le dijo: 'Si tocás a mi hijo, esta noche, cuando duermas, te mato'".

También lo acompañó en el tratamiento para recuperarse de la operación que había tenido en su tobillo izquierdo, cuando el jugador Andoni Goikoetxea lo había partido al medio en un partido entre el Barcelona y el Athletic Bilbao. Los médicos le recomendaron que regresara a la Argentina para que pudiera fortalecerse en un ambiente cálido. Para ello, nada mejor que hacerlo en familia. Entonces, su madre lo asistió y en más de una ocasión bailó junto a su hijo mientras hacía ejercicios para recuperar la movilidad de su tobillo. Hay videos en YouTube que dan cuenta de ello.

Doña Tota también se transformó en la primera defensora de su hijo cuando desde el colegio Remedios de Escalada, de San Martín, llamaban a los padres para explicarles que el alumno Dieguito Armando no ponía el empeño suficiente en clase, ya que estaba más pendiente de la pelota que del estudio.

Maradona fue sinónimo de rebeldía, con o sin causa, pero mantenía la boca cerrada cuando Doña Tota hablaba. Su madre tenía más carácter que Don Diego, un hombre tranquilo y de pocas palabras aunque sus silencios decían demasiado. Pero era la mujer quien llevaba las riendas de la casa. Por eso, su palabra era sagrada; ninguno de sus hijos se atrevía a reprocharla, ni mucho menos Pelusa, a quien la amaba con locura y también la respetaba. La mujer llevaba los pantalones largos en la casa y cuidaba a sus ocho hijos cuando su marido trabajaba.

La "Madre del Fútbol" relató a la revista *Gente*: "A veces me quedaba hasta las cinco de la mañana para lavarles a los chicos el único parcito de medias que tenían para que fueran limpios al colegio. Tenía que lavar seis guardapolvos. ¡Seis! Imagínese. A veces, cuando llovía, se los tenía que secar en el brasero. Y también me levantaba a cualquier hora para planchárselos".

En la casa que los Maradona habitaban en Azamor 523 tampoco había agua corriente. Entonces, Diego aportaba lo suyo cuando llenaba los cántaros de más de 20 litros de la fuente comunitaria. Con esa agua, Doña Tota cocinaba, todos bebían y se lavaban. Si hacía frío, el pelo quedaba para otro día.

Una vez, Pelusa se cayó a un pozo ciego cuando estaba jugando a la pelota en Fiorito. Tenía 10 años. "Me caí corriendo detrás de una pelota. Quedé hundido hasta el cuello en la mierda, pero no intenté salir. Seguía buscando la pelota y me hundía. Tenía medio cuerpo adentro y el brazo estirado", contaba Diego. Su tío lo salvó. Pero la anécdota no quedó ahí: Doña Tota aseguraba que, si se moría Diego, "me habría tirado detrás de él".

Maradona también contaba que su madre era muy celosa de sus novias. "Tuve que esconder a Claudia un tiempo aunque ya estaba comprometido. Yo siempre dije que mi viejo llegó primero, si no, yo me casaba con ella", remarcaba entre risas. Sin embargo, conoció a Claudia Villafañe, su primer gran amor, quien más adelante se convertiría en su esposa gracias a una situación no forzada por Doña Tota.

Su madre tenía problemas para pagar en un comercio con el cambio justo. Entonces, Claudia se acercó y se presentó para ayudarla. La muchacha le prestó el dinero para pagar la cuenta y le dijo que se lo devolviera cuando quisiera. Además, le contó que eran vecinas en la casa que compartían en Argerich 2746, el primer hogar que tuvieron los Maradona en el barrio de La Paternal. En ese momento, Diego ya era jugador de Argentinos Juniors y estaba dando sus primeros pasos en Primera.

La familia Maradona y la Villafañe vivían en el mismo lugar, separados por un largo pasillo que dividía las casas. Cuando la madre llegó a su hogar, tomó el dinero que había en una cajita y luego le pidió a su hijo que se lo devolviera a los vecinos, sin olvidarse de agradecerle por el gesto que habían tenido. Así nació el amor entre Diego y Claudia. Un flechazo a primera vista en el que Doña Tota se transformó en cupido sin querer queriendo.

Su primera hija nació el 2 de abril de 1987, en Buenos Aires, casi un año después de haberse consagrado campeón del mundo y en convertirse en el mejor futbolista del planeta. Maradona, por entonces, el nuevo Dios del Napoli, le puso Dalma a su primogénita, en homenaje a su madre.

"Boca es el beso de mi mamá", fue el mensaje que dejó Diego el 3 de abril de 2019 con motivo del 114 aniversario del Club Atlético Boca Juniors, el club que es hincha. Nuevamente, sus palabras derribaron las barreras futbolísticas. Es que el amor que sienten los hinchas por Diego no distingue de colores ni de camisetas en el fútbol argentino. Rápidamente, esta frase maradoniana se convirtió en bandera.

Maradona siempre vivió como quiso, entre el caos, la improvisación y el desorden. Dentro de la cancha fue un futbolista único, excepcional. Fue un artista de la pelota, una luz que en contadas ocasiones suele aparecer en el fútbol mundial. Gracias a Dios, Diego nació en Argentina.

Pero Diego fue moldeando su carácter: hombre rudo, ingobernable, irascible, y también contradictorio a medida que se hacía cada vez más famoso. En definitiva, un personaje dentro de otro que se reinventaba a sí mismo. Acaso, sus polémicas declaraciones a veces servían de coraza para defenderse de los poderosos: Joao Havelange, Josep Blatter, la FIFA, Julio Humberto Grondona, Estados Unidos, Mauricio Macri, la Iglesia, y hasta el mismísimo Papa Juan Pablo II recibieron duras críticas del mejor del mundo.

Y como si fuera poco, su vida desordenada y su adicción a las drogas lo llevaron a los peores tormentos. Incluso, sus escándalos extramatrimoniales y las demandas por paternidad lo convirtieron aún más en un personaje polémico y repleto de conflictos. Diego dividió las aguas en la gente, como si fuera Dr. Jeckyll y Mr. Hyde: el mundo del fútbol ama a Maradona por todo lo que ha generado en una cancha pero hay un sector significativo que lo detesta tras develarse numerosos secretos. De hecho, siempre aclaró que por su carácter, jamás se había planteado convertirse en un ejemplo para nadie, ni para los más grandes ni mucho menos para los más chicos. Nadie es perfecto, el Dios más humano de todos también tiene derecho a equivocarse.

Diego Armando Maradona y Claudia Villafañe se separaron el 7 de marzo de 2003. Cansada de tantas infidelidades, su exmujer presentó la demanda en el Juzgado Civil 77 de la Ciudad de Buenos Aires por "abandono de hogar", tras 14 años de matrimonio. Además, solicitó la tenencia de las hijas del matrimonio: Dalma Nerea (por entonces, de 17 años) y Gianinna Dinorah (15).

El astro argentino arrastraba numerosos escándalos y demandas ante la falta de reconocimiento de sus hijos extramatrimoniales, entre ellos Diego Armando Jr., producto de una relación extramatrimonial con la italiana Cristiana Sinagra, y Jana Maradona (fruto de un vínculo clandestino con Valeria Sabalain, en 1996) mientras estaba en pareja con Claudia.

El pedido de divorcio no hace más que legalizar una situación de hecho que venía ocurriendo desde hace tres años. En febrero de 2000, el campeón mundial en México 1986 se radicó en La Habana para realizar un tratamiento de rehabilitación por su adicción a las drogas. Desde entonces, solo visitó la Argentina en pocas ocasiones y nunca se hospedó en la casa que la familia tiene en el barrio de Villa Devoto, sino en un apart hotel (Diario *La Nación*, 2003).[7]

Una vez separados, Maradona regresó a la casa de sus padres en Villa Devoto. Allí tuvo la contención que necesitaba tras comprender la ruptura matrimonial que había tenido con Claudia, la vecina del barrio, la mujer de la que se había enamorado a primera vista.

Diego volvió a ocupar el cuarto que tenía de soltero, antes de convertirse en jugador del Barcelona. Ya en 2005, el astro argentino salió fortalecido gracias a la relación que mantuvo con Doña Tota y Don Diego en tiempos que conducía su programa *La Noche del Diez*, los lunes a las 22:00 por Canal 13. Alejado de las canchas, se lo vía tranquilo y sonriente, de buen ánimo y estado físico. Es que su madre lo despertaba todas las mañanas con una caricia en la frente. Además, le llevaba el desayuno a la cama. Vaya mimo para su hijo favorito.

Doña Tota falleció a los 81 años, el 19 de noviembre de 2011 en la clínica Los Arcos, como consecuencia de una afección cardiaca. Había sido internada 24 horas antes y su estado era crítico. Desde 2003 había sido hospitalizada en reiteradas oportunidades por problemas del corazón y por inconvenientes pulmonares como consecuencia de una neumonía.

Días antes de su deceso, Alfredo Cahe, el médico personal de Maradona, le advirtió a su paciente que viajara lo antes posible a la Argentina, ya que se encontraba en Emiratos Árabes Unidos trabajando como entrenador de Al Wasl. "Le pido a Dios que no se la lleve. Mi madre es el amor más grande, por ella soy capaz de matar", dijo Diego tras conocer la noticia. Doña Tota falleció cuando el astro argentino se encontraba volando para visitarla. Su hijo recién se enteró en Río de Janeiro, en la escala previa antes de llegar en Buenos Aires. Apenas aterrizó en Ezeiza, Maradona partió arduamente hacia el velatorio para despedirse de su querida madre. "Se me fue mi

---

7 "Claudia Villafañe se quiere divorciar de Maradona", *La Nación* (29/03/2003). Véase en https://www.lanacion.com.ar/sociedad/claudia-villafane-se-quiere-divorciar-de-maradona-nid484553/?utm_source=google-ads&campaignname=d-sa-ar-superpico&utm_term=&gclid=CjwKCAiA-9uNBhBTEiwAN3IINKxf1sT3tO-4R64AfEn963lPlzPOMeWalUs1vKhTzHV2112z7LnGsuhoCWI4QAvD_BwE

novia, mi reina, mi todo", dijo sin consuelo y con el alma destrozada por la pérdida de la mujer que le había dado la vida.

Tras conocerse la noticia de la muerte de Doña Tota, la AFA ordenó realizar un minuto de silencio para recordar a la madre de Maradona cuando se jugaba la decimoquinta fecha del Torneo Apertura. Los jugadores de Boca Juniors salieron a la cancha con un brazalete negro en señal de luto. En Italia, los hinchas del Napoli desplegaron una bandera que decía: "Descansa en paz, Mamma" en el estadio San Paolo.

El astro argentino no pudo superar la muerte de su madre, Doña Tota, la mujer que tanto amaba. Cada vez que la recordaba solía quebrarse cuando estallaba entre lágrimas como un niño. Su estado de ánimo se fue deteriorando con el tiempo ya que, cuatro años más tarde, falleció su padre Don Diego (de 87 años), el 25 de junio de 2015, también en el sanatorio Los Arcos, producto de varias complicaciones cardiacas y respiratorias.

Diego Maradona entró en una profunda depresión tras la pérdida de sus padres que se fue acelerando aún más con los problemas de salud que arrastraba y con el encierro que padeció durante la pandemia por coronavirus, cuando era director técnico de Gimnasia y Esgrima La Plata, en 2020. Se lo veía avejentado y deprimido a los 59 años. También se había ensañado con Dios y con la vida por llevarse a su madre:

—¿Quién es Dios, Diego? —le preguntó el actor y conductor Gastón Pauls en una entrevista para TV.

—Es el que se llevó a mi vieja. Por eso estoy enojado con Él —respondió Diego al instante.

"Nunca dejé de ser feliz", confesó Diego, aunque inmediatamente se quebró: "El tema es que se me fueron mis dos viejitos, es el único problema que tengo. Lo que me robaron, lo que me sacaron, lo que me siguen sacando no me importa. Daría todo lo que tengo hoy para que mi vieja aparezca por esa puerta", dijo en una entrevista concedida al programa Líbero[8] (TyC Sports) con la voz entrecortada.

—¿Por qué últimamente estás tan sensible? —preguntó el periodista.

—Porque yo me crie con amor. No me crie ni con bicicletas ni con asfalto ni con patio de baldosas. Yo tenía un patio de tierra, comíamos y nos íbamos a acostar en una pieza. Dormíamos ocho hasta

____

8 Entrevista a Diego Armando Maradona en el programa Líbero, por TyC Sports (17/12/2019). Véase en https://www.youtube.com/watch?v=sB5zofSGJ1k&-t=911s

que después vinieron estos dos botones: el Turco y Cali. Nos coparon la casa. Los dos chiquitos, eran los dos mimados de papá. Mentira: el mimado de papá era yo. Y el mimado de mamá era yo —respondió Diego en 2019.

"Él se sentía culpable porque, cuando murió Doña Tota, venía en un viaje relámpago de Dubai y se enteró de la muerte de su madre en una escala en Río de Janeiro, en Brasil y no llegó para darle el último beso en vida. Se sentía un poco culpable de no haber estado junto a sus padres cuando ellos murieron, especialmente su madre", comenta el periodista Julio Chiappetta, exeditor de deportes del diario *Clarín*, quien dio la primicia mundial de la muerte de Maradona.

El barrio, el hogar y la madre, nada mejor que recordar los orígenes de donde uno ha surgido. Para saber quién es uno sin olvidarse de su pasado ni de su esencia, y tener siempre la memoria fresca en cada momento. Y Diego tenía a Fiorito, a la familia, a La Paternal y, sobre todo, a Doña Tota siempre presente. Siempre en sus genes.

"Hay tres cosas que no pueden faltar en mi vida: mis nietos, mis hijas, y que aparezcan mi mamá y mi papá. Para verlos, nada más. Eso pido", soltó Diego, entre lágrimas.

"Doña Tota fue el amor de su vida. Creo que fue la mujer de su vida. Es más, lo dice en la serie 'Sueño Bendito', me lo dijo en una nota, lo repitió en varias otras. Mi papá me ganó de mano, sino me hubiese casado con ella. El amor por su mamá era un amor idílico hasta de Edipo", sentenció Chiappetta.

Diego Armando Maradona falleció 25 de noviembre de 2020, 26 días después de haber cumplido 60 años. Hoy, sus restos descansan junto a los de sus padres en el cementerio privado de Bella Vista.

DIEGO DEBUTA EN PRIMERA

Tarde o temprano, Diego Armando Maradona iba a hacer su aparición estelar y a muy corta edad en la Primera División. El hecho que marcó una bisagra en la historia del fútbol argentino ocurrió el miércoles 20 de octubre de 1976, frente a Talleres de Córdoba, en la vieja cancha de madera de Argentinos Juniors, en Juan Agustín García y Boyacá, en el barrio de La Paternal, por la octava fecha del Grupo D del Campeonato Nacional.

Pelusa fue el futbolista más joven en debutar en la historia del fútbol argentino hasta este entonces[9], con 15 años 11 meses y 20 días. Curiosamente, la fecha de su debut coincide con el campeonato obtenido hace dos años atrás cuando jugaba en la Novena del Bicho.

Argentinos era un equipo discreto que merodeaba la tabla de posiciones. A los 27 minutos del primer tiempo, caía por 1-0 frente al conjunto cordobés (gol de Luis Antonio Ludueña), uno de los animadores del Nacional 76. El partido era mediocre tirando a malo, pero con cierto dominio de los cordobeses sobre los locales. Hasta que el técnico Juan Carlos Montes se acercó al "Pibe de Oro" de melena enrulada:

—Vaya, Diego, juegue como usted sabe. Si puede, tire un caño —le dijo en el vestuario.

Maradona ingresó al inicio del segundo tiempo, en lugar de Rubén Aníbal Giacobetti. Enseguida, mostró su desparpajo que venía luciendo desde Los Cebollitas. Con la camiseta número 16 en sus espaldas y a solo 10 días de cumplir los 16, con un repertorio de sombreros, tacos y gambetas, y en efecto, cumplió con la indicación de su entrenador Montes cuando le tiró un formidable caño a Juan Domingo Cabrera, su marcador que lo presionaba en la mitad de un campo de juego maltrecho. Aquel túnel colosal fue su carta de presentación, fue la nave insignia de su carrera como futbolista profesional. Desde ese entonces, las puertas del éxito ya estaban abiertas. "Le hice caso: recibí la pelota de espaldas a mi marcador, que era Juan Domingo Patricio Cabrera, le amagué y le tiré la pelota entre las piernas; pasó limpita y enseguida escuché el 'Oooole' de la gente, como una bienvenida", recuerda Diego en su biografía *Yo soy el Diego de la gente*, de editorial Planeta.

Nadie es dueño de la verdad. Los códigos del fútbol suelen tener sensaciones mezcladas, de acuerdo al gusto del hincha, al paladar futbolero y a los ojos del espectador. Para ser concretos, tirar un caño se asemeja más a la humillación a un rival que al fútbol lírico. Ese "¡Ooooleee!" que baja de las tribunas es sinónimo de exaltación popular al unísono y también puede llegar a ser una ofensa de un jugador hacia otro que interpreta que pasa vergüenza en un campo de juego frente al espectador. En el fútbol, ningún jugador que haya sido humillado con un caño le devuelve la gentileza al otro. Por eso,

---

9 Diego Armando Maradona se mantenía como el futbolista más joven en haber debutado en la historia del fútbol argentino en Primera División, en Argentinos Juniors 0-1 Talleres, el 20 de octubre de 1976. Esa marca fue superada 27 años más tarde por Sergio "Kun" Agüeroes el cuñado. Es el yerno quien debutó en Primera el 5 de julio de 2003 en el clásico entre Independiente 0-1 San Lorenzo, por el Torneo Clausura 2003. Tenía 15 años, un mes y tres días.

aquella maravillosa jugada puede ser plausible con una feroz reprimenda, como sinónimo de venganza en la siguiente intervención. Cosa de guapos...

Las condiciones técnicas de Maradona eran inigualables. Por eso solía tirar caños con frecuencia, como un recurso válido para quitarse la pegajosa marca de encima, y no como un acto de humillación. El caño servía para amonestar al rival, y esa era la idea original de Montes: que Diego brillara en la cancha y que tirara caños para que el adversario pudiera ser sancionado por el árbitro. Así podía protegerse de las patadas que los rivales le tiraban a mansalva en ese desesperado intento de pararlo como sea. Una estrategia que la llevó por siempre desde el día de su debut en Argentinos Juniors y repetiría en otros equipos, también en la Selección.

Diego representaba la gran joya del fútbol argentino. Un diamante sin pulir por sus notables condiciones técnicas para ser el mejor futbolista de todos los tiempos. Su nombre era el comentario generalizado de los hinchas que iban a verlo cuando deslumbraba en la cantera del Bicho.

Su debut en Primera era solamente cuestión de tiempo, tarde o temprano iba a llegar. Pudo haber sido mucho antes de aquella presentación estelar en el partido frente a Talleres, pero hubo un acontecimiento singular que lo había frenado.

Su carta de presentación podría haber sido el 12 de septiembre, 38 días antes del histórico partido oficial frente a Talleres, cuando comenzaba el campeonato Nacional. ¿Por qué no debutó antes?

Pelusa recibió cinco fechas de suspensión después de ser expulsado en la final de la Séptima División por haber aplaudido socarronamente a un juez de línea tras un fallo. Esa condena demoró su primera aparición oficial en la máxima categoría en el fútbol argentino.

¿Cómo llegó Diego a la Primera? Así como Goyo Carrizo le había recomendado a Cornejo que había un jugador mejor que él, que era un fenómeno y que podía presentarlo para que le tomaran una prueba en Parque Saavedra para después sumarse a Los Cebollitas, Maradona daba de que hablar en las divisiones inferiores. Todos sabían de la gran joya que tenían en el semillero.

Ricardo Pellerano, que en ese entonces jugaba como marcador central y capitán en la Primera de Argentinos, era amigo de Francis Cornejo. Además, le gustaba observar el trabajo que se hacía con los pibes en las inferiores. Un día, el DT lo invitó a ver la magia de Diego y quedó completamente sorprendido. Sus ojos pudieron comprobar que Pelusa y sus amigos se divertían en la cancha: hacían entre cuatro o cinco goles por partido. Diego se gambeteaba a todo un equipo entero con total naturalidad. Un genio que no superaba

el 1.70 de estatura. Esta fascinación de Pellerano se la trasladó de inmediato a los dirigentes y sobre todo, a Juan Carlos Montes, quien llevó a ese pibe de rulos a entrenarse con la Primera de Argentinos para ir "llevándolo de a poco".

Sin embargo, había cierta resistencia en la interna del Bicho: algunos creían que su etapa de maduración ya había llegado; Cornejo prefería no quemar etapas y tenerlo un año más bajo su ala en el semillero. Lo cierto es que Dieguito jugaba para los suplentes y se gambeteaba entre cuatro y cinco titulares entre práctica y práctica. Poner a un pibe de 15 años para salvar al equipo del descenso parecía una locura. Pero el tiempo le dio la razón a los que creyeron que su debut tenía que ser en ese preciso momento.

El sol apareció a los 15 años y con sus rayos eclipsó a todos en esa tarde de miércoles 20 de octubre de 1976. Una marca que ya es imborrable. El debut de Diego Armando Maradona en la Primera de Argentinos fue un suceso extraordinario que marcó un antes y un después en la historia del fútbol argentino y también en las divisiones inferiores del club de La Paternal, desde entonces convertido en una fábrica de jugadores por excelencia.

Tal vez, la derrota de Argentinos Juniors frente a Talleres se traduzca simplemente en una anécdota, porque en realidad el equipo peleaba por salvarse del descenso. Si bien no logró clasificar a la siguiente ronda (finalizó cuarto en el grupo D con 17 puntos) y terminó lejos de Talleres y Newell's (ambos, con 26 unidades), que avanzaron a octavos, el Bicho cumplió el objetivo: jugó el reducido y mantuvo la categoría. Pero no hay dudas que el debut de Maradona, aquel diamante eterno, fue la piedra fundamental para convertirse en leyenda.

El recuerdo de su aparición en la Primera de Argentinos quedó impregnado en su camiseta número 16 que utilizó ese 20 de octubre de 1976 y ya es eterna. Tras el partido, Diego la agarró, la guardó en su bolso, como si volviera a utilizarla de nuevo, y se la regaló a su madre en Villa Fiorito. Hoy, la legendaria casaca de Pelusa descansa en su casa en Villa Devoto.

QUÉ DIJERON LOS MEDIOS

Cabe recordar que, a mediados de la década de 1970, la transmisión de los partidos en vivo por TV estaba disponible para los eventos donde jugaban los grandes equipos, sobre todo si se trataba de Boca y River, los dos clubes más populares del fútbol argentino, que en cada temporada se debatían por el título.

Eran tiempos donde la transmisión en vivo estaba prácticamente en pañales. Sin embargo, quedaban registros fotográficos y crónicas en la prensa gráfica cuyas coberturas daban cuenta de aquel acontecimiento que, sin dudas, cambió para siempre la historia del fútbol argentino y la del club de La Paternal.

Si bien el nivel del partido que exhibieron Argentinos Juniors y Talleres de Córdoba fue regular, se destaca la crónica del periodista Héctor Vega Onesime, quien fue testigo del debut de uno de los mayores símbolos del fútbol argentino de todos los tiempos. Así lo reflejó en su síntesis en la revista *El Gráfico*:

> Intenso. De no haber sido por las condiciones, las dimensiones del campo de juego, el espectáculo pudo ser mejor. Los dos equipos mostraron más inclinación a crear que a destruir. Aún en el segundo tiempo, Talleres se apretó contra sus palos para defender el 1-0. Argentinos quedó sepultado en su incapacidad ofensiva. Ni siquiera la inclusión del sorprendente, habilidoso e inteligente excebollita Maradona (16 años) alcanzó para resolver el problema. Los cordobeses tenían la alternativa de ganar o ganar. Y ganaron. Para más adelante, esperamos ese fútbol que tienen pero todavía no aflora. Campo: pésimo. Juez: Maino (bien).

En tanto, el diario Clarín publicó: "El partido prometía. El segundo puesto en su zona que ostentaba Argentinos y la recuperación que venía insinuando Talleres de Córdoba —luego de un oscuro comienzo de campeonato— daban pie para acercarse hasta La #Paternal. Por eso, a la hora que el balón se puso en movimiento la cancha presentaba un lleno total". La crónica no fue firmada, pero con el tiempo se supo que fue escrita por el periodista Miguel Ángel Bertolotto, quien presenció el debut de Diego Maradona en Primera División.

En cambio, el diario La Razón lo describía así: "La entrada de un chico de quince años que hasta no hace mucho entretenía a los espectadores haciendo malabarismos con la pelota en los entretiempos y que se llama Diego Maradona tuvo mucho que ver, porque su atrevimiento se constituyó en el eje de su conjunto, destapándose para recibir y desequilibrar con su gambeta endiablada y metiendo pelotazos". El artículo tampoco llevaba firma.

Argentinos había formado con: Carlos Alberto Munutti; Roma, Pellerano, Gette y Jorge Humberto Munitti; Carlos Fren, Rubén Giacobetti, Mateo Di Donato; Jorge Orlando López, Carlos Alberto López y

Sebastián Ovelar. En su debut, el pibe Maradona recibió la máxima calificación de su equipo, con 7 puntos, según *El Gráfico*.

En tanto, Talleres lo había hecho con Oscar Rogelio Quiroga; Víctor Ocaño, Luis Adolfo Galván, Miguel Ángel Oviedo y José Avellaneda; Juan Domingo Cabrera, Luis Antonio Ludueña, José Daniel Valencia; Ángel Héctor Bocanelli; Humberto Rafael Bravo y Ricardo Cherini. DT: Rubén Bravo.

La leyenda de que todos fueron testigos del debut de Maradona en Argentinos como si tratara del partido con mayor asistencia de público en la historia del fútbol argentino (la recaudación fue de 1,273,102 pesos de aquella época) fue creciendo como una bola de nieve a través del tiempo.

"Es falso el famoso mito de que la cancha se llenó para ver a Maradona. Los hinchas fueron a ver a Talleres, que andaba bárbaro en el torneo. Un miércoles, día laboral, a las tres de la tarde llenar la cancha de Argentinos era imposible", subraya Roimiser.

Si bien su aparición estelar ocurrió el 20 de octubre de 1976, pocos saben que Maradona pudo haber debutado mucho antes. ¿Por qué no lo hizo?

Según el historiador oficial de Argentinos: "A Diego lo echaron en un partido contra Vélez jugando para la Séptima. Le dieron cinco fechas de suspensión. Si no fuera por eso hubiera debutado cinco fechas antes" destaca. Al parecer, lo expulsaron por aplaudir irónicamente a un juez de línea que había cometido un desacertado fallo en un partido final.

En diálogo con el periodista Horacio Pagani, de Clarín, Diego contó aquel episodio de su debut tardío: *Un día fuimos a La Plata a jugar un amistoso contra Estudiantes y cuando bajaba del micro el técnico me avisó que iba a estar en el banco de Primera. Jugué cinco minutos. Después estuve media hora en otro contra Atlanta. Como la séptima jugaba un partido decisivo contra Vélez, me pusieron. Yo tengo la costumbre de hablar demasiado en la cancha. El referí me echó después del final y me dieron cinco fechas de suspensión...*".

El 21 de agosto de 1976, Argentinos Juniors y Vélez Sarfield jugaron un encuentro trascendental en la Séptima División. Como muestra el artículo, el expediente número 14.220 del Boletín Oficial del Tribunal de Disciplina de la AFA ha sido muy claro:

1.   Se suspende por cinco partidos al jugador Diego Armando Maradona del club Argentinos Juniors. Arts. 185 y 48 del R.D. (burla árbitro, reincidencia)", indica el boletín N° 313 del Tribunal de Disciplina, con fecha el 26 de agosto.

En aquel momento, los periódicos no publicaban los partidos de las categorías menores de los equipos, mucho menos los goles o las expulsiones de los jugadores de las inferiores. Tampoco lo hacían las revistas especializadas del momento *como El Gráfico, Goles o Codex Deportiva*. Tampoco había referencias a este episodio vinculadas a las revistas partidarias de Argentinos de aquella época.

Diego solía tener muy buena memoria. A pesar de haber jugado una infinidad de partidos entre oficiales y amistosos, esta vez, este recuerdo le había jugado una mala pasada.

Pelusa dijo que aquel choque frente a Vélez, por la Séptima División, era una final. Sin embargo, la Revista El Fortín de Vélez, un ejemplar partidario que se publica desde 1968, había dicho todo lo contrario.

En la edición 201 del 12 de septiembre de 1976 informó que la séptima división jugó de visitante ante el equipo de La Paternal, cuyo resultado fue un aplastante 4 a 1 para el conjunto de Liniers. El partido fue valido por las 15ª fecha del torneo de inferiores. Eso sí: la fecha corresponde al 21 de agosto de 1976.

Vélez era el líder e invicto de una de las zonas del campeonato de Séptima División con 24 puntos, con 10 triunfos y 4 empates. En la nota *"Aquel debut tardío e inesperado de Diego"*[10] por el 40° aniversario del debut de Diego en la Primera División en el fútbol argentino, el periodista Oscar Barnade −también autor del prólogo de este libro- reveló lo siguiente: *"Por eso lo hicieron jugar a Maradona, más allá de que Argentinos estaba en mitad de tabla con 10 puntos. Había que parar al puntero".*

Los goles del equipo velezano fueron convertidos por el volante Héctor Escandón, en dos ocasiones, Néstor Cataldo y José Luis Lanao (quien fuera compañero de Maradona en el Juvenil del 79). El técnico era Alfredo Bermúdez. Vélez formó con: Russo, Pillani, Perazzo, Héctor Sparks (Campoya), Pelle, Escandón, Borzani, Noblea, Lanao, Formica y Cataldo. En cambio, la revista El Fortín de Vélez no publicó ni una sola línea sobre Argentinos, tampoco sobre Maradona. Son cosas de revistas partidarias...

Roimiser también destierra aquel mito de que el joven Maradona estuvo presente el día en que River salió campeón en el Campeonato Metropolitano de 1975, que presentó un equipo conformado por

---

10 "Aquel debut tardío e inesperado de Diego", artículo del periodista Oscar Barnade publicado el 20 de octubre de 2016 en el diario Clarín con motivo del 40° aniversario del debut de Diego Armando Maradona en la Primera División del fútbol argentino https://www.clarin.com/deportes/futbol/argentinos/debut-tardio-inesperado-Diego_0_BJRHRQHyg.html

juveniles de la Cuarta y Quinta división debido a la huelga de futbolistas profesionales y derrotó al Bicho por 1 a 0 con el recordado gol de Rubén Bruno. De esta forma, el Millonario dio la vuelta olímpica en cancha de Vélez y cortó la maldita racha de 18 años sin títulos.

"Ese mito es falso. Maradona no estuvo en la cancha, ya que no formaba parte del plantel. Ni siquiera estuvo como alcanzapelotas. Tenía 14 años", sentencia. La fecha en cuestión hubiera sido el 12 de septiembre, al inicio del Campeonato Nacional del 76.

Con su melena de rulos al viento y la Pintier bajo el suelo, con la vista detenida para mantener el control de esa pelota tan dura, protagonista en las canchas argentinas durante la década de 1970 y principios de los ochenta. Se distinguía con ese tic de jugar con la lengua afuera, siempre con la cabeza levantada para gambetear a cualquiera, un sello que describe la figura de Diego Armando Maradona en sus comienzos en la Primera División con la camiseta roja de Argentinos Juniors con vivos blancos. Una postal que ilustraba su estampa de *crack* en diarios y revistas deportivas de la época que más adelante volverá a repetirse en los clubes donde ha jugado a lo largo de su carrera: Boca Juniors, Barcelona, Napoli, Sevilla, Newell's Old Boys y, por supuesto, en la Selección Argentina.

Tras aquella tarde soñada que marcó su debut en La Paternal, ¿por qué Pelusa no pudo mantener la titularidad? A la fecha siguiente, Diego jugó de entrada frente a Newell's (ganó la Lepra por 4 a 2), después salió en el entretiempo en la derrota por 3 a 0 contra Ferro. Cabe recordar que Pelusa tenía edad de Séptima y por eso jugaba de a ratos en Primera, como todo pibe que recién empieza, más allá que ya mostraba condiciones técnicas inigualables para cualquier ser terrenal.

Pero siete partidos después de su debut, desde la fecha 18 del Nacional, Maradona fue titular para siempre a partir de la última jornada frente a Newell's (también derrota del Bicho por 2 a 1, en La Paternal). El equipo no hacía pie en Primera, pero hay un lema inquebrantable en el mundo del fútbol: a los pibes hay que llevarlos de a poco en lugar de "quemarlos" de entrada con tal de "salvar" a los más grandes.

Cuarenta y cuatro años más tarde, y con toda la gloria ya obtenida, Maradona recordaba con nostalgia y emoción aquel día en que fue citado para debutar en la Primera de Argentinos Juniors. Así lo contaba en su biografía *Yo soy el Diego de la gente*:

—Nosotros entrenábamos en Comunicaciones. Montes me dijo: "Va a ir al banco en Primera".

—¿Cómo? —le dije.

—Sí. Va a ir al banco en Primera. Prepárese porque usted va a entrar —me respondió.

El día anterior no se concentraba. Entonces, del club Comunicaciones me fui con el corazón en la boca hasta decirle a mi viejo y a mi mamá: ¡Cuando fui, le dije a mi mamá y a los dos segundos lo sabía todo Fiorito! Claro, todas las tardes venían mis primos Beto y Raúl. Fue todo muy lindo porque a la mañana siguiente cuando salí de casa, mi vieja me acompañó hasta la puerta.

"Voy a rezar por vos, hijo", me dijo.

"El partido con Talleres de Córdoba se jugaba a las 3 o 4 de la tarde. Había un sol de la puta madre. El único pantalón que tenía era el de corderoy. Los guachos usaban el de corderoy en invierno y el otro, en verano. ¡Yo me mandé de derecha! Qué me importaba a mí si el corazón (por el debut) me latía de una manera increíble. Mi viejo fue a trabajar, no quería ir a trabajar pero fue a trabajar igual. Pidió salir antes para ir a verme. Yo me fui en el tren, tomé el colectivo 44, después el 135 y me bajé en Boyacá y Jonte. Ahí nos encontramos con los jugadores de Argentinos. Me miraron a mí con ese pantalón de corderoy y pensaron: 'Este se equivocó de placard'. ¿Qué placard si no teníamos nada? Es la verdad, lo juro por mi mamá que está en el cielo. Cuando entramos al vestuario sentí que tocaba el cielo con las manos: entre los dieciséis estaba yo, con el número 16".

GOLES SON AMORES

Está más que claro que la aparición de Diego Armando Maradona en la Primera División de Argentinos Juniors marcó una huella indeleble difícil de superar para cualquier jugador terrenal en la historia del fútbol argentino.

Más allá de cualquier fanatismo que despierte pasión por el juego que desplegaba, por ese magnetismo que mostraba en la cancha, por su trayectoria, por el primer título oficial en Boca Juniors, por su aparición estelar en el FC Barcelona, por su proeza en México 86 que lo consagró como el mejor futbolista del mundo, o por la gloria eterna en el Napoli de Italia, quienes pudieron disfrutarlo y lo vieron jugar aseguran que el mejor Maradona ha sido el de Argentinos Juniors.

El periodista Sergio Levinsky, autor del libro *Maradona, rebelde con causa* (1996), lo recuerda de la siguiente manera:

Maradona supera a Bochini y Alonso que en ese momento era casi imposible, pero con un aditamento que no tenía especialmente Alonso —tal vez Bochini un poco— era que Maradona trababa fuerte en cada pelota. Había como una admiración de que un pibe que no le hacía asco a ninguna pelota dividida, le pegaban y les devolvía el golpe. Ponía huevos en la jerga futbolística siendo tan talentoso, es un talento con huevos y eso era poco común.

Maradona siempre fue querido y admirado por todos los hinchas del fútbol argentino. Levinsky también resalta que su incipiente idolatría popular se debe a que Pelusa había "nacido" futbolísticamente hablando en un club chico.

Diego tenía un respaldo total porque no tenía el problema de estar abanderado con un grande que le trajera ese problema de que si están en Boca los de River no iban a querer o al revés, o los de Independiente con Racing o al revés, sino que él jugaba en Argentinos, un equipo que además despertaba una gran simpatía porque además siempre tuvo una línea estética de fútbol.

Y completa:

Futbolísticamente, tenía a favor haber salido de una escuela de fútbol agradable, de ser un club chico y generar simpatías en todos, de tener huevos y de tener un talento descomunal. Es poco común todo eso junto.

Es que la zurda mágica de Diego era la única capaz de despertar suspiros en cualquier hincha o amante del buen fútbol sin distinción de camisetas. Es más: muchos que se identificaron con su juego se hicieron socios de Argentinos con tal de verlo en acción.

Para tener una idea cabal de su destreza, conviene ir a los números que ya están grabados para siempre en la historia del fútbol argentino: su debut fue el 20 de octubre de 1976 frente a Talleres de Córdoba, cuando Diego apenas tenía 15 años y 255 días.

Sus primeros dos goles en Primera se los convirtió al arquero Rubén Lucangioli, el 14 de noviembre, en la goleada de Argentinos por 5-2 como visitante frente a San Lorenzo de Mar del Plata, 24 días después de haber debutado como futbolista profesional frente a Talleres. Diego jugaba con la camiseta número 16. Precisamente, el 14 de noviembre de 1977, un año más tarde, convirtió su gol número 100 frente al mismo rival.

Diego debutó como suplente frente a Talleres y rápidamente pasó a ser titular en la Primera de Argentinos. En el día de su estreno como futbolista profesional, le tiró un caño a Cabrera y luego le repitió la misma jugada nada menos que a Américo Rubén Gallego (Newell's) en la siguiente fecha. Pero el mediocampista de la Lepra le devolvió la gentileza. Más adelante, Maradona volvió a ocupar el banco por unos 2-3 partidos y desde entonces estuvo siempre en el once inicial, ya con la casaca número 10 en sus espaldas.

Diego jugó con varias camisetas en Argentinos. Su debut frente a Talleres fue con la 16. A San Lorenzo de Mar del Plata le convirtió sus primeros dos goles como profesional con la camiseta número 15. También usó la 11 en la derrota ante Newell's (2-4) y hasta jugó por única vez con la camiseta número 9 contra Talleres, en el 0-5 abajo en la revancha, en Córdoba, en 1976. Pero el dorsal número 10 ha sido su marca distintiva que llevaba en sus espaldas. Se trata del mismo número que dejaba grabado cada vez que firmaba autógrafos a sus fans.

En total, marcó 116 goles en 166 partidos en sus cinco temporadas con la camiseta de Argentinos Juniors. Diego es el goleador histórico del club de La Paternal y el futbolista argentino que más veces se convirtió en el máximo artillero en un campeonato local. Lo hizo en cinco ocasiones: Metro 78 (22 goles), Metro 79 (22), Nacional 79 (12), Metro 80 (25) y Nacional 80 (18). Como dato extra, nunca erró un penal con la camiseta del Bicho.

"Si algo me quedó sin hacer en mi carrera, fue salir campeón con Argentinos Juniors. Pero siempre dije que fue más difícil salvarme del descenso con mi equipo de barrio que salir campeón con Boca o la Selección Argentina", confesó Diego, emocionado por su histórico paso por el Bicho de La Paternal.

EL DIEGO Y EL BOCHA

Desde muy joven, Pelusa sintió una gran admiración por Ricardo Enrique Bochini,[11] su máximo ídolo y el de la mayoría de los hinchas del Club Atlético Independiente que lo vieron jugar o conocen su

______

11 Ricardo Bochini es el mayor ídolo del Club Atlético Independiente, el único club donde jugó. Un 10 clásico, un *crack* de cualquier época: muy intuitivo, de exquisito toque, gambeta corta y muy cerebral. Debutó el 25 de junio de 1972 en el clásico frente a River, en la derrota por 1 a 0 en el Monumental. Disputó 638 partidos y convirtió 97 goles con la camiseta del Rojo. El Bocha ganó 14 títulos, entre ellos, cuatro torneos locales y cuatro Copa Libertadores (1973, 1974, 1975 y 1983) y dos Copa Intercontinental (1973 y 1984). También se lo recuerda por haberle

leyenda. Simplemente, amor por el fútbol en estado puro, esta relación se mantuvo inalterable hasta el tercer milenio.

Bochini es seis años y medio más grande que su discípulo ya que cumple el 25 de enero de 1957, pero Diego siempre se refirió al Bocha con profunda admiración, amor por su juego y respeto. Por eso, muchos asocian su simpatía por Independiente, algo que el propio Maradona se encargó en desmentir en una entrevista al programa Libero, de TyC Sports. "Iba a ver a Independiente por Bochini, que me había prometido un asado. Pero yo soy hincha de Boca como toda mi familia", sentenció Diego.

Más allá de su afinidad (o no) por los colores, Diego jugaba de 10 clásico, como Bochini, en un estilo de juego similar que lo llevó a la práctica en Argentinos Juniors, Boca, Barcelona, Napoli, Sevilla, Newell's y, por supuesto, en la Selección Argentina donde levantó la Copa del Mundo. Incluso, Diego se parece al Bocha en algunos movimientos, aunque contaba con mayor velocidad de desplazamiento que su gran ídolo. Su gambeta corta *maradoniana* y esa precisión quirúrgica a la hora de filtrar pases se la asocia al crack de Independiente aunque podría decirse que, en este caso, el alumno ha superado largamente a su maestro por su fama mundial, por los éxitos alcanzados, por su pegada, por su capacidad goleadora y por ese pincel que llevaba en la zurda para sorprender a todos en jugadas de una baldosa.

Años más tarde, el "Pibe de Oro" terminó jugando como centrodelantero, de Argentinos, convirtiéndose en el goleador del Bicho. "Diego jugaba por el medio pero adelantado. Silvano Espíndola iba de 10 o de lanzador, Pedro Pablo Pasculli se ubicaba por derecha o por izquierda y el resto alternaba con Rubén Omar Favret, Lorenzo Román o Eugenio Morel Bogado", explica Roimiser.

En 1979, Diego y el Bocha jugaron un amistoso juntos con motivo del 75 aniversario de la Asociación Atlética Argentinos Juniors contra Talleres. El partido, que despertó todo un acontecimiento para la época, se jugó en la cancha de Vélez.

Maradona, que aún no había cumplido los 20 años, ya mostraba su condición de líder cuando pidió por dos jugadores a quienes admiraba profundamente para que jugaran junto a él en su equipo: uno fue el Loco Gatti, el gran ídolo de Boca de ese momento, para que ocupara el arco del Bicho, y el otro, nada menos que Ricardo Bochini, el Bocha, el mago del fútbol argentino.

---

convertido un gol antológico en la final a la Juventus que marcó la primera Copa Mundial para los Diablos Rojos, en 1973.

El partido terminó en victoria por 5 a 4 en favor de Argentinos. Pelusa jugó con la 10 y el Bocha, el Maestro, el Dios de Independiente, el gran ídolo de Diego, usó la camiseta número 8. ¡Bochini con la 8! Increíble pero cierto. "Ese partido también jugó Quique Wolff, quien a los pocos días firmó para Argentinos", completa Roimiser.

Otra de las grandes historias que involucran al maestro con su discípulo ocurrió el 25 de junio de 1986, en el Mundial de México. Maradona cumplía su gran sueño de jugar un partido oficial junto a su máximo ídolo, que apenas jugó tres minutos en las semifinales frente a Bélgica. Bochini ingresó en el segundo tiempo. Jugó con la camiseta número 3, según el orden alfabético que tenía el plantel argentino.

"Pase maestro, lo estamos esperando", le dijo Diego después de haber convertido dos golazos en las semifinales contra Bélgica que también son leyenda para depositar a la conjunto albiceleste en la final de la Copa. Cuatro días más tarde, el 29 de junio, Argentina venció a Alemania 3 a 2 en una histórica final que todos los argentinos de cualquier generación recordarán por el resto de sus vidas. De esta forma, el 10 y su máximo referente se consagraban campeones del mundo en el Estadio Azteca.

Maradona y Bochini compartieron numerosas historias dentro y fuera de la cancha. También fueron rivales en los setenta, cuando Diego defendía los colores de Argentinos Juniors y después usó la 10 de Boca. En cambio, el Bocha siempre jugó para Independiente. Diego siempre mantuvo una cordial relación y un profundo respeto por su gran ídolo, al que dejaba todo con tal de ir a verlo jugar cuando Diego era Pelusa. Esta relación fue, sin dudas, un eterno romance futbolístico entre dos grandes ídolos. Tal vez, la última gran anécdota pinta el corazón de Diego de cuerpo entero: el 22 de febrero de 2020, Ricardo Bochni, ya retirado de la profesión pero eternamente recordado, fue homenajeado en la cancha de Independiente por su carrera llena de gloria, en la previa del partido entre el Rojo y Gimnasia y Esgrima La Plata por la fecha 21 de la Superliga. El club le regaló un cuadro con su legendaria camiseta número 10. En el evento también participaron sus excompañeros Miguel Ángel "Pepe" Santoro, Daniel Bertoni, con quien conformara una dupla de ensueño en los años dorados del Rojo, y Ricardo "Chivo" Pavoni, el capitán del formidable equipo de Independiente. Todos ganaron absolutamente todo en la década del 1970.

La frutilla del postre fue la invitación de Diego Armando Maradona, quien en ese entonces dirigía al Lobo. Diego también fue homenajeado en el estadio Libertadores de América junto a su máximo ídolo en la mitad de cancha. Tenía una réplica de la Copa del Mundo en su brazo izquierdo que le había entregado Bertoni, otro campeón

del mundo pero en 1978. Todos recibieron una emotiva ovación por parte de los hinchas de Independiente, especialmente el Bocha y el Diego. Luego, vino el momento de las palabras. A Diego le acercaron un micrófono y, fiel a su estilo, dijo lo que sentía por su mayor ídolo:

> Yo voy a seguir contando en el mundo que el Bocha fue mi maestro, no tuve otro, no tenía televisión para ver. Cuando me traía el Colorado (Jorge Cyterszpiler, su primer representante), yo venía a ver a Independiente.

Maradona además dijo que Bochini es "el más grande del mundo" y lanzó un pedido especial en su honor: "Recordaba la pared que se comieron los tanos de la Juve en el Olímpico (en Roma). Ese gol no se puede olvidar. ¡Basta de Libertadores y de Sudamericanas, el estadio se tiene que llamar [Ricardo] Enrique Bochini!". El estadio se vino abajo con una estruendosa ovación. Un año más tarde, la cancha de Independiente pasó a llamarse Ricardo Bochini, en homenaje al Bocha y por consejos de Diego.

Quien hubiera pensado que, nueve meses después, la vida los iba a separar. Hoy Diego descansa en el cielo, mientras que su máximo ídolo sigue emocionando a sus hinchas por su pasado de gloria en Independiente y por todo ese fútbol exquisito que exhibió en esta tierra.

PELUSA, ARGENTINOS Y LA PATERNAL

A pesar de sus orígenes provenientes de Villa Fiorito, un suburbio del conurbano bonaerense del que nunca ha renegado de sus raíces, Diego Armando Maradona también tuvo un estrecho vínculo afectivo con el barrio de La Paternal.

La historia indica que Diego y Argentinos Juniors transitaron juntos el camino hacia la fama. Desde que debutó en la Primera del Bicho, el 20 de octubre de 1976, la relación y el "parentesco" con esta comuna ubicada al noroeste de la Ciudad de Buenos Aires se fue afianzando cada vez más entre los vecinos.

Con el tiempo, Pelusa se había convertido en uno de los mayores símbolos del barrio. La sede de la Asociación Atlética Argentinos Juniors y su cancha ubicada en Juan Agustín García y Boyacá completan el podio de identidad barrial de La Paternal y mucho más ahora tras la muerte en Diego, con un santuario repleto de camisetas para rendirle tributo y con su estadio que lleva su nombre. Y eso no es todo: su exterior está decorado por una gran cantidad de murales que repasan su trayectoria, desde Los Cebollitas, Argentinos, Boca Juniors, Barcelona, Napoli y los momentos más gloriosos como jugador y técnico de la Selección Argentina, incluyendo las icónicas imágenes de "El Gol del Siglo" y "La Mano de Dios". Un sentido homenaje a hacia "El Más Grande" que emociona a sus fanáticos y seguidores en cualquier rincón del planeta.

Cuando el Diez saltó de la Séptima a Primera, el club lo sacó de Fiorito y le alquiló un departamento en la calle Argerich 2746, entre Santo Tomé y Arregui. Ahí conoció a Claudia Villafañe, quien sería su esposa y con quien tendría sus dos primeras hijas: Dalma Nerea y Gianinna Dinorah. "Él vivía en el medio y Claudia en el fondo o al revés. Primero, Diego se hizo amigo del hermano de Claudia y más tarde terminan como novios", desliza Roimiser.

Más tarde, Maradona pasó a ocupar una vivienda en Lascano 2257,[12] entre Gavilán y Caracas, a tres cuadras de la cancha, donde allí permaneció durante tres años. Luego, el astro argentino le construyó la casa a sus padres Don Diego y Doña Tota en Cantilo al 4500, también en La Paternal.

Diego se hizo muy conocido en La Paternal desde el momento en que había comenzado a jugar en la Primera de Argentinos. Algunas fotos dan cuenta del sentimiento que El Pibe de Oro tenía por el barrio, su nuevo lugar de pertenencia después de Fiorito. Para muchos, era común verlo en la calle yendo a hacer los mandados en el mercado. También, jugaba al truco en la calle con los vecinos.

Según cuenta Roimiser: "Antes vivía pasando Nazca, pero Diego estuvo cuatro años viviendo en el barrio. También iba a hacer las compras al almacén. La gente lo saludaba. Esa humildad que tenía en Argentinos la tuvo siempre".

La Paternal fue un barrio que lo cobijó en sus inicios en el fútbol argentino y contrastaba notoriamente con la pobreza que aún sacude a grandes y chicos en Villa Fiorito, el humilde suburbio del conurbano plagado de casitas precarias con techos de chapa, aquel potrero desierto de pasto donde hacía malabares con la 10 en la

---

12　La antigua casa ubicada en Lascano 2257 fue uno de los símbolos del barrio La Paternal y se transformó en un museo para visitar el lugar donde vivía Diego Armando Maradona. En 2016, la Legislatura de la ciudad de Buenos Aires instaló una plaqueta en la puerta para certificar que allí vivía el *crack* argentino. El lugar está abierto al público. También se la conoce como "La casa de D10s".

espalda y las calles de tierra que solía atravesar para ir a la escuela o a los entrenamientos durante su infancia.

Sin embargo, hubo varios motivos por los que Maradona y Argentinos se fueron distanciando con el correr del tiempo. Uno de ellos fue que Diego ya era campeón del mundo, uno de los mayores íconos en Napoli, una estrella de elite, y uno de los apellidos más famosos del planeta. Con su estadía y su fortuna en Europa, era muy difícil verlo de nuevo de paso por La Paternal.

Incluso, algunas decisiones —y actitudes— que había tomado molestaron a ciertos simpatizantes del Bicho. Una de ellas ocurrió en 1993, cuando Maradona regresó al fútbol argentino para jugar en Newell's Old Boys en lugar de hacerlo en Argentinos, el club que lo había formado como futbolista, el que le brindó su primer y brillante paso como jugador profesional.

Dos años más tarde, Maradona le había convertido un golazo de tiro libre a su exclub, en su segundo ciclo con la camiseta de Boca, el 15 de octubre de 1995. Muchos hinchas lo sintieron como si fuera un puñal en el corazón, con el hijo pródigo nuevamente en la vereda de enfrente, jugando por segunda vez con la camiseta del club del que era hincha. El resultado fue 1 a 0 para el Xeneize en cancha de Vélez, por la décima fecha del Torneo Apertura 95. Diego no lo gritó por respeto al club que le dio todo. Primero se persignó a un costado de la platea, se fue a mitad de cancha y después sintió un profundo desahogo. Luego, pidió el cambio. Los hinchas del Bicho quedaron más dolidos que nunca.

Pero el tiempo curó las heridas y puso las cosas en su lugar. El mayor símbolo de La Paternal tuvo su reconocimiento el 10 de agosto de 2004,[13] cuando Argentinos Juniors cumplía 100 años de vida y lo celebraba al nombrar su cancha: "Estadio Diego Armando Maradona", en un amistoso contra River Plate.

"El 13 de agosto, AAAJ jugaba la primera fecha del Torneo Apertura 2004 y para presentar al plantel que recién ascendía buscaron como fecha el 10 de agosto. Ese día descubrieron el cartel 'Estadio Diego Armando Maradona'", según detalla el historiador oficial del club. El nuevo nombre del estadio, ubicado en Juan Agustín García y Boyacá, dividió las aguas entre los hinchas. Incluso algunos sugirieron que debía llamarse "Estadio La Paternal Diego Armando Maradona". "En general, había consenso entre los hinchas y socios de Argentinos. Mucha gente estaba enojada con Maradona, pero no puede negar que el nombre del estadio es genial", agrega Roimsier.

---

13 La fecha exacta de la fundación de la Asociación Atlética Argentinos Juniors es el 15 de agosto de 1904.

Los tiempos han cambiado. Con el notable avance del *marketing*, la publicidad y el constante uso de las redes sociales, los clubes necesitan recursos económicos para seguir a flote. El nombre oficial del estadio era "Autocrédito Diego Armando Maradona" y desde mayo de 2022, pasó a llamarse "Bumeran Diego Armando Maradona". Es el primer club argentino que utiliza el naming (nombre) para sponsorear su estadio.

Un dato curioso: el debut de Lionel Messi con la camiseta argentina fue precisamente en este estadio, donde debutó Diego. Leo lo hizo el 29 de junio de 2004, en un partido frente a Paraguay, jugando para el seleccionado Sub-20, cuando apenas tenía 17 años. La Pulga había ingresado en el segundo tiempo y convirtió un gol en la goleada del combinado albiceleste por 8-0 frente a los juveniles del seleccionado albirrojo.

Volviendo a Maradona, el sábado 14 de diciembre de 2019 pisó de nuevo la cancha que lleva su nombre, en un partido a beneficio para homenajear al fallecido periodista deportivo Sergio Gendler. Su presencia conmovió a todos. Fiel a su estilo, y con la clásica camiseta roja y la banda blanca de Argentinos cruzada en el pecho, dijo lo siguiente:

> Estar acá es como volver a la casa de mamá.

> Necesitaba el cariño de esta gente.

> Cuando yo me vine a probar a Argentinos Juniors, con una pelota sola entrenaban seis categorías. No me puedo olvidar, jamás, de mi vieja y del viejo Diego Armando Maradona, este estadio ahora es un lujo.

> Cada vez que me nombran acá me emociono.

> Pido perdón si alguna vez le grité un gol a Argentinos.

> Hay muchos que hablan y no saben cuánto pesa la Copa del Mundo. Y hablan boludos, hablan. ¡Este Cebollita levantó la Copa del Mundo y sé cuánto pesa, papá!

> Ojalá pudiera correr atrás de una pelota, daría cualquier cosa.

> Quiero terminar acá. Que Argentinos vuelva a ser el Semillero del Mundo.

> ¡Ganen el campeonato, la puta madre!

> La estoy luchando con Gimnasia, pero algún día me gustaría estar en este banco. Quédense tranquilos.

Diego no pudo cumplir su sueño de dirigir a Argentinos Juniors a raíz de su repentina muerte, ocurrida el 25 de noviembre de 2020, a

los 60años. Por más que "Pelusa" aliente al Bicho desde el cielo, su sueño de dirigir a la institución que lo vio nacer quedará eternamente postergado. Sin embargo, su idolatría jamás cambiará en el club que lo cobijó desde pequeño, donde debuto en Primera, deslumbró a todo el fútbol argentino, le dio el prestigio al Bicho y también se hizo mundialmente conocido.

PARTIDOS MEMORABLES

La sola presencia de Diego Armando Maradona en las canchas argentinas despertaba un magnetismo especial en los hinchas de cualquier equipo y su gusto refinado por el buen fútbol. La tradición indica que los argentinos son exigentes en el paladar negro y saben elogiar a los equipos o futbolistas que hacen culto por el buen juego, sin distinción de colores ni de camisetas.

Pero en un país tan pasional por el fútbol como objeto de culto, tan comparable con el mate y el asado, se mantiene la tradición por el buen juego, ya que el fútbol criollo siempre estuvo nutrido por jugadores de enorme talento que hacían arte con la pelota. Los ejemplos están a la vista: Ángel Labruna, José Manuel Moreno, Antonio Sastre, Vicente de la Mata, Rinaldo Martino, René Pontoni, Alfredo Di Stéfano, Enrique Omar Sivori, Ángel Clemente Rojas, Ermindo Onega, Norberto Alonso, Ricardo Bochini y muchos más. Es decir, el camino por el refinado estilo de juego estaba bien marcado antes del surgimiento de Diego. Pero su aparición eclipsó todo lo imposible de imaginar en el sentimiento del hincha.

Por eso, no resulta descabellado que las famosas "tres G" (ganar, gustar y golear) sea un mandato divino dentro del código futbolero argentino. Este pedido puede ser en términos individuales, cuando a una figura se le exige mucho más porque el hincha sabe todo lo que lo puede dar para marcar la diferencia, pero especialmente es un reclamo colectivo: que el equipo juegue como le gusta a la gente. Acaso es la mayor demanda del hincha que también suele reconocerlo cada vez que su equipo es ampliamente superado cuando el adversario cumple con esta premisa. En términos futbolísticos es algo así como tocar el cielo con las manos.

Más allá de poseer un talento innato, algo fuera de lo común en cualquier futbolista, Maradona recibió la herencia de todos estos *cracks* y brilló con luz propia al momento de jugar al fútbol que le gusta la gente. Diego fue un fenómeno sin precedentes, por lo que los simpatizantes de Argentinos jamás podrán olvidar lo ocurrido el 9 de noviembre de 1980 en cancha de Vélez, por la fecha 12 del Campeonato Nacional.

Con Diego como goleador y figura estelar, el Bicho estaba haciendo su mejor campaña en Primera y le peleaba el campeonato a River, una verdadera selección de fútbol, un coloso que contaba con varios campeones del mundo en sus filas. Pero el rival de entonces era nada menos que el Club Atlético Boca Juniors. En ese momento, Hugo Orlando Gatti, una de sus principales figuras, no tuvo mejor idea que desafiarlo para calentar motores en la previa del partido. "Maradona debía cuidar su físico porque tiene tendencia a engordar", había declarado el arquero e ídolo de Boca en una entrevista periodística en el diario *La Nación*, dando a entender que el 10 de Argentinos Juniors era un "gordito".

Miguel Ángel López, quien era el entrenador del equipo de La Paternal, se había percatado de las declaraciones del gran ídolo xeneize. Inmediatamente, el técnico le trasladó el mensaje al joven Maradona, quien mostró su fastidio. "Le voy a hacer cuatro goles", había amenazado Diego, furioso por lo acontecido.

No hay nada peor que hacer enojar a Maradona. Su figura se agigantaba aún más cada vez que se engranaba, ya sea con algunas declaraciones polémicas que formulaban sus rivales o enemigos o porque consideraba determinados actos de injusticia, dentro y fuera de la cancha. Los hechos están a la vista.

Así, el Pibe de Oro, cumplió con su prometido en el día del partido: le anotó cuatro goles nada menos que al Loco Gatti en una actuación memorable y consagratoria para este "gordito" que llevaba cuatro temporadas en Primera y 20 años recién cumplidos.

A los 20 minutos del primer tiempo, Boca se había puesto en ventaja por un penal convertido Jorge Ribolzi. Inmediatamente llegaría la reacción, mejor dicho, la "furia" de Diego. Tres minutos más tarde, el astro argentino estableció el empate transitorio, también de penal, luego de una maniobra suya que terminó con una mano del defensor Hugo Álves en el área de Boca, tras una rabona magistral.

A los 26 minutos de la primera parte, Espíndola adelantó al Bicho con un golazo de tiro libre. Luego, otro tiro libre ejecutado por Mario Zanabria estableció la paridad, cuando se jugaban 32 minutos. Argentinos y Boca estaban 2 a 2 en un electrizante primer tiempo.

Sobre el final de la primera parte, Maradona apreció en su real dimensión para anotar un soberbio gol de tiro libre desde la derecha que se coló en el segundo palo de Gatti, cuando se cumplían 42 minutos de juego. Era el segundo tanto de Diego, esta vez, con su zurda magistral desde un ángulo imposible. En Vélez se jugaba un

partidazo de ida y vuelta con cinco goles en un tiempo. Argentinos se imponía 3 a 2 y Diego daba cátedra de fútbol.

A los 3 minutos del segundo tiempo, vino un contragolpe que resultó letal para Boca, cuando el equipo estaba volcado en ataque en busca del empate. Diego picó sobre la derecha y recibió solo un cambio de frente: primero, durmió la pelota con su pecho y luego resolvió con una sutil pincelada de zurda que se metió en el segundo palo del mismo arquero que lo había tratado de "gordito", el que había salido desesperadamente de su valla para evitar el gol que no pudo impedir. Un golazo de ensueño con el sello de Diego. Argentinos ganaba 4 a 2 y el Pibe de Oro maravillaba a todos.

Y a los 30 minutos, Maradona convirtió su cuarto gol con otro espectacular tiro libre sobre la medialuna del área que dejó inmóvil al arquero que lo había maltratado en la previa del partido. Argentinos ganaba 5 a 2 con cuatro goles de Diego en un partido memorable. A los 39, Gareca convirtió para el 5 a 3 final en un partido cuyo resultado ya era inapelable.

Por primera y única vez, Maradona convertía cuatro goles en su carrera y nada menos frente al rival que un año más tarde lo contrataría para consagrarse campeón en el Metro 81, su primer título local y con la camiseta azul y oro, el club de sus amores.

Tal vez muy pocos lo sepan, pero Diego había experimentado una situación similar hace unos cinco meses atrás. El 4 de mayo de 1980, River recibía a Argentinos en el Monumental, por el Torneo Metropolitano. El Millonario tenía un equipazo conformado por figuras de la Selección Argentina campeona del mundo en 1978, con Ubaldo Matildo Fillol, Daniel Alberto Passarella, Alberto Tarantini, Américo Rubén Gallego, el Beto Alonso y Leopoldo Jacinto Luque. También jugaba Ramón Díaz, quien fuera su compañero en ataque en la selección nacional campeona del Mundo en el Juvenil de 1979, en Japón.

Diego y Fillol eran compañeros en la Selección Mayor. En ese partido, el Pato le había dicho que le iba a atajar un penal y cumplió con la promesa. Luego, un Maradona enfurecido le dijo que le iba a hacer dos goles y así se despachó con dos tantos para la victoria del Bicho, por 2 a 0 en el estadio Monumental.

Así era el *crack* argentino cuando lo pinchaban, Diego se enojaba y respondía con su "furia futbolera" en cualquier cancha. Aquel festejo de Diego en el Monumental se disfrutaría después en el estadio de La Paternal. "La manga de Argentinos de ahora tiene la imagen de Maradona festejando el segundo gol contra River", destaca Roimiser.

Sería 1980 un año descomunal para Maradona. En esa temporada jugó más de 70 partidos con Argentinos Juniors y con la camiseta de la Selección Argentina, entre oficiales y amistoso. Incluso, en torneos de AFA salió goleador del Metro (25 goles) y Nacional (18) para cerrar la temporada con 43 gritos oficiales. Una locura para un *crack* de apenas 20 años.

Tres años antes, Maradona había demostrado su talento en otro partido memorable frente a Huracán, por el Metro 77, en el estadio Tomás A. Ducó, en Parque Patricios, un partido del que muy pocos tienen registro. Aquel 31 de julio, Diego, aún con 16 años, recibió la pelota en la medialuna de su área y comenzó a gambetear jugadores rumbo al arco contrario. El Bicho se imponía 2 a 0 con goles de Pelusa y otro de Carlos Álvarez, de penal. A los 18 minutos del segundo tiempo, la estrella de Argentinos comenzó a desparramar a unos cuatro y cinco rivales desde su campo, hasta que llegó al arco de Héctor Rodolfo "Chocolatín" Baley, a quien dejó dos veces tirado en el suelo, y quedó mano a mano con Jorge Carrascosa. El capitán de Huracán era el último rival que quedaba: ocupaba todo el frente del arco para defender su valla. Y en lugar de asegurarla frente a un palo, como marca el manual de cualquier goleador, Maradona lo humilló al definir entre las piernas del temperamental defensor para sellar el 3 a 0 lapidario. Inmediatamente, los hinchas de Globo se pararon para aplaudirlo. La reacción fue instantánea. La ovación duró unos cuantos minutos. Los hinchas se rindieron ante semejante obra de arte maradoniana. Se pueden ver las imágenes del golazo de Diego en YouTube, pero no está la jugada completa. Sin embargo, quienes fueron testigos de ese gol antológico aseguran que fue mucho más lindo que el gol que le convirtió a los ingleses nueve años más tarde. Tal vez haya sido el mejor gol en la historia del fútbol argentino.

Roimiser recuerda aquella historia con un episodio muy singular. "Tenía un blog en el que había comentado el gol de Diego hasta que recibí un mensaje: 'Te agradezco por la nota, es un lujo que hayas podido relatarlo. Fui partícipe necesario de ese gol. Carlos'. El comentario era de Carlos Milani, marcador central de Argentinos de ese momento".

El historiador continua con la anécdota: "A Milani lo invité a un programa de radio que tenía en ese momento y me dijo que ese gol fue 'como el pase de Enrique frente a Inglaterra en el Mundial de México 86. Yo saqué de arco, se la di en la medialuna y el resto lo hizo todo él'", comenta el historiador de Argentinos con cierta humorada, en referencia a las declaraciones de Héctor Enrique cuando le dio el "pase gol" a Diego frente a los ingleses.

Hay más partidos memorables. El 11 de noviembre, Diego le había convertido tres goles a Colón, por el Nacional 79, en La Paternal. "Maradona 3 vs Colón 0", tituló *El Gráfico*. La revista publicó fotos de Pelusa rodeado por cinco rivales. Quienes fueron testigos de ese partido aseguran que el 10 lo ganó solo.

Otro partido que muy pocos recuerdan es el amistoso frente al New York Cosmos, el 27 de marzo de 1980 en cancha de Vélez Sarsfield. En ese entonces, Argentinos era el protagonista excluyente en los campeonatos locales. El club de La Paternal necesitaba disputar amistosos en cualquier parte para recaudar dinero y así poder pagarle el sueldo a Maradona. Además, lo mostraba como la nueva joya del fútbol mundial tras el retiro de "O Rey" Pelé.

El equipo estadounidense, el mismo en el que había jugado Pelé antes de su retiro, en 1977, tenía nada menos que al experimentado defensor Franz Beckenbauer, el Kaiser, el capitán campeón del mundo en 1974 que levantó la copa con la selección de Alemania, entre sus principales figuras. Además, tenía como compañeros al paraguayo Julio César Romero (Romerito), y al brasileño Carlos Alberto, campeón del mundo en México 70. El partido se jugó bajo una lluvia torrencial en el estadio Amalfitani, en Liniers. Había agua por todas partes. Era impensado jugar de esta manera, pero se jugó igual. Parecía una cancha de waterpolo ya que la pelota no picaba.

A los 32 del primer tiempo, Argentinos se puso en ventaja gracias a otra genialidad de Maradona, quien en una gran acción eludió al arquero Birkenmeier en medio del agua y con el arco a su disposición la mandó a la red para anotar el 1 a 0 parcial. Diego lo celebró con su clásico festejo del salto con el puño apretado en el aire, cerca del córner. En tanto, el italiano Chinaglia igualó sobre el final de la primera etapa y en el complemento, convirtió su segundo gol, esta vez de cabeza, para sellar el 2 a 1. El Cosmos se quedó con este amistoso bajo una intensa lluvia.

El resultado puede ser una simple anécdota pero ese día en Vélez, Maradona hizo cosas que nadie había hecho en un partido de fútbol. Así lo recuerda el periodista Sergio Levinsky, quien estuvo en la cancha:

> El partido que más recuerdo fue contra el Cosmos de Nueva York, en cancha de Vélez. Fue un partido bajo una lluvia torrencial, la cancha estaba totalmente embarrada. Creo que el Cosmos no tenía otra fecha para jugar. Teniendo en cuenta el estado del campo de juego, Maradona hizo algo que nunca había visto: agarraba la pelota como de 'cuchara' porque la pelota no picaba. Había que jugar por arriba porque era imposible hacerlo por abajo. Entonces, iba eludiendo gente con la pelota en el

aire. ¡Siempre manteniéndola en cuchara! En ese partido convirtió un golazo, pero al final ganó el Cosmos por 2 a 1.

El periodista continua con su relato del partido que lo había marcado: "Ese día jugó Beckenbauer y cuando terminó el partido dijo que eso no se lo había visto ni siquiera a Pelé". Y completa la anécdota con la siguiente historia: "Ese día me empapé como nunca, se jugó bajo una lluvia torrencial pero fue impresionante verlo jugar en ese partido. Lo que hacía Maradona era increíble. Los demás chapoteaban como podían, Beckenbauer incluido". Las imágenes hablan por sí solas.[14]

Otra actuación memorable quedó plasmada en aquel golazo que Diego le hizo al Deportivo Pereira, en un cuadrangular disputado en Colombia junto con el América y el Deportivo Cali. Aquel 19 de febrero de 1980 es una fecha inolvidable para unos 22 000 colombianos que fueron testigos de algo nunca visto en el estadio Hernán Villegas. A los 25 minutos del segundo tiempo, un Maradona furioso y endiablado arrancó desde mitad de cancha y comenzó a gambetear a cualquier rival que interfiriera en su camino. El periodista y escritor colombiano Alejandro Aguirre, en su libro *El mejor gol de Maradona no fue a los ingleses, recuerda:*

> Primero, Farid Perchy, Henry Viáfara se le tiraron encima. Luego, salió el paraguayo Alcides Sosa y el último que lo cruzó fue el Moño Muñoz: cuando llegó, amagó a patear, enganchó y quedó de frente al arco. Cuando le salió el arquero, que era Roberto Vasco, amagó a tirar al segundo palo y se la tocó cortita al primero. Fue un gol espectacular.

Aquella maravillosa jugada de Pelusa enamoró a los colombianos, seis años antes que se gestara el Gol del Siglo. Diego había desparramado a más de seis jugadores, de los cuales, tres de ellos quedaron sentados mirando hacia el arco, como si fueran espectadores o testigos privilegiados, antes de que el pibe de Fiorito convirtiera el 3-3 parcial. El gol antológico fue publicado en una secuencia de ocho imágenes como fiel documento de su obra maestra en tierras cafeteras. La prensa colombiana retrató su genialidad como "un gol nunca visto".

Es que su dimensión futbolística lo muestra como un ser fuera de lo terrenal a tan corta edad. Maradona tenía 19 años y jugó con el dedo gordo del pie derecho inflamado, agigantando aún mayor

---

14 Resumen en YouTube del amistoso Argentinos Juniors 1-2 Cosmos de Nueva York, jugado el 27 de marzo de 1980 en el estadio de Vélez Sarsfield. Véase en https://www.youtube.com/watch?v=JEgcuQ-zBig.

la proeza en tierras cafeteras. Nadie podía creer que era capaz de jugar así. Sin embargo, anotó los tres goles de su equipo, incluyendo su obra maestra y otro de tiro libre. El partido finalizó 4-4. Luego, Argentinos perdió por penales. Pereira jugó la final contra el América de Cali. Pero eso es lo de menos: los colombianos quedaron perplejos al ver un gol nunca visto y aplaudieron a rabiar esta "joya inolvidable", como así lo describieron. Solamente un fuera de serie podía hacerlo y se llama Diego Armando Maradona.

Cada vez que le preguntaban, el Diez recordaba su obra de arte frente al Deportivo Pereira como si fuera ayer. Según Diego, frente al Pereira anotó el mejor gol que había convertido en su carrera, incluso llegó a decir que aquella genialidad en tierras cafeteras había sido más linda que el legendario Gol del Siglo frente a los ingleses en el Estadio Azteca, por los cuartos de final del Mundial de México 86. Ante la falta de imágenes, su minucioso relato quedó convertido en leyenda. Sin embargo, existe una foto que inmortalizó ese momento mágico y aún recorre el mundo: la imagen de Diego festejando, y de fondo aparecen los tres jugadores del Pereira sentados en el suelo.

Cuenta la leyenda que, ese día, Diego también había jugado enojado al notar que a Argentinos lo estaban bombeando. Según testigos, tenía que ganar Pereira a toda costa. Pero Maradona se repuso frente a la adversidad y anotó un triplete —incluso, el mejor gol de su carrera, según sus declaraciones— con el dedo gordo del pie inflamado. Diego jugó el partido igual, con el dedo hinchado, sin importarle nada: si él no jugaba, los colombianos no pagaban y, por lo tanto, sus compañeros no cobraban. Su gesto habla de su humildad y de su grandeza.

Pasaron 42 años de este gol que hizo historia. Un gol fantástico cargado de mitos que tenía imágenes pero no había video. Pero desde hace ocho años se puede disfrutar de la obra maestra de Diego en YouTube. Antes de esa fecha no había registro audiovisual del golazo que Maradona le convirtió al Pereira hasta que salieron a la luz en 2013[15].

---

15 El golazo de Diego Armando Maradona al Pereira (19/02/1980) https://www. youtube.com/watch?v=_I4FRkvYyJ4

PRIMERA DESILUSIÓN Y PRIMERA GLORIA CON LA SELECCIÓN

El Pelusa atravesó una serie de sinsabores con la Selección Argentina, en sus inicios como jugador profesional. Parecía un secreto a voces, pero su aparición descollante en la Primera de los Bichos Colorados le dio el pasaporte a la primera convocatoria.

"Nene, no le comente nada a nadie y menos al periodismo, porque lo van a avasallar a preguntas y usted necesita tranquilidad. Vaya, dígale a su padre que no va a dormir en su casa porque estará concentrado con la Selección, y venga para el hotel", le había indicado César Luis Menotti. El Flaco era entrenador del conjunto albiceleste y se encontraba armando el plantel antes de consagrase como el primer director técnico argentino campeón del mundo en 1978.

Así el domingo 27 de febrero de 1977, Diego Armando Maradona debutó con la casaca albiceleste en un amistoso frente a Hungría en La Bombonera, cuatro meses después de su estreno oficial con la camiseta de Argentinos frente a Talleres. Tenía 16 años y 4 meses. Diego ingresó a los 20 minutos del segundo tiempo y recibió las mismas indicaciones que le había dado por Juan Carlos Montes, el DT que lo hizo debutar en la Primera del Bicho.

"Va por Luque. Entre y haga lo que usted sabe. Esté tranquilo y muévase por toda la cancha. ¿Estamos?", le dijo el Flaco Menotti. Apenas ingresó a la cancha, el público se levantó con una canción que más tarde se convertiría en un célebre himno futbolero: "¡Maradóóó, Maradóóó!".

Años más tarde, Maradona revelaba que había tenido un miedo bárbaro, cuando ingresó con la 19 en sus espaldas. Tenía 16 años, apenas 11 partidos en Primera y solamente dos goles con el Bicho. Argentina goleó 5 a 1 a los húngaros. La Selección había formado con Gatti; Tarantini, Olguín, Daniel Killer y Carrascosa; Ardiles, Gallego, Ricardo Villa, Houseman, Luque y Bertoni.

Luego, Pelusa fue seleccionado para formar parte del plantel preliminar de cara a la Copa del Mundo. Su nombre integraba la nómina de los 25 futbolistas argentinos, aunque la lista oficial era de 22, según el reglamento de la FIFA de aquella época.

En plena dictadura de Videla, la ilusión de jugar el Mundial 78 en casa y con todo el público a favor estaba latente, pero aquel sueño de pibe se había derrumbado como un castillo de naipes. De pronto, llegó la primera gran tristeza de su carrera: el 19 de mayo de 1978, Menotti lo excluyó de la lista de 22 para la Copa junto con Humberto

Bravo y Víctor Bottaniz. El Pibe de Oro quedó destrozado después de haber sido marginado.

"Éramos 25, Bravo, Bottaniz y yo. Había que sacar a tres. Menotti me dijo que iba a tener mejores tiempos en la Selección. [Su decisión] no se equivocó, pero yo quería estar acá. No me convenció pero no lo dejé de querer", le confesaba Diego Maradona a Quique Wolff en una entrevista para ESPN.

Menotti tenía suficientes motivos para dejar a Diego Armando Maradona, la joya del fútbol argentino, fuera del Mundial. El Flaco entendió que todavía era muy joven para jugar la Copa (tenía 17 años) y que su momento de gloria llegaría más adelante. Además, el plantel argentino contaba con cuatro números 10 de experiencia y calidad como el Beto Alonso (la rompía en River tras su regreso de Francia), Julio Ricardo Villa (Racing Club), José Daniel Valencia (Talleres de Córdoba) y nada menos que Mario Alberto Kempes, el único futbolista "extranjero" que había en el plantel albiceleste y la máxima estrella del Valencia de España. Cuenta la leyenda que los militares hicieron lo suyo para incluir al Beto Alonso debido a la presión popular, a pesar del paladar futbolero de Menotti y de dejar al Pibe de Oro fuera del Mundial.

Como mencioné en el capítulo anterior, quienes lo conocen, señalan que Maradona jugaba mucho mejor cada vez que estaba enojado. Por eso, Pelusa se había juramentado que iría por la revancha.

El 21 de febrero, después de dos días de haber quedado marginado del Mundial, Diego regresó al plantel de Argentinos Juniors. Quienes lo vieron, dijeron que estaba anímicamente destrozado. "Voy a demostrarle a Menotti que se equivocó", le dijo a sus íntimos. El Bicho le ganó 5-0 a Chacarita con tres goles del astro argentino en La Paternal. Nunca hubo tantos periodistas en esa cancha como en aquel día.

Maradona sacó pecho frente a la adversidad y continuó jugando para la Selección Mayor a pesar de haber experimentado que su primer sueño mundialista se había truncado. Su primera cita con la red ocurrió el 2 de junio de 1979, cuando convirtió su primer gol con la camiseta albiceleste en un amistoso frente a Escocia, por 3 a 1 en Glasgow.

Ese mismo año, Maradona cumplía su gran sueño de salir campeón con la Selección Argentina en el Mundial Juvenil Sub-19 en Japón. Aquel equipo representaba el verdadero sentir del fútbol criollo en su máxima expresión al punto que los hinchas se levantaban a la madrugada para ver en acción al joven y talentoso Maradona como capitán junto con Ramón Díaz. Ambos, conformaron una de las mejores duplas goleadoras del combinado albiceleste en su historia.

El 7 de septiembre, el seleccionado juvenil albiceleste, dirigido por Menotti, venció por 3 a 1 a la Unión Soviética y se coronó por primera vez campeón mundial juvenil. Maradona había convertido un gol de tiro libre y más tarde levantaría el primer título de su exitosa carrera. También fue elegido el mejor jugador de torneo.

El Flaco tenía razón: "El futuro está metido en presente. Estos chicos, más que un título, le dieron al hombre argentino lo que realmente busca en el fútbol: el juego en su expresión más hermosa. Eso, el hincha se lo agradecerá siempre".

La Selección Argentina Sub-20 solía formar con: García; Carabelli, Juan Simón, Rossi y Alves; Barbas, Rinaldi, Maradona, Escudero, Ramón Díaz y Calderón. Meza y Torres también alternaban en la alineación titular.

El 10 había recuperado la sonrisa, se sentía feliz por volver a jugar con la celeste y blanca. Años más tarde, y a pesar de su fama, de su exitosa carrera, de sus históricos partidos con la Selección Mayor, de sus goles de ensueño y de sus títulos alcanzados, reconocía: "El mejor equipo que integré en mi vida fue, lejos, el que ganó el Campeonato Mundial Juvenil en Japón 79. Nunca me divertí tanto en una cancha. Era extraordinario".

Atrás quedaba la bronca por haber sido marginado para ir al Mundial 78:

> Cuando no tuve la suerte de integrar aquel equipo que ganó el título mundial en 1978, cuando aquel 19 de mayo lluvioso llegué a mi casa y encontré a mi mamá llorando, a mis hermanos tratando de alentarme, pero más doloridos que yo porque había quedado afuera de los 22 que querían jugar el Mundial, entonces me propuse una revancha. Quería pagar con un campeonato todas esas lágrimas que se le escaparon en aquel momento a mi mamá, a mi novia, a mis hermanos, a mis sobrinos, a mis amigos, a Fiorito... Para ellos es esta inmensa alegría que borra todo ese dolor.

Esto declaraba un sonriente Diego Maradona campeón del mundo en Japón. Y vaya si ha tenido su revancha...

Con su primer título bajo el brazo, Maradona ya tenía abierto el crédito para jugar varios mundiales con la Selección Mayor. España 82 fue su primera experiencia mundialista en un plantel cuya base estaba conformada por jugadores que levantaron la Copa en 1978 como Fillol, Galván, Olguín, Passarella, Tarantini, Gallego, Ardiles, Kempes, Valencia y Baley.

El equipo no estuvo en sintonía, sintió el recambio generacional y también la guerra de Malvinas. En tanto, Diego tuvo luces y sombras: marcó sus dos primeros goles mundialistas el 4 a 1 frente a Hungría y se marchó de la Copa con una expulsión por un planchazo sobre Batista en la derrota frente a Brasil, por 3 a 1 en la segunda fase.

La Selección Argentina quedaba eliminada con toda la frustración a cuestas por no haber podido defender el título en España 82. Pero, cuatro años más tarde, tocaría el cielo en México 86, gracias a Diego Armando Maradona, el nuevo genio del fútbol mundial.

"LO QUERÍA EL BARCELONA, LO QUERÍA RIVER PLATE..."

En el ambiente del fútbol estaba latente aquella creencia de que la relación entre Diego Armando Maradona y Argentinos Juniors iba a terminar en el corto plazo. El 10 era un fenómeno pocas veces visto debido a la magnitud que despertaba su figura en cada partido.

Diego tuvo un rápido ascenso en todas las categorías del Bicho: primero jugó en Los Cebollitas (1973), luego fue campeón con la Novena (1974) y la Octava (1975). Jugó algunos partidos en la Séptima y a los 15 años saltó a la Primera División (1976). Sus cinco temporadas en la Primera de Argentinos significó un costo difícil de solventar para las arcas de un club de barrio acostumbrado a estar lejos de los *flashes* periodísticos y del poder mediático.

En 1978, el segundo año de la dictadura militar en Argentina, Maradona estuvo a punto de ser transferido al Sheffield United de Inglaterra, en pleno año mundialista. Pero el oficial Carlos Suárez Mason, conocido como el Carnicero del Olimpo (en referencia a las torturas que ejercía en los centros clandestinos de detención durante la dictadura), quien además fue titular del Cuerpo del Ejército y socio de Argentinos Juniors, evitó su traspaso. Suárez Mason era uno de los hombres fuertes de la dictadura y fanático del Bicho. Incluso fue guardametas en las divisiones inferiores del club de La Paternal. Ese mismo año también hubo sondeos de parte de Independiente. Maradona, a quien se creía que era hincha del Rojo, forzó la transferencia, pero finalmente no se cumplió su pedido.

Recién en 1979 apareció la publicidad de la aerolínea estatal Austral, una de las pioneras para *sponsorear* las camisetas de los equipos en el fútbol argentino, esta vez, como patrocinador de la indumentaria del Bicho para sostener el contrato de Maradona por una temporada más. Es que, en plena dictadura, mantener a la Selección Argentina campeona del mundo era una cuestión de Estado y todos los futbolistas (a excepción de Mario Alberto Kempes, que brillaba en el Valencia de España) debían jugar en el territorio argentino, tal como ocurrió en el Mundial 78. Por eso, el "negocio" de los militares consistía en mantener a Diego como fuera en el fútbol local en lugar de venderlo al exterior. De esta manera, el conjunto albiceleste se aseguraba la participación del jugador-estrella del momento para revalidar el título en el Mundial de España 82.

El periodista Lalo Zanoni[16] revela que Suárez Mason había acercado la publicidad de Austral al club de La Paternal para poder pagarle el sueldo a Maradona, la joya del fútbol argentino que a los 18 años era buscado por los clubes más poderosos del mundo. Pese a los millones de dólares que ofrecían en el exterior, acá había muchas cosas en juego. Por eso, los militares querían retenerlo. "El contrato fue de 300 mil dólares por un año", aseguró Zanoni, y además contó alguna vez en su Twitter:

> Había que pagarle lo que valía, pero AJ no tenía plata. Otra vez Suárez Mason. El militar consiguió un préstamo muy blando a través del Ministerio de Bienestar Social, que en ese entonces manejaba los fondos del PRODE. ¿De cuánto dinero?

> Para mi libro *Vivir en los medios* (Marea, 2006) pude averiguar que el dinero salió de un fondo destinado a gastos de mantenimiento y promoción de la Selección Nacional financiado por lo recaudado por el PRODE, habría entre quinientos mil y un millón de dólares. Es decir, que a Maradona lo pagó el Estado. O sea, todos los argentinos.

Suárez Mason fue el jefe del Primer Cuerpo de Ejército (Palermo), el organismo que estuvo a cargo de la mayor cantidad de centros clandestinos de detención durante la dictadura. Era del grupo "duro" junto a Massera y otros genocidas. Fue acusado de 635 delitos. Como dirigente de Argentinos Juniors fue titular de la Comisión Patrimonial (1979-1999). "Él fue uno de los que negoció la venta de Diego a Boca en 1981", completa Zanoni.

Según el acuerdo con el club de La Paternal, Austral solventaba el contrato de Diego Armando Maradona, el jugador más caro del plantel, por un año, a cambio de que la aerolínea estatal argentina pudiera colocar su publicidad estática en varios sectores estratégi-

---

16 Cuenta en Twitter de Lalo Zoanoni: @zanoni

cos en la cancha y también insertarla en la camiseta de Argentinos Juniors, algo inusual en la historia del fútbol argentino en aquella época.

La publicidad de Austral apareció por primera vez en un partido contra Racing. Curiosamente, también figuraba en el pantalón, al menos durante los primeros 45 minutos del primer tiempo, ya que los equipos posaban para la foto antes del inicio del juego. Luego, Argentinos jugaba todo el segundo tiempo sin su *sponsor* en su indumentaria, una estrategia de *marketing* de la empresa estatal consensuada por la entidad de La Paternal.

En 1980, Argentinos Juniors había hecho la mejor campaña de su historia hasta ese momento con un Maradona descomunal, autor de 43 goles en la temporada. Todo un fenómeno dentro y fuera de las canchas. El Bicho fue subcampeón del Metropolitano 80, detrás del poderoso River, equipo al que venció las dos veces que se enfrentaron: 2-0 en el Monumental y en La Paternal.

El interés de River por la máxima figura del fútbol argentino siempre estuvo latente desde que Diego era Cebollita, ya que su estilo de juego encajaba a la perfección con el gusto refinado y el paladar del hincha millonario, como marca la historia del club. Aunque su simpatía por otros colores apuntaban hacia otro lado.

El domingo 4 de mayo, Maradona volvió a enamorar a todos con sus dos goles que sirvieron para derrotar al River por 2 a 0 en el Monumental, por el Metro 80. Dos días más tarde, *El Gráfico* publicó en la tapa de la edición 3161 una foto del 10 con la banda roja después del partido, con el título "El caso Maradona. River: ¿una solución?". Entonces, aparecieron nuevamente los rumores que lo acercaban a la entidad de Núñez.

Fue el 29 de julio, en la edición 3173 de la popular revista deportiva, cuando se mostró en portada a un Maradona envuelto con la bandera de Argentinos Juniors sosteniendo una bandera argentina, dando a entender que el astro del fútbol local se quedaba en el club que lo había formado y era promovido a Primera.

Nuevamente, Diego apareció en la tapa de la edición 3198 de *El Gráfico* del 20 de enero de 1981 vinculada al mercado de pases. Los rumores sobre su posible transferencia al último campeón del fútbol argentino eran cada vez más fuertes.

River quería ficharlo y le ofreció el contrato más alto, igualando el salario que percibía Ubaldo Matildo Fillol, toda una leyenda en el arco del Millonario y en la Selección Argentina. Pero esa comparación salarial le había molestado al arquero campeón del mundo en 1978. El Pato, uno de los mejores pagos del plantel, ya con seis títulos domésticos y un Mundial bajo el brazo y más de una década en Primera, no quería cobrar lo mismo que una "promesa" de 20 años.

Algunas versiones indicaban que Maradona había desistido de jugar en River porque tanto él como su familia eran hinchas de Boca. Por eso, el propio jugador había metido al Xeneize en la operación. También se decía que su representante, Jorge Cyterszpiler, había sido el impulsor de esta movida para elevar la cotización de su representado. Ambas versiones fueron desterradas con el paso del tiempo.

Sin embargo, desde el club millonario aseguraron que Maradona tenía intenciones de ponerse la banda roja. El Diez quería jugar en River. También hubo un pedido de Passarella, por entonces amigo de Pelusa cuando César Luis Menotti dirigía a la Selección Mayor. Junto con el Tolo Gallego, los tres compartían la habitación de la concentración albiceleste en los ensayos previos al Mundial 78. Habían entablado una gran amistad hasta que el Flaco lo desafectó de la lista oficial para jugar el Mundial. Por eso, el Kaiser fue uno de los pesos pesados del plantel riverplatense que alzó la voz para concretar el pase de la gran estrella. Pero el Pato y otros referentes del plantel se pusieron firmes frente a los dirigentes riverplatenses: no querían saber nada con tener a Diego de compañero.

Según el historiador Roimiser: "River estaba interesado en contratar a Diego y le ofreció un buen dinero. Como en Argentinos no estaban conformes con la oferta, dijeron 'tirale a los medios que lo quiere Boca' para elevar la aún más la oferta del Millonario".

A pesar de que atravesaba una difícil situación financiera, el club de La Ribera se metió igual en la pelea al enterarse que lo quería su eterno rival. Próspero Cónsoli, presidente de La Paternal en aquella época, dio el visto bueno y aceptó la negociación.

El acuerdo por el traspaso de Diego ya era un hecho. Boca Juniors se comprometió a abonar en varias cuotas los cuatro millones de dólares, equivalentes al préstamo por un año y medio —una cifra astronómica para la época—, con una opción de compra de diez millones de dólares más el 15% correspondiente al jugador. Además, el Xeneize debía saldar una deuda de 150.000 dólares con el Banco Mayo y hacerse cargo de gastos en AFA, la homologación del contrato del 10 más la cesión de cinco futbolistas: Osvaldo Norberto Santos, Carlos Salinas, Miguel Ángel Bordón, Mario Nicasio Zanabria y Carlos Damián Randazzo. "Eduardo Rotondi vino después, pero no estaba incluido en ese paquete", aclara Roimiser. Otra cláusula estipulada en el contrato era que Boca iba a cobrar el 33% ante una futura venta al exterior. También quedó rubricado que Maradona no podía enfrentar a su viejo club con la camiseta azul y oro.

Finalmente, y tras varias idas y vueltas por su traspaso, Boca pagó 2.500.000 dólares más la sesión de los cinco jugadores mencionados. El pase quedó rubricado el 14 de febrero de 1981 pese a la deuda que el club de La Ribera mantenía con la institución de La Paternal.

El 17 de febrero, la edición 3202 de *El Gráfico* salió con Diego luciendo la camiseta suplente de Argentinos en la tapa pero con la azul y oro en sus manos anunciando: "El pase del siglo. Maradona le cuesta a Boca más de 10 millones de dólares".

El pase de Diego Armando Maradona, de solo 20 años, al Club Atlético Boca Juniors revolucionó el fútbol argentino. Su sueño de jugar con la camiseta azul y oro estaba cumplido, aunque su asignatura pendiente era demostrar su calidad como lo había hecho durante los cinco años que vistió la camiseta de Argentinos Juniors (1976-1980), donde fue figura indiscutida y cinco veces máximo goleador, estableciendo un nuevo récord como máximo artillero en la historia del club de La Paternal (116 goles) y también el en fútbol argentino: hasta el momento, ningún otro jugador pudo ser cinco veces el máximo goleador en el campeonato doméstico. Por eso, los hinchas de Boca quedaron fascinados con el fichaje y esperaban mucho de Diego, un jugador distinto, que finalmente logró consagrarse en el club argentino más popular.

El domingo 22 de febrero de 1981, Diego Armando Maradona debutó en Boca Juniors. Su presencia deslumbró a todos. Además, marcó dos goles de penal en la goleada por 4 a 1 frente a Talleres de Córdoba, ante una Bombonera colmada que vibró con la actuación de su nuevo ídolo en la primera fecha del Metro 81. Boca y Maradona: nacía un gran amor a primera vista.

En términos futbolísticos, Maradona hizo lo que quiso jugando con la camiseta de Boca. Su presencia hacía convocar multitudes que lo ovacionaban cada vez que convertía goles espectaculares y mostraba su inigualable magia en cualquier estadio. La dupla que formó con Miguel Ángel Brindisi escribió una de las páginas de oro en la historia del club, cuando Silvio Marzolini, otro emblema xeneize, dirigía a un equipo que se mostraba como imbatible.

El partido más recordado fue cuando Boca aplastó a River por 3 a 0 en el Superclásico, en una lluviosa noche del viernes 10 de abril en La Bombonera. Allí, Diego mostró su repertorio como eximio jugador: brindó una serie de lujos y gambetas en medio del barrio, y coronó su noche de gloria cuando eludió a Fillol y mandó la pelota junto a un palo ante la desesperada defensa de Tarantini, para cerrar el partido y convertirse en uno de los máximos ídolos de Boca. "Lo quería Barcelona, lo quería River Plate, Maradona es de Boca, porque gallina no es...", gritaban los hinchas enloquecidos por contar con su nueva figura.

Finalmente, el 16 de agosto de 1981, Boca se consagró campeón en el Metro con Maradona como protagonista. Pelusa fue autor del penal en el 1 a 1 frente a Racing en La Bombonera. Ese gol significó su primer y único título oficial en tornes de AFA, nada menos con la camiseta azul y oro, el club del que era hincha como toda su familia.

Lograr el Metro 81 y su consagración popular ya eran un hecho, pero Boca y Maradona debían afrontar la segunda etapa del año con el Campeonato Nacional. Sin embargo, quedó eliminado frente a Vélez por 3 a 1 en Liniers. Para colmo, el desgaste de las giras caló hondo en el plantel xeneize, por eso se quedó afuera del certamen nacional antes de tiempo y le dejó servido el campeonato a River, que había fichado nada menos que a Mario Alberto Kempes como muestra de su poderío económico para intentar eclipsar el pase de Diego a Boca.

La economía argentina también hizo añicos las finanzas de Boca, motivo por el cual el club no pudo afrontar los compromisos firmados con Argentinos Juniors; el dólar volvió a dispararse y otra vez salieron a la luz los problemas económicos. Entonces no quedó otra alternativa que salir de gira por el mundo para recaudar dinero e intentar pagar el pase de Maradona para retenerlo.

Boca puso una parte del dinero para llevárselo, ya que el préstamo de cuatro millones de dólares por un año y medio —hasta el Mundial de España 82— era imposible de solventar. Por eso, el Pibe de Oro volvió al club de La Paternal. Es más: en los boletines de AFA figura la inscripción de Argentinos para el torneo de 1982, pero no jugó ni un minuto con la camiseta del Bicho. "Estaba anotado como jugador número 20, ya que Boca no había pagado el préstamo. Entonces, Diego tenía que volver al club", cuenta Roimiser.

De esta forma, se vislumbraba un fin de ciclo con la camiseta azul y oro, ya que el club no pudo hacer uso de la opción de compra. Asimismo, su inminente regreso a Argentinos era un dolor de cabeza en la entidad de La Paternal porque tampoco podía pagarle el contrato. Sin embargo, una suculenta oferta de parte de un grande en Europa estaba por caer.

VALE 10 PALOS VERDES...

Que Diego Armando Maradona continuara su carrera en Argentinos Juniors era un milagro, una cuestión insostenible, desde el punto de vista económico. Tras su exitoso paso por Boca Junios —la entidad que lo vio nacer y crecer y la que siente orgullo por él— no podía pagarle el sueldo al mejor futbolista argentino, de quien se decía era el heredero de Pelé. Pero la delicada situación económica que atravesaba el país golpeaba a los clubes argentinos: ni siquiera la entidad más popular de todas pudo completar el préstamo y sostener su contrato por su debacle financiera y, por tal motivo, tuvo que devolverlo al club de origen.

Entonces, ante la crisis económica y la falta de ofertas en el plano local, los dirigentes del Bicho entendieron que no quedaba otra opción que vender al *crack* argentino al fútbol europeo. Maradona hacía maravillas en cualquier cancha. El fútbol argentino ya le quedaba chico, su estilo de juego estaba en un nivel superlativo. Por eso, jugar en el Viejo Continente era el siguiente paso para dar el salto de calidad esperado y codearse entre los más grandes del planeta.

Javier Roimiser cuenta la verdadera historia respecto al pase de Maradona:

> En 1979 se hablaba de la existencia de un precontrato entre Argentinos y Barcelona que nunca pudo ser verificado, pero en 1982 es cierto que el club catalán vino a buscarlo hasta que finalmente compró el pase, pero no se hizo efectivo hasta después del Mundial de España 82. En ese entonces, había una norma del gobierno militar que expresaba que ningún futbolista podía irse del país hasta después de la Copa del Mundo. Era una cuestión de Estado.

Las declaraciones del historiador oficial de la Asociación Atlética Argentinos Juniors coinciden con aquel intento del Sheffield de Inglaterra cuando quiso llevarse a Pelusa hacía cuatro años atrás, pero los militares lo impidieron, como se detalla en el capítulo anterior.

Tal como ocurrió en 1978, los futbolistas que integraban la Selección Argentina debían jugar en el país. Por eso, Kempes regresó en 1981 para recalar en River (salió campeón del Nacional) y así formar parte del plantel albiceleste de César Luis Menotti de cara a la preparación para el Mundial de España 82. Finalmente, Barcelona compró el pase de Maradona y pagó diez millones de dólares, equivalentes a 1200 millones de pesetas, una cifra astronómica para la época y que solamente los grandes clubes de Europa podían darse el lujo de contar con semejante billetera para afrontar su fichaje.

Argentinos cobró seis millones de dólares por el 66% del pase de Maradona al Barcelona. El club de La Paternal había firmado una cláusula tras el préstamo con Boca que estipulaba que el club de La Ribera iba a recibir el 33% restante en caso de producirse una futura venta al exterior. Es que los grandes del fútbol argentino, sobre todo Boca y River, siempre fueron "vidriera", el trampolín que necesitan los jugadores para luego ser transferidos al fútbol europeo. Roimiser asegura:

> Boca no quería pagar lo que debía y por contrato consideraba que, si había una venta, el Xeneize se quedaría con el 33% de la venta. Argentinos quería cobrar todo porque le debían plata, pero ambos clubes lograron negociar. Así, Boca cobró el 33% de los 8 000 000 de dólares del pase; AAAJ se quedó el 66% restante, pero lo hizo después, ya que primero había cobrado Boca, y así logró pagar algunas deudas que tenía con Argentinos. El Bicho tardó unos cinco años en cobrarlo.

En aquella época, el pase de Maradona al FC Barcelona por diez millones de dólares representaba uno de los fichajes más caros de la historia del fútbol, una cifra astronómica, según los números que se manejaban a comienzos de la década de 1980. Pero el paso del tiempo, la cotización de los jugadores y el poderío económico de los clubes derivó que el mercado de pases europeo se pagara hasta siete ceros por un jugador sin pergaminos que ni siquiera le llegaba a los talones a uno de los mejores.

El sábado 4 de junio de 2022, el FC Barcelona reveló en su sitio web detalles jamás contados sobre la contratación de Diego Armando Maradona a la entidad catalana al cumplirse 40 años de su fichaje, uno de los más impactantes en la historia del fútbol mundial.

El club blaugrana relató que al Pibe de Oro lo venían siguiendo desde 1977, un año después de su explosivo debut en Primera en Argentinos Juniors, cuando tenía 17 años, pero no pudo llegar antes tras el impedimento de los militares, quienes lo retuvieron en el país para poder jugar en España'82, su primer Mundial y así no distraerse del objetivo en la defensa del título. Lo mismo había ocurrido en el Mundial de 1978 con otros futbolistas argentinos que fueron vetados para ser transferidos al Viejo Continente con tal de que formaran parte del plantel albiceleste dirigido por César Luis Menotti.

En épocas de dictadura, secuestros, asesinatos, torturas y también censura, que los futbolistas argentinos jugaran en el país era una cuestión de Estado, así lo expresaba la Junta Militar coman-

dada por el dictador Jorge Rafael Videla, Orlando Ramón Agosti y Emilio Eduardo Massera.

En 1977, Josep María Minguella, el mismo agente de futbolistas y "ojeador" de talentos que dos décadas más adelante había intervenido en las llegadas del brasileño Romario, el búlgaro Hristo Stoichkov y nada menos que Lionel Messi al Barcelona, arribó al país para ver a "Pelusa" en acción cuando jugaba en la Primera del Bicho.

Eran tiempos donde no existía internet, el envío de mails ni mucho menos, las redes sociales. Tampoco los partidos se transmitían en vivo. Ni siquiera había videos para analizar sus movimientos, por lo que había que viajar miles de kilómetros para ver de cerca a los jugadores antes de ser contratados.

"Desde el banquillo salió este chico de físico sorprendente, vistiendo un pantaloncito corto que parecía de playa y con mucho pelo. Me enamoré de cómo tocaba el balón, de cómo se movía. Me enamoré del Maradona futbolista y yo que era del Barcelona de toda la vida entendí que debía traerlo como fuese", recordó el agente catalán en una entrevista con la BBC.

Pero los militares frenaron todo intento de cualquier dirigente, ojeador y emisario catalán que llegaba a la Argentina para llevárselo al otro lado del océano. "Habrá que esperar recién para después del Mundial '82", advertían seriamente los militares, quienes buscaban retenerlo para que la Selección Argentina pudiera conseguir su segunda Copa del Mundo de manera consecutiva.

Por eso, ante la imposibilidad de que Maradona fuera transferido a Europa, Argentinos Juniors cedió a Diego por dos temporadas a Boca, el club donde la nueva joya del fútbol argentino se consagró como líder, goleador, figura y campeón en el Metro '81, antes de cumplir los 21 años.

En la temporada 1980/81, Minguella regresó a la Argentina cuando vencía el préstamo de Maradona en Boca, y se enteró que el club de La Ribera tampoco podía pagar lo acordado con la entidad de La Paternal para retenerlo por una temporada más. Así se reflotó de nuevo el interés del FC Barcelona por contar con el Pibe de Oro en su plantilla.

Entonces, el agente español se reunió con el nuevo presidente del conjunto de La Paternal, el comisario Domingo Tesone, en un bar en Buenos Aires, en una curiosa manera de negociar el pase de un futbolista en tiempos donde el terror era moneda corriente.

-Espero que no te moleste si dejo la pistola encima de la mesa. No es por nada, pero pesa y es incómodo sentarse con ella, dijo el comisario Tesone, ex titular de Argentinos Juniors.

-Hombre, si no se dispara sola, por mí no hay problema, respondió Minguella.

El 28 de mayo, una delegación de dirigentes del Barça compuesta por Josep Luis Núñez (ex presidente), Joan Gaspart (ex directivo y, más tarde, titular de la entidad blaugrana cuando Messi llegó al club) y el abogado Joan Ignasi Brugueras. Este último se encargó de destrabar el conflicto con la AFA y con los militares de la época, preparó el contrato de Diego y también negoció los porcentajes que le correspondía a Argentinos Juniors y a Boca por la transferencia del astro argentino al FC Barcelona. Una vez de acuerdo entre las partes involucradas en el traspaso, quedaba el último paso: la firma del jugador para sellar el pase.

En ese momento, la Selección Argentina concentraba en Alicante, a la espera del comienzo del Mundial 1982 para defender el título, ya que debía afrontar el partido inaugural frente a Bélgica, el 13 de junio en el Camp Nou. En medio de un viaje relámpago, Maradona se tomó un avión desde la concentración albiceleste hasta Barcelona para firmar el contrato.

"Pelusa" llegó al aeropuerto de El Prat a 10:20 de la mañana, para ser presentado en el Camp Nou cerca del mediodía. El vínculo que lo unía con el Barcelona quedó rubricado el 4 de junio de 1982 en las oficinas del club catalán, el mismo día que había arribado al club y nueve días antes del comienzo del Mundial España'82. Alrededor de 100 periodistas presenciaron el acto en la sala de juntas del club blaugrana.

"UN EXPEDIENTE ÚNICO"

Cuarenta años más tarde, el FC Barcelona dejó a entrever que, en efecto, había un precontrato por el traspaso de Diego Maradona, un documento que jamás salió a la luz pero se presumía de su existencia, mucho antes de concretarse el pase.

En el expediente "secreto", la entidad catalana consideró al joven talentoso argentino como un jugador excepcional, con un presente y futuro propio de un fuera de serie. "Maradona nunca fue un jugador cualquiera. Incluso su fichaje es especial. Cuando un jugador llega a alguno de los equipos profesionales del FC Barcelona, genera un expediente de documentación que, una vez deja de estar vigente, se deposita en el archivo histórico del Club bajo custodia del Centro de

Documentación y Estudios (CDiE) para la su conservación. Pero el caso del expediente de Maradona es diferente...", señaló el FC Barcelona en su sitio web al cumplirse cuatro décadas de su fichaje[17].

"El expediente del argentino es especial porque la documentación incluye fecha de mucho antes de la llegada del astro a Barcelona. El expediente explica a través de documentación primaria, única e irremplazable, la historia que le ata al Barça. Además de la documentación propia del Club, el archivo recibió la donación del fondo personal de Antoni Muntanyola i Tey, jurista y ex secretario de la Junta Directiva de la época, y que completa la información. El primer testigo documental que se conserva en el archivo del FC Barcelona data del 17 de agosto de 1978", explica el comunicado que recuerda las numerosas dificultades que había tenido su traspaso.

Y agrega que "el Club envió al ex jugador César Rodríguez para observar en acción a un joven Maradona de 17 años en Argentinos Juniors, y sus informes hablaban maravillas del argentino. También en diciembre de 1979, Francesc Rodríguez 'Rodri' realiza un viaje a Argentina para hacer el scouting y las reacciones son las mismas. Ante informes tan favorables, el Club se lanza a fichar en el 'Pelusa', y según la documentación de archivo, se llega a un primer acuerdo con Argentinos Juniors el mayo de 1980 para el traspaso de Maradona, pidiendo su incorporación para la temporada 1980/81".

Barcelona también detalló las trabas que le pusieron los militares para comprar el pase de Maradona. "No fue cómo se esperaba. La dictadura militar argentina se encerraron en banda a la salida de Maradona del país y, en vez de llegar al Camp Nou, Maradona fichaba por Boca Juniors. El Club volvió a la carga y mediante una compleja operación financiera a tres bandas con Boca y Argentinos Juniors, ahora sí, se conseguía el aterrizaje de Diego Armando Maradona en el FC Barcelona para la temporada 1982/83".

La historia oficial del FC Barcelona por el pase de Maradona adquirió un significado relevante a pesar de cumplirse cuatro décadas de su fichaje. Es más, el club catalán sacó a la luz los pormenores de esta compleja operación que involucró a Argentinos Juniors, quien poseía los derechos federativos del "Diez", Boca Juniors, la AFA y los militares.

El club blaugrana además aclaró que "el archivo conserva toda la documentación referente al traspaso de Maradona. El expediente contiene un ejemplar del primer acuerdo con Argentinos Juniors por los derechos preferenciales sobre el jugador así como del veto del traspaso. Se conservan copias del contrato de traspaso con Ar-

---

17 Sitio web del FC Barcelona sobre el fichaje de Diego Armando Maradona https://www.fcbarcelona.es/es/club/noticias/2637795/40-fichaje-maradona

gentinos Juniors y del acuerdo con Boca. También hay copia del contrato entre el jugador y el Club. El transfert internacional remitido por la AFA y el visto bueno en forma de telegrama de los clubs se conservan, así como las fichas federativas catalana y española. Maradona ya era blaugrana a todos los efectos".

Diego regresó a Catalunya el 27 de julio de 1982 tras el fracaso de la Selección albiceleste en el Mundial de España, para incorporarse como futbolista oficial del FC Barcelona.

Pasaron 40 años del aquella histórica transferencia que rompió el mercado del fútbol mundial, por lo que hoy en día sería moneda corriente que un jugador argentino de aceptables condiciones técnicas sea transferido a clubes sin prestigio de Europa por aquella cifra que Barcelona le pagó a Argentinos Juniors por Maradona.

Pero el Maradona que jugaba en Argentinos —para muchos, la mejor versión de Diego en toda su carrera— era un diamante preciado y solamente los poderosos podían pagar un altísimo valor para romper el mercado. Según Roimiser, si tuvieran que cotizarlo en esta época, "ese Maradona de Argentinos jugando hoy valdría mil millones de euros".

Su debut fue el 4 de agosto en un amistoso de pretemporada frente al S.V. Meppen en Alemania y finalizó en goleada del Barça por 5 a 0. Diego deslumbró al público presente en el verano europeo: fue la gran figura del partido además y anotó un gol de penal. El 21 de agosto fue presentado en Barcelona en un amistoso frente al Mallorca y el 5 de septiembre jugó su primer partido oficial anotando un gol en la derrota frente al Valencia (1-2), por la Liga de España.

La suerte le fue esquiva a Maradona tras su fugaz paso por Barcelona: en dos años sufrió una hepatitis y después una fractura de tobillo a raíz de una durísima entrada del exfutbolista Andoni Goikoetxea del Athletic Bilbao. Esto provocó que los hinchas del Barça pudieran disfrutar de su enorme talento a cuentagotas.

Hasta 1984, el astro argentino disputó 73 partidos con la camiseta azulgrana y marcó 45 goles. Ganó la Copa del Rey 1982-83, la Copa de la Liga 1982-83 y la Supercopa de España 1983. Su fichaje es el más importante para un futbolista argentino antes de la llegada de Messi en el Barcelona y aún se lo recuerda, ya que Diego pasó a llamarse Maradona.

Comenzaba así una nueva era para el astro argentino, una etapa de terror en el Barcelona. Su relación con los dirigentes catalanes se fue deteriorando hasta que se marchó al Napoli de Italia una vez consumada la derrota en la final de la Copa del Rey 1983-84 ante el Athletic Bilbao.

Más adelante, aquel tímido muchacho surgido de Villa Fiorito escribía sus páginas más brillantes al convertir un club modesto en leyenda Diego es sinónimo de Dios en Napoles y patrono de la ciudad por haber ganado los dos históricos Scudetto en el Calcio italiano, por entonces la mejor liga de Europa en coincidencia con el Gol del Siglo a los ingleses y la obtención de la Copa del Mundo en México 86 con la camiseta albiceleste. Pero eso es parte de otra historia.

¡OH VISTO MARADONA!

Desde muy pequeño, Diego mantuvo un amor incondicional por la pelota, ese romance que duró hasta sus últimos días. Más que un juguete, el balón representaba la extensión de su cuerpo. Una relación inquebrantable entre el genio y su esfera. Como si, literalmente, hubiera nacido con ella. No importaba el tamaño que tuviera el balón. Podía ser una pelota número cinco, una de tenis, o una de golf, un papel hecho pelota, una naranja, una uva o una pelotita de ping-pong. Hasta un cubo mágico y una botella podían recibir la caricia de su cuerpo cuantas veces posibles, sin siquiera tocar el suelo. Maradona tenía un dominio total de su cuerpo, podía controlarlo como quisiera, mientras hacía malabares con cualquier objeto en el aire.

Diego exhibía su desparpajo y se las ingeniaba para hacer la mayor cantidad de jueguitos posible con cualquier parte de su cuerpo: con el pie izquierdo, de chanfle, con el empeine, con el taco, con las rodillas, los hombros y con la cabeza, como si fuese una foca que hacía divertir a grandes y chicos de cualquier manera. Una condición innata o un legado divino que reciben unos pocos, los tocados por la varita mágica desde el día de su nacimiento.

Pelusa siempre se divertía cada vez que la pelota (o lo que sea) entraba en contacto con su cuerpo. Tal vez haya sido su amor incondicional, la única que podía alejarlo de sus infiernos. Hacía divertir a los demás que no dejaban de sorprenderse con su magia. Por algo será que hizo estremecer a todos en su partido homenaje con su histórica frase: "La pelota no se mancha".

El primer video que se recuerda es cuando Dieguito hacía jueguitos en un terreno baldío, a principios de los setenta. Tendría unos 9-10 años. La imagen en blanco y negro lo muestra con la camiseta blanca de Argentinos Juniors y con el 10 en la espalda, un pantalón que simula ser de color rojo y las medias bajas. Otra estampa de un pequeño *crack* que juega en un potrero. Aquel chiquilín de tez mate se divertía haciendo malabares con los pies y con la cabeza. Jamás se le caía la pelota. La imagen está editada porque, al final, aparece Pelusa un poquito más grande, con el pelo un poco más largo y enrulado, diciendo la histórica frase en primer plano: "Mi sueños son dos: el primero es jugar el Mundial y el segundo, salir campeón en la Octava".[18]

Y los entrenamientos eran parte de su esencia. Maradona practicaba a la par de sus compañeros manteniendo siempre el espíritu competitivo y su amor por el juego. Andaba siempre con una sonrisa de oreja a oreja cada vez que entraba en contacto con la pelota. Es más, su obsesión por mejorar su técnica lo obligaba a quedarse después de cada práctica. Como todo *crack*, un súper profesional que cada día intentaba superarse. Por eso, ver a Maradona entrenando o haciendo jueguitos era un deleite para los ojos, un verdadero espectáculo por su talento y la creatividad que mostraba cada vez que hacía contacto con la pelota.

El Diez se la pasaba dos o tres horas ensayando tiros libres después de las prácticas. La mayoría de sus disparos iban al ángulo, con una precisión quirúrgica admirable. Los arqueros parecían conos o simplemente bolsas tiradas en el suelo. Eran testigos privilegiados de su genio.

En otras ocasiones, también solía apuntar a los palos o al travesaño como forma de calibrar su tiro, también lo usaba para distenderse y como pasatiempo. La estrategia consistía en hacerlos sonar en forma sucesiva, sin contar con guardametas en el arco. Diego solía hacer chillar a los postes en cinco o seis disparos consecutivos con asombrosa naturalidad, la misma que pudiera tener cualquier mortal al momento de abrir o cerrar una puerta con facilidad. Lo que hacía Diego con la pelota es inigualable.

Hay muchos videos en YouTube que lo certifican. Hasta los grandes *cracks* cuentan las vivencias que tuvieron en un campo de entrenamiento con Maradona, el grande que se divertía como un chico, siempre con alma de potrero.

Cuando era futbolista, el francés Zinedine Zidane, la súper estrella de la Juventus de Italia y súper campeón con el Real Madrid, campeón del mundo con la selección de Francia en 1998, campeón de la Eurocopa en 2000 y subcampeón del mundo en Alemania 2006, dijo que vio hacer cosas a Maradona que otros jamás pudieron hacer:

---

18   "Diego Armando Maradona. Mi sueño es jugar un Mundial". Video en YouTube en https://www.youtube.com/watch?v=Ee2On4lZ3e4

Un video que vi de Maradona en realidad era en un entrenamiento. O sea, todo lo que hacía en los partidos: bueno... todo el mundo lo ha visto. Me acuerdo uno en particular: se colocaba más o menos en la línea del área chica, a unos seis metros, e intentaba mandar la pelota contra el travesaño, e intentaba dar la pelota en el travesaño para que le devolviese a él. Bueno, para empezar te tiene que salir bien una vez, y él lo conseguía cuatro o cinco veces, tengo ese recuerdo.[19]

—¿Lo has intentado? —preguntó el periodista.

—No, lo intentaré, aunque creo que será difícil —respondía Zizou en su época de jugador.

Zidane se acerca al arco, se coloca a unos metros, sobre el área chica, y prueba el mismo recurso que hacía Diego con sus disparos al travesaño. Tira una pelota, dos, tres, por arriba del arco. "Difícil", dice el futbolista francés. Luego, prueba de nuevo con otro disparo que roza el larguero. El balón no vuelve hacia él, sino que se sigue de largo.

—¿No tienes miedo de quedar en ridículo? —indaga el periodista.

—Claro. Tampoco sería el único que quedaría en ridículo tratando de hacer eso, responde la máxima estrella del fútbol de Francia. Y continúa: no creo que haya muchos que consigan hacer una cosa así.

"Bueno, vamos a intentar a ver qué pasa", dice Zidane en el video, en otro intento para hacer que la pelota golpee en el travesaño y que la misma vuelva a sus pies. Primero, la hace picar, la toca suavemente con la derecha, pero el balón cae envuelto en la red. Uno, dos, tres intentos, algunas pelotas quedaron en el arco y otras se fueron por arriba del travesaño, sin siquiera besar el travesaño. "Ya te he dicho: no es nada fácil", le advierte de nuevo Zizou al periodista. Y va por la revancha de nuevo. Primer intento: arriba del travesaño. Otro más: por arriba del arco. "¿Soy ridículo?", se pregunta. "Ni una. No puedo decir que no le pongo intención", se lamenta. Siete balones...

—¡Coloca uno al menos! —lo alienta el reportero.

—Eso es lo que me gustaría —responde el astro del Real Madrid.

Zizou va de nuevo, la pelota pega en el horizontal, pero sigue de largo su recorrido. "Lo que sucede es que ni siquiera consigo que

---

19 Video de Zinedine Zidane imitando a Diego Maradona lanzando remates al travesaño. Video en YouTube en https://www.youtube.com/watch?v=5f8WdIKN-qwI

vuelva a mí", comenta. Hasta que, finalmente, consigue un disparo que revienta el travesaño. La pelota le vuelve.

—¡Eso es, bravo! —exclama el periodista.

Zidane prueba de nuevo, entusiasmado por el éxito del intento anterior. Hace picar la pelota con la mano y le pega directo al travesaño, que se la devuelve de nuevo. La jugada continua: al pegarle de primera, el balón se pierde de nuevo por encima del larguero. Y otra vez al travesaño, vuelve y al otro disparo de nuevo por arriba del arco. "No es tan fácil. Es lo que te decía antes", explica Zizou con un poco de angustia, y continúa: "es que he tirado veintitantos, casi treinta balones valones ¿Y cuántos me han salido? Uno".

—¿Y él [Maradona] cuántos conseguía? —pregunta el periodista.

—Hacía cuatro seguidos; cuatro o cinco seguidos con el pie izquierdo. Hacía *pum*, *pum*, y le volvía. Era otra cosa, remata con una sonrisa.

Otro video: Maradona se para fuera del área con seis pelotas en línea frente a un arquero que defiende su valla. El juego consiste en hacer sonar los postes, por más que el guardametas se arroje para salvar su arco.[20] Entonces apunta Diego con su zurda mágica. Pese a la estirada del arquero, los primeros cinco disparos hicieron estallar los palos de cada lado. El sexto remate lo celebra tirándola de emboquillada, suavemente hacia la red, y por encima del arquero. Una genialidad única de un futbolista incomparable. De fondo se escuchan los aplausos de los presentes.

Hay más de Diego: una imagen lo muestra conversando con unos periodistas en el alto de un entrenamiento de la Selección en un predio en Boston, allá por el Mundial de Estados Unidos 1994.[21] El capitán argentino tenía la Etrusco en sus pies, la pelota oficial de la Copa del Mundo de ese momento. El ambiente era muy distendido.

"Que la voy a levantar, la voy a levantar", dice Diego a los presentes. Mientras mantenía la pelota en el aire, el capitán argentino señala lo siguiente: "La tengo, esto es lindo. La mejor relajación que puede tener un jugador de fútbol antes de un partido es poder tener la pelota arriba. Aparte, te hace mantener la concentración. Pienso que esto es empezar en la concentración para los nigerianos", explica el Diez, mientras continua haciendo jueguitos con el balón oficial, en la previa del partido frente a las Águilas Verdes.

---

20 Maradona tirándole a los palos. Video de YouTube en https://www.youtube.com/watch?v=M1lZsFy6seo

21 Maradona haciendo jueguitos con 3 pelotas diferentes en Boston, USA 94. Video en YouTube. https://www.youtube.com/watch?v=5Pp3ldzhbzY

"Pero más concentración es esto. ¿Ves?", dice Diego mientras levanta una pelota de tenis en el aire con pie izquierdo. "Ta, ta ta", relata. Primero juega con el empeine, luego la pasa a la derecha, después una y una, y comienza a jugar con la pelotita con sus muslos con la mirada atenta y para mantenerla bien arriba, sin dejarla picar en el suelo.

–Es más concentración esta –explica el malabarista argentino.

–¿Con el taco la ponés con los tres dedos para un costado? –pregunta el periodista Adrián Paenza.

Y ahí va Diego, jugando con la pelotita de tenis, ahora le da de costado con su pierna hábil y con los botines desatados.

–Es brava esta, es muy brava –advierte Maradona hasta que la deja caer en el suelo. Y desafía:

–Esa vamos a dejarla ahora. Vamos a pasar a esta –Diego agarra una pelotita de golf, mucho más pequeña que las anteriores y se la pone en el pie para comenzar con el malabarismo futbolero que lo caracteriza. Primero, prueba con el empeine del pie izquierdo y no se le cae–. Es difícil esta –reconoce. Esta es difícil, pero no imposible –entonces, Diego se suelta y pasa la pelotita de golf entre un pie y otro, y no se cae... de pronto, tomó ritmo y comienza a hacer más jueguitos con el pie, de costado, con el muslo, con el pecho.

–¡Pará, loco! –intenta frenarlo Paenza. Pero es imposible.

Diego seguía haciendo jueguitos con la pelotita de golf hasta que se detuvo porque quiso. Si fuera por él, seguiría todo el día y noche haciendo jueguitos sin que la pelota tocara el piso. Los periodistas comienzan a aplaudirlo en otra enésima demostración de su destreza técnica que llevó a cabo este hombre a sus 33 años, en ese momento, después de una práctica en medio de un Mundial, cuando muchos pensaban que ya estaba retirado.

Diego es el más humano de los dioses. Mejor dicho: parece un extraterrestre o un marciano como había dicho el Turco, su hermano más chico cuando iba a verlo a los entrenamientos en Argentinos. El video tiene una duración de 1 minuto y 22 segundos y tiene casi dos millones de visitas en YouTube.

Hay más videos de Diego. Como el de 1995, cuando fue especialmente invitado a dar "cátedra", nada menos que a la prestigiosa Universidad de Oxford, en Inglaterra.[22] "Esto se hace con zapatillas, no con zapatos", aclara el "profesor". De repente, comienza a dar una clase de fútbol haciendo jueguitos vestido con un traje y zapa-

---

22   Diego Maradona en Oxford. Video de YouTube en https://www.youtube. com/watch?v=ij7l0p7yQDl

tos, y con una pelotita de golf que la hace repiquetear cuantas veces quiera. Mientras tanto, los universitarios no paran de ovacionarlo en medio del auditorio que parecía una cancha de fútbol. Luego, se calzó una toga y un birrete y recibió un título honorífico de Master Inspirator (Maestro Inspirador de estudiantes) delante de los presentes.

Pero si de público se trata, nada menos que dejarse llevar por la frescura de Diego Armando Maradona entrando en calor en el estadio olímpico de Munich, en la previa de las semifinales entre el Napoli frente al Bayern Munich, por la Copa UEFA de 1989. La imagen muestra al astro argentino rodeado por sus compañeros haciendo ejercicios físicos y también jueguitos en el centro del campo, en la previa del partido. Mientras, Diego se relaja, se sacude, baila, mueve la cintura y también aplaude al ritmo de "Live is Life"[23], del grupo Opus, cuya canción se escucha en todo el estadio. "El mejor precalentamiento de la historia", anuncia el video en YouTube que ya supera los 20 millones de visitas. Oda al fútbol, un canto a la estética. Amor puro por la pelota. Son imágenes que conmueven y se potencian mucho más tras la desaparición física de Diego.

Fernando Signorini, el preparador físico personal de Maradona, el que siempre estuvo en los buenos y malos momentos junto a él, publicó en su reciente libro *Diego desde adentro*:

> Hay un dato que no quiero dejar pasar: antes del comienzo del partido en el estadio olímpico de Munich. Diego hizo la entrada en calor como siempre, saltando, sacudiendo todos los músculos, haciendo jueguito con la pelota, con sus botines desatados. Como en casi todos los escenarios futboleros del mundo, durante los minutos previos al pitazo inicial suele sonar música a través de los altoparlantes. Ese día, una de las canciones fue *Live is Life*, de la banda austriaca Opus, y Diego aprovechó su ritmo movedizo para ponerse a punto para el encuentro. Esa serie de ejercicios precompetitivos no se vio por televisión, pero un periodista holandés, Frank Raes, grabó los movimientos del Diez al compás de la música y utilizó esas imágenes —que ese día también saborearon los hinchas en la pantalla grande del coliseo bávaro— para un documental que dio vuelta al mundo. Hoy, en casi todos los estadios de fútbol suena *Live is*

---

23 Maradona. "Live is Life". Video de YouTube en https://www.youtube.com/watch?v=s7ZjU-6iSwk

Life antes de los partidos. Gracias a Raes... pero fundamentalmente a Diego.[24]

El 25 de noviembre de 2020, el planeta fútbol quedó conmovido por la noticia de la muerte de Diego Armando Maradona, Y uno de ellos fue Gary Lineker,[25] actual comentarista y exestrella de la selección de Inglaterra, quien sufrió en carne propia la Mano de Dios y el Gol del Siglo en el Estadio Azteca.

El goleador en del Mundial de México 86, exestrella del Barcelona y del Tottenham, entre otros equipos, lo recordó con una simpática anécdota:

Habiendo pasado tanto tiempo, pasé con él... En Argentina lo estiman tanto, lo adoran. Tenía constantemente un gran cortejo de gente alrededor. Una vez fui a ver un partido, no lo voy a olvidar, de Boca Juniors. Él tenía un pequeño palco ahí, y yo fui con su familia. Y él estaba ahí parado, la atmósfera era increíble en ese partido. Y su familia, una de sus hijas, literalmente lo agarraba mientras él gritaba sobre la baranda, para que no se cayera. Tenía una pasión tan increíble por el juego.

"Dijiste que habías jugado contra él", lo interrumpe el exfutbolista Rio Ferdinand, y continúa: "Cómo era jugar contra él? ¿Cuál era la mayor dificultad que te daba?". Y reponde Lineker:

Nunca pensé que vería a alguien en mi vida acercarse remotamente a Diego en términos de habilidad con la pelota. Hemos visto a Messi, que es similar en muchos sentidos: obviamente argentino, pequeño, con un pie izquierdo brillante. Pero Diego era increíble. Jugué junto a él también, durante la mitad del partido, para Resto del Mundo en Wembley, contra un equipo de la liga inglesa. Como era el centenario, yo jugué para Resto del Mundo, porque en ese momento estaba en Barcelona. Y había jugadores exquisitos, gente como Platini en el campo. Muchísimos grandes jugadores de todo el mundo. Y todo el mundo estaba maravillado con él. Lo primero que hizo en el vestuario, sentado ahí con unos *shorts*. ¿Y vieron esos rollos que vienen en las medias? Él los agarró e hizo jueguitos con su pie izquierdo. Se quedó así por cinco minutos y todo el mundo decía ¡wow!

---

24 Extracto del libro *Diego desde adentro* de Fernando Singorini, Planeta, 2021, p. -164.

25 Lineker elogiando a Maradona. Video de YouTube en https://www.youtube.com/watch?v=2cx3wXYdGwY

Y después salimos a la cancha. Me puedo parar para mostrarles esto. Hizo algo que fue increíble, una de las cosas más increíbles que he visto en una cancha de fútbol. Puede que no sucede tan increíble en casa, pero creo que lo entenderán. Llevó la pelota hasta el círculo central, haciendo jueguitos, y pateó la pelota hacia arriba, lo más alto que pudo. ¡PUM! Y esperó a que cayera y lo hizo de nuevo. Lo repitió 13 veces, y el mayor movimiento que hizo fue moverse tres pasos. Estábamos todos ahí pensando 'Por Dios, esto es imposible'. Al día siguiente todos intentábamos hacerlo en el entrenamiento en Barcelona, y el mejor que lo logró fue hacerlo tres veces, corriendo para alcanzar la tercera. Nunca vi a nadie tener un cariño tan hermoso con la pelota.

Podemos estar hablando la vida entera de Maradona y de sus anécdotas con la pelota. Pero hay algo que queda muy claro: Diego nació con un talento inconmensurable con el balón y no se quedó con eso. El talento es una condición innata, se nace con él, no se hace, como muchos creen. Pero para ser un *crack* de verdad habrá que ejercitarlo diariamente para superarse. Y Diego lo hizo siempre.

"No todo es virtud estudiada, hay una cosa innata en eso, de una pegada muy particular a la pelota, pero también creo que Maradona fue alguien que amaba tanto el fútbol que amaba entrenarse, amaba practicar remates, tiros", explica el periodista Sergio Levinsky.

El dominio que tenía con la pelota era absoluto. Diego era pura fantasía, una fuente de creatividad infinita, tenía mucha magia y espontaneidad, capaz de escribir poemas y sorprender a todos con su zurda en una fracción de segundo. Hacía lo que quería y cuando quería con sus rivales. Además, tenía movimientos acrobáticos admirables que lo hacían diferente a todo, con su exquisito control y una formidable pegada: con la pelota hacia maravillas por arriba, por abajo, de tiro libre y también de aire. Además contaba con una formidable capacidad de superación frente a la adversidad gracias a su mentalidad ganadora. Maradona era la Biblia del fútbol, la máquina perfecta por su fútbol y por su estética de juego. Era la efervescencia del potrero en carne y hueso, el diccionario ideal de la gambeta, el Dios del fútbol por excelencia. Su juego era lo más sagrado que tenía entre los grandes. Ni Di Stéfano ni Pelé pudieron hacer las cosas que hacia Maradona en una cancha, una admirable manera de jugar al fútbol que contagia.

"Diego amaba al fútbol y amaba a la pelota. Eso hizo que en sus entrenamientos intensificara su calidad. Está comprobado que la repetición de los actos te da una mayor calidad. Podés mejorar todavía a partir de la repetición y Maradona estuvo horas, horas y ho-

ras en su vida con una pelota en la cabeza, y también jugando. Evidentemente, arrastraba un talento innato porque había cosas que le salían solas, de manera increíble", completa Levinsky.

LA(S) MANO(S) DE D10S

Según el reglamento de The International Football Association Board (IFAB),[26] la mano es la única parte del cuerpo que no está permitida emplearla en el fútbol, a excepción de la ejecución de los laterales con ambas manos, o bien, para cumplir la función de arquero, aquel jugador "distinto" dentro del campo de juego que se viste diferente que el resto de sus compañeros, el único de los 11 futbolistas habilitado para utilizar sus extremidades dentro del área. Para los diez restantes *players* de campo, su accionar determina una infracción propia de una reprimenda o de una amonestación, según la intencionalidad de su uso.

Algunos se ven obligados a utilizar la mano como un recurso extremo para evitar el gol, sacrificándose por el equipo, en una maniobra consciente o inconsciente o en una especie de acto-reflejo que ocurre en una milésima de segundo. Aunque, si hay justicia, pronto vendrá la penalidad del árbitro cuando exhibe la tarjeta roja en el aire en señal de castigo, y determina la inmediata expulsión del jugador involucrado.

Jugar al fútbol con la mano puede ser interpretado como una acción prohibida, un recurso ilegítimo que, por lo general, suele estar asociado a la trampa, también en una maniobra que puede disparar todo tipo de carcajadas cuando jugamos entre amigos. Sin embargo, el reglamento de la IFAB establece lo siguiente acerca de tocar la pelota con la mano:

Tocar el balón con la mano implica la acción deliberada de un jugador de tocar el balón con la mano o el brazo.

Se deberá tener en cuenta lo siguiente:

• El movimiento de la mano hacia el balón (no del balón hacia la mano).

---

26 Reglas de juego de The International Association Football Board, p. 100. Recuperado en https://www.afa.com.ar/upload/NewFolder/NewFolder/NewFolder/NewFolder/fixtures/NewFolder/NewFolder/Reglas%20de%20juego%202017-2018.pdf

- La distancia entre el adversario y el balón (balón que llega de forma inesperada).
- La posición de la mano no presupone necesariamente una infracción.
- Tocar el balón con un objeto sujetado con la mano (como una prenda, espinillera, etc.) se considera una infracción.
- Golpear el balón con un objeto lanzado (una bota, espinillera, etc.) se considera una infracción.

El guardameta está sujeto a las mismas restricciones que cualquier otro jugador en cuanto a tocar el balón con las manos fuera de su propia área de penalti. Dentro de su propia área de penalti, el guardameta no será culpable de infracciones por manos sancionables con tiro libre directo ni de ninguna sanción relacionada, pero sí podrá ser culpable de infracciones por mano sancionables con tiro libre directo.

A propósito de este tema, dentro de las amonestaciones por conductas antideportivas,[27] el mismo reglamento establece plausible de sanción cuando un jugador:

- Comete una infracción o toca el balón con la mano para interferir o detener un ataque prometedor;
- Toca el balón con la mano para interferir un ataque prometedor o detenerlo;
- Toca el balón con la mano en un intento de marcar un gol (independientemente de lo que consiga o no) en un intento de evitar un gol sin conseguirlo.

El reglamento es clarito, lo que cambia es la interpretación que deriva el accionar del juego y lo que tanta polémica genera dentro y fuera de la cancha. Lo cierto es que Diego tenía un "tic" que no podía dominar: la acción de tocar la pelota con la mano. Lo hizo desde siempre: de chico, cuando jugaba en la canchita en Villa Fiorito, en Los Cebollitas, y también en Argentinos Juniors, en Boca, en Napoli y, por supuesto, en la Selección Argentina.

Lo más curioso es que Pelusa siempre intentó hacer goles con la mano desde que era chico. Lo reconoció en más de una ocasión pero no podía evitarlo. Los técnicos les decían que parara un poco la mano. Se lo habían advertido en Los Cebollitas y también en las

---

27 Reglas de juego 2017/2018 The International Association Football Board, pp. 104-105. Recuperado en https://www.afa.com.ar/upload/NewFolder/NewFolder/NewFolder/NewFolder/fixtures/NewFolder/NewFolder/Reglas%20de%20juego%20 2017-2018.pdf

divisiones juveniles de Argentinos. "Ya lo regañaban cuando estaba en Los Cebollitas por los goles con la mano. Al entrenador Francis Cornejo no le gustaba eso, lo suspendió más de una vez por tocar la pelota con la mano. Pero Diego tenía ese vicio, lo arrastraba desde chico", cuenta el periodista Sergio Levinsky.

¿Trampa o picardía? Esa es la cuestión. A lo largo de su carrera, Diego Maradona metió muchos goles con la mano antes de concretar la popular Mano de Dios, una de sus obras maestras que lo hizo saltar a la fama en todo el planeta.

Diego lleva contabilizado más de una decena de Mano(s) de Dios, antes de aquella memorable jugada que puso en ridículo a los ingleses frente a los ojos del mundo, el 22 de junio de 1986 en el Estadio Azteca, por los cuartos de final del Mundial de México 86, el partido en el que se convirtió en un mito viviente para los argentinos.

El astro argentino utilizó todos los artilugios posibles para tocar la pelota con esa parte del cuerpo que está prohibida por el reglamento: usaba la mano, los puños, los dedos y el antebrazo sabiendo que ese tipo de acción es una jugada antirreglamentaria que podría costarle una reprimenda, una amonestación y, en el peor de los casos, la expulsión. Le gustaba hacer goles con la mano, parece increíble pero cierto. No podía controlarse cuando veía que la pelota le pasaba cerca por el aire. Ese vicio lo llevó en el alma desde el potrero hasta consagrarse como uno de los mejores de todos los tiempos.

De los 10 goles contabilizados, seis fueron anulados, pero hubo cuatro que fueron convalidados. Ante la falta del VAR, ¿los árbitros no lo advirtieron o miraron para otro lado? Aquí están todos sus registros con la mano que incluyen partidos intrascendentes, por los puntos, amistosos y también en Mundiales:

1. La primera mano que se recuerde ocurrió en su época en Los Cebollitas: "Me acuerdo de un gol con la mano jugando con Los Cebollitas en Parque Saavedra. Los contrarios me vieron justo y se armó un lío bárbaro. Yo sé que está mal, pero cuando entro al área, lo primero que pienso es en el gol, lo segundo en el gol y lo tercero en el gol", contó Diego en su autobiografía *Yo soy el Diego de la gente* (Planeta, 2000). La misma anécdota se la había comentado al periodista Juan José Panno para la revista *El Gráfico*, cuando Pelusa jugaba en Argentinos Juniors.

2. **Argentinos Juniors 4-1 Unión (18/12/1977).** La pelota estaba en el aire, Diego se "lleva" el balón acompañando el movimiento con un sutil toque con la mano a la altura de la cintura, ante la desesperada salida del arquero que intenta evitar el gol. Hay una foto en blanco y negro que da cuenta de este registro como documento que más tarde fue publicada en la cuenta de Twitter

@Diego10Querido, todo un hallazgo para la época. Se trata de la primera Mano de Dios en un partido oficial. Después de mucho tiempo y de varias investigaciones, se llegó a la conclusión de que el partido en cuestión se había jugado en La Paternal y corresponde al Campeonato Nacional 1977. La "víctima" era nada menos que Nery Alberto Pumpido (compañero de Diego en la Selección Argentina campeona del mundo en México 86 y finalista en Italia 90, quien aparece de espaldas a la foto, con el número 1 en su camiseta), se estira con sus brazos para impedir el gol ilícito que finalmente fue anulado por el árbitro Alberto Ducatelli. Diego apenas tenía 17 años y hacía de las suyas en la Primera División del fútbol argentino. Ese día, el joven Maradona convirtió un gol, erró un penal y le anularon el mencionado gol con la mano. La perla: en su edición *Extra* por los 20 años de carrera de Diego Armando Maradona, la revista *El Gráfico* publicó erróneamente que el Bicho había jugado como visitante y que el partido había finalizado 4-1 a favor del conjunto santafesino.

3.   **Argentinos Juniors 3-2 Belgrano (08/01/1978).** El partido también se jugó en La Paternal, válido por el Campeonato Nacional 1977, el mismo torneo donde Diego había metido la mano 40 días atrás frente a Unión. En este caso, la víctima fue el equipo cordobés y el gol fue convalidado. Ese día, Diego convirtió dos goles, uno con el pie izquierdo y el otro con la "cabeza". Los diarios de la época no contaron con su astucia. "Maradona se anticipa al arquero Luraschi 'peinando' el balón que cruza la línea", publicó el diario *Crónica*. Nadie se había dado cuenta de que ese gol había sido con la mano y debió ser anulado hasta que, en 1979, el mismísimo autor material e intelectual había confesado públicamente su "picardía": "No hago un gol de cabeza desde un partido contra Belgrano, en el 77 (fue en 1978, en el año mundialista). Aunque debo confesar que esa vez tampoco fue de cabeza: salté y le di con el puño izquierdo". Finalmente, Diego confesó lo acontecido, con la verdad, por más que no haya prueba alguna o imágenes, documentos o videos que lo incriminen.

4.   **Argentinos Juniors 1-0 Newell's Old Boys (01/04/1979).** El Bicho ganó con un gol con la mano de Diego pero, a diferencia de las anteriores manos, el partido terminó en un escándalo, ya que el hecho había trascendido en los medios gráficos. Curiosamente, el encuentro también se había jugado en La Paternal. Para recordar a Diego con el *hashtag* #DiegoEterno, el periodista Oscar Barnade publicó la crónica en su twitter (@OscarBarnade) y relató la jugada: "Argentinos venció 1-0 a Newell's con gol de Diego: la bajó con el pecho, la acomodó con la mano y definió de zurda". Es decir, el gol fue con el pie, no con la mano, pero el Diez utilizó la parte prohibida del cuerpo para iniciar la jugada, por lo que la

acción debió haber sido invalidada por el árbitro. Hay dos hechos que confirman esta maniobra ilícita. El primero es el del exentrenador José Yudica, que por entonces dirigía a la Lepra, y fue testigo presencial de aquella jugada: "Yo lo vi clarito, Maradona se llevó la pelota con la mano, fue una actitud de picardía, pero para impedir eso está el árbitro. Mis jugadores no protestaron porque les pedí que en casos como estos no se pongan nerviosos", dijo el Piojo tras el partido. El artículo de *Clarín* también lo certifica: "Todo el mundo vio cómo Maradona acomodó la pelota con las manos. El árbitro no, porque Diego, con un movimiento, le dio la espalda". Fue el segundo gol "válido" con la mano que "sirvió" para ganar el partido y mantener por primera vez el arco invicto.

5.   **Argentinos Juniors 0-2 Atlético Tucumán (07/10/1979).** Javier Roimiser, historiador oficial de Argentinos, publicó una foto en su twitter: "Maradona saltando en el área, y extiende su brazo izquierdo y toca la pelota con la mano. Aquí Diego pega un salto y toca la pelota con la yema de sus dedos". Tiene una camiseta roja con la 10 del Bicho en su espalda. La imagen tiene una conexión emocional directa con la famosa Mano de Dios frente a los ingleses, aquella jugada que inmortalizó la figura de Diego Armado Maradona en el Azteca aunque, en este caso, hay un defensor acompañando el movimiento y lo sigue de cerca. Mientras tanto, el arquero Francisco Ruiz está un poco más alejado, custodiando su arco, como si fuera un espectador privilegiado de la jugada. Aquí no hay goles ni polémicas, solo se trata de una foto similar a la archiconocida "Mano de Dios" en México 86. En este caso, el partido se jugó en cancha de Atlanta, válido por el Campeonato Nacional de 1979 y finalizó en victoria del equipo tucumano.

6.   **Vélez Sarsfield 1-2 Argentinos Juniors (18/11/1979).** Aquí tampoco hay imágenes, pero sí una crónica en los medios gráficos. "Aparece Diego en forma fantasmal y la toca magistralmente en el segundo palo... pero con la mano. El árbitro (Arturo) Ithurralde lo anula y amonesta a Diego por gritarlo". Es decir, el réferi amonestó al Diez por celebrar un gol consciente de una maniobra ilícita, y no por la acción del juego en sí (tocar la pelota con la mano). Si bien el gol estuvo correctamente invalidado, el partido finalizó con una victoria de Argentinos en Liniers que incluyó un gol legítimo de Maradona, de penal, por el Campeonato Nacional de 1979. Aquella jugada tomó mayor trascendencia cuando Diego reconoció su "picardía" al periodista Juan José Panno en una entrevista que concedió para la revista *El Gráfico* en 1980. Parte del reportaje decía lo siguiente:

–Que no tenés que llevarte la pelota con la mano, como en el partido contra Racing, o hacer un gol con la mano como contra Vélez el año pasado. El árbitro de ese partido (Ithurralde) comentaba que te había aconsejado que no volvieras a hacer un gol con la mano y salir gritándolo a la tribuna, porque de esa manera estabas sacando ventajas desleales a colegas.

–Sí, es cierto, algo de eso me dijo –respondió Diego–. Pero sabés lo que pasa, una cosa es decirlo aquí, en frío, tomando un café y otra es estar allá adentro. No puedo asegurar que no lo volveré a hacer porque en el calor del juego, en el afán de llegar a una pelota la mano se te va sola.

Para Diego, tocar la pelota con la mano era una tentación muy difícil de rechazar, lo había incorporado desde que jugaba a la pelota en la canchita de Fiorito. Toda una definición de lo que hacía en la cancha cuando veía cerca una pelota en el área y no podía tocarla con los pies. Fútbol con alma de potrero.

7. **Argentinos Juniors 4-1 Unión (24/09/1980).** Tres años más tarde, se repite el resultado frente al cuadro santafesino, válido por el Campeonato Nacional de 1980. El hallazgo le pertenece al periodista Oscar Barnade: "Nuevo *hat-trick* de Diego. El primer gol de cabeza, el segundo de derecha y el tercero de zurda. Fue amonestado por el árbitro [Ricardo] Calabria por hacer un gol con la mano", publicó en su twitter con el *hashtag* #DiegoEterno. Fue el sexto triplete de Diego con la camiseta de Argentinos, pero hay que decirlo: el gol con la mano fue anulado. En este caso, el arquero de Unión era Héctor Cannataro, quien padeció en carne propia las andanzas y genialidades de Diego en el estadio ubicado en Juan Agustín García y Boyacá, en La Paternal.

8. **Boca 3-0 River (10/04/1981).** Aquel Superclásico finalizó con una memorable paliza futbolística de Boca Juniors sobre su eterno rival. Fue un 3 a 0 lapidario en La Bombonera, por la décima fecha del Metropolitano 1981, con dos goles de Miguel Ángel Brindisi y un soberbio golazo de un Maradona excepcional. Quedó una imagen imborrable cuando Diego recibió un centro de Córdoba, bajó la pelota con la zurda en el área, desparramó a Fillol por el suelo y definió de zurda, a un palo, ante la desesperada acción del Conejo Tarantini por evitar el gol de Boca, pero todo fue en vano. Pero lo que pocos saben es que Maradona había metido un gol con la mano cuando el partido estaba 0-0. Ocurrió en el primer tiempo pero el árbitro Ithurralde (¡otra vez Ithurralde!) advirtió la acción y anuló el gol. La jugada se produjo cuando Brindisi envió un centro al área y entonces Diego, por su baja estatura, primero saltó para después meter el puño y mandarla a la red. Esta secuencia cuenta con la participación de José Luis Pavoni, el 2 de River. Pero Ithurralde estaba de frente a la jugada, vio todo y lo anuló de nuevo. Para colmo, volvió a amonestar a Diego, como lo hizo en el partido frente a Vélez por el Nacional

79. Luego vendría el carnaval de Boca en el segundo tiempo que terminará en el histórico 3 a 0.

9.   **Napoli 0-0 River Plate (19/08/1984).** El amistoso sirvió para presentar a Diego en su nuevo club en el antiguo estadio San Paolo (hoy se llama Diego Armando Maradona), donde al poco tiempo se convertiría en el Dios Supremo de la ciudad del sur de Italia para quedar a la altura de San Genaro, patrono de Nápoles. "Gol de Maradona a los 30 minutos, pero anulado por manotazo evidente", indicaba la crónica de *El Gráfico* que fue a cubrir especialmente el partido. El periodista Guillermo Blanco, quien por entonces era el jefe de prensa de Diego, recuerda aquella jugada que terminó en gol anulado: "Daniel Bertoni pateó un tiro libre, la pelota pegó en el travesaño, entró Diego a la carrera e hizo el gol con la mano, pero fue muy claro". En tanto, el periodista Andrés Burgo señaló: "En YouTube hay un resumen del partido, aunque allí no aparece la imagen [ningún medio gráfico publicó la foto] que se habría asegurado una larga repercusión".

10.   **Napoli 4-2 Lazio (24/02/1985).** Diego la rompió toda en el viejo San Paolo. Fue su primer y único hat-trick con la camiseta del Napoli, con gol olímpico incluido, y con un tanto anulado por meter la mano. Para los italianos, lo más insólito ocurrió en el primer tiempo, cuando el partido estaba con el marcador en blanco. Tras un centro al área, Diego metió el puño y mandó la pelota hacia el arco. Los defensores del Lazio reclamaron la acción ilegal del nuevo Dios napolitano y entonces el árbitro Claudio Pieri invalidó la jugada que había terminado con la pelota en la red. Como hemos visto en varias ocasiones, Maradona contaba con numerosos antecedentes en el fútbol argentino por meter la mano que lo convertían en un "artista" del engaño. Esta imagen está en YouTube (con los goles incluidos) y habrá que verla varias veces para advertir que, efectivamente, Diego había tocado la pelota con la mano.

11.   **Udinese 2-2 Napoli (12/05/1985).** Podría considerarse que Napoli-Udinese es un clásico debido a la cercanía entre ambas ciudades situadas al sur de Italia. Y en aquel partido, Diego también fue protagonista: convirtió dos goles, uno de ellos fue con la mano, sobre la hora y fue convalidado. A los 43 minutos del complemento, Luigi Caffarelli remató al travesaño, el rebote lo tomó Diego, quien metió puñetazo que decretó el 2-2 final, en el San Paolo. La imagen no es clara, como ocurrió con el primer gol frente a los ingleses, pero todos los jugadores del Udinese reclamaron la infracción, incluyendo el alcanzapelotas que estaba detrás del arco. Tras el gol, Maradona fue a festejarlo cerca del juez de línea, como lo hizo en el Azteca, buscando que le convalidaran el gol y así ocurrió a pesar de la airada protesta de todo el equipo

rival. El brasileño Zico, el gran ídolo del Flamengo, quien por entonces jugaba en el Udinese, fue a increparlo después del partido: "Diego, por el bien del fútbol dile al réferi que fue con la mano. Si no, sos un deshonesto". Pero Maradona se salió con la suya, con otra típica frase maradoniania que lo caracteriza: "Deshonesto Diego Maradona, mucho gusto", retrucó. La anécdota no quedó ahí, sino que años más tarde, el Diez la recordó en el programa "Hablemos de Fútbol": "Mirá si le voy a regalar todo el potrero que yo me comí en un gol a Zico", concluyó. Y ahí no quedó todo, porque ese gol con la mano de Diego fue determinante para que el Napoli pudiera salvarse del descenso.

12.   **Argentina 2-1 Inglaterra (22/06/1986).** En este capítulo no podía faltar la histórica Mano de Dios, otra de las genialidades (o trampa) de Diego Armando Maradona que lo convirtió en leyenda. A los seis minutos del segundo tiempo, Diego tomó una pelota desde la izquierda y encaró en una suerte de slalom hacia el medio. Intentó armar una pared con Valdano, pero del delantero del Real Madrid no pudo controlarla. La pelota dio un pequeño salto en el aire. El defensor Fenwick quiso rechazarla, con la mala fortuna de que le salió hacia su propio arco. Diego venía en carrera y embalado, pero aquel mal despeje inglés lo habilitó y quedó cara a cara con el arquero Peter Shilton. La pelota estaba en el aire, cuando cayó, el Diez saltó para meterle un puñetazo con la derecha (su mano hábil a pesar de que jugaba al fútbol con la izquierda), con la fortuna de que el esférico salió disparado hacia el arco inglés: primero picó y luego se metió en el fondo de la red. Cuando todos esperaban que la jugada estuviera invalidada, Maradona salió corriendo y se dirigió cerca del juez de línea para celebrar su gol. El árbitro tunecino Ali Bin Nasser no advirtió la mano de Maradona en el área. Tampoco el línea Bogdan Dotchev, que estuvo de frente a la jugada. Fue tan rápida que no se pudo advertir si hubo mano a simple vista. Tampoco lo tomaron las cámaras. El VAR tampoco existía, por lo que esa jugada hubiese sido anulada con el recurso de la tecnología como asistente y, tal vez, hubiese cambiado el rumbo de ese histórico partido. Eso sí: los ingleses fueron los únicos que protestaron. El arquero Peter Shilton tan solo atinó a levantar el brazo, sin reclamar demasiado, pensando que la jugada debía anularse de inmediato. Pero como ningún árbitro advirtió nada, ni tampoco le hicieron caso al gesto de Fenwick cuando se tocaba la mano en mitad de cancha. Mientras tanto, Diego salió corriendo a festejar su gol picaresco, en soledad, en busca de un abrazo cómplice de sus compañeros.

13.   **Argentina 1-0 Inglaterra**, ante los ojos del mundo, en vivo y en directo, y ante la incredulidad de los presentes en el Estadio Azteca. Fue el único gol con la mano convertido en un Mundial y

lo hizo nada menos que Diego Armando Maradona, el superhéroe de los argentinos que en esa tarde de domingo del 22 de junio se convirtió en un mito viviente, en #DiegoEterno.

Una obra maestra con mucha astucia y esa picardía de un futbolista amateur, como si fuera un cuento de ciencia ficción, pero con todo el potrero encima nada menos que en una Copa del Mundo. Y volvemos a lo mismo de antes: ¿La Mano de Dios fue una trampa, una picardía o un acto de justicia? Este gol convalidado dividió las aguas de la moral y de la ética, de la justicia y de la injusticia, de lo legal y lo prohibido. Millones de personas en todo el mundo se volcaron a favor y en contra de Maradona, un héroe y un villano a la vez por haber metido un gol con la mano en un Mundial. Incluso, este gol despertó una ola de debates que trascienden a este deporte: muchos sociólogos, políticos y hasta científicos dieron su punto de vista de lo que está bien y de lo que está mal a través de esta acción que fue vista en todo el planeta. Es que cada uno tiene su propia conclusión, y todo es subjetivo según la óptica y percepción de la jugada y de los acontecimientos vividos en ese momento.

Siempre hubo un eterno debate futbolero de quién era mejor, si el fútbol inglés a base de centros y cabezazos, un juego rígido y estructurado, con mayor rigor físico y mecanizado, o el criollo, haciendo culto de "la nuestra", un estilo con mayor creatividad, destreza y riqueza técnica, un fútbol mucho más vistoso que el anterior, donde el individualismo suele prevalecer por encima de lo colectivo y en el que aflora el toque, la pared, el lujo y la gambeta, el arte del engaño por excelencia. Entonces, habrá que pararse en un lugar o del otro para tener un argumento cabal que justifique o no la popular Mano de Dios creada por Diego Armado Maradona. Hasta los escoceses se burlan de los ingleses, sus rivales de siempre, cada vez que recitan la canción *Hand of God* en honor a su "héroe" argentino.

Por eso, no existe ni existirá una respuesta universal ante semejante maniobra. Se sabe que el fútbol es el deporte más hermoso y popular de todos y despierta tantas pasiones como también injusticias, de esas que resultan imposibles callar. Quien haya sufrido un gol ilegítimo podrá sentirse humillado, pero sabrá que el fútbol siempre da revancha, y que en algún momento contaremos con alguna situación similar a nuestro favor para poder festejar un gol de la misma forma que lo celebraron ellos, los contrarios. Así es el fútbol, solo hay que jugarlo para vivirlo, para sentirlo y para saber de qué se trata. El fútbol te da y te quita, a veces se divide en la delgada línea entre la justicia y la injusticia. Por supuesto que el deporte más apasionante y hermoso de todos tiene los vaivenes propios de la vida misma. Y para hablar de este gol inmortal no hay que quedarse solamente con el gol con la mano, como si fuera un mero acontecimiento para sacar ventaja desde lo prohibido, sino que hay que ubicarse en el contexto, en el espacio temporal, y en cómo se dio este suceso único en una Copa del Mundo. Es más, este gol dividió las aguas en todo el planeta, fue un acto de rebeldía ante el poder que despertó pasiones, alegrías, ilusiones y representatividad en los más débiles. Como si Robin Hood estuviera en una cancha de fútbol para ayudar a los que más lo necesitan. Por eso, insisto, y en este capítulo me tomaré el atrevimiento para hablar en primera persona y contar lo que he vivido.

El gol con la mano de Diego no fue un gol más, fue robarle la cartera a los ingleses, ricos en el poder y también en la trampa. En 1982, apenas tenía seis años cuando cursaba mi primer año en la escuela primaria. Recién estaba aprendiendo a leer y a escribir. Cada mañana, me despertaba temprano para "quitarle" el periódico a mi papá y para ejercitar mis primeros años de lectura y poder informarme de las noticias. Comenzaba con los títulos de la portada y me detenía siempre en los deportes, la sección que más me gustaba. A mi corta edad, la lectura me permitió tener alguna noción de lo que estaba pasando en Argentina y en el mundo, y la Guerra de Malvinas estaba latente en nuestras vidas. De hecho, todos los días en la escuela los maestros nos obligaban a meternos debajo de la mesa. En cualquier momento del día hacíamos un simulacro para ocultarnos debajo de los pupitres que funcionaban como trincheras ante el posible ataque del enemigo inglés desde el otro continente.

En Argentina, se decía que desde Londres podían disparar misiles y alcanzar cualquier punto estratégico en Buenos Aires o cualquier rincón de nuestra tierra. Los niños, las mujeres, los ancianos somos los más vulnerables de todos y cualquier ataque contra nuestra existencia significaba el final de la guerra. Los militares argentinos utilizaron el conflicto como manotazo de ahogado disfrazado de un acto de heroísmo patriótico para perpetuarse en el poder y desterrar las acusaciones por el secuestro, torturas, asesinatos, por los 30,000 desaparecidos y por violaciones a los Derechos Humanos.

Este absurdo conflicto bélico, iniciado el 2 de abril de 1982 por los militares del gobierno de facto argentino impulsado por el delirante Leopoldo Fortunato Galtieri en reclamo de la soberanía de las islas Malvinas, Georgia y Sandwich del Sur le costó la vida a 649 soldados argentinos, 255 británicos y 3 civiles en los 74 días que duró la batalla, ocurrida a 1913 kilómetros de la capital argentina. Para los argentinos, el partido frente a los ingleses fue una especie de desquite de la Guerra de Malvinas. Maradona fue nuestro eterno superhéroe, nuestro soldado en la cancha, nuestra bandera en México 86, y la Mano de Dios y el Gol del Siglo fueron las únicas "armas" que teníamos para ser felices y poder festejar después de cuatro años de sufrimiento, al menos por un rato.

El memorable 2 a 1 frente a Inglaterra fue el grito de felicidad que tanto estábamos esperando. Pero los ingleses además son los inventores del fútbol. Para muchos, son los cultores del colonialismo, de la piratería y de la trampa. Los hechos están a la vista, solo basta con entrar a YouTube o leer los libros de historia del fútbol y comprobar lo que pasó con el Mundial de 1966, que tuvo a los ingleses como país anfitrión, qué pasó el 23 de julio en el partido frente a la Argentina, con la recordada expulsión de Antonio Ubaldo Rattin: el capitán albiceleste se retiró de la cancha por decisión del árbitro alemán Rudolf Kreitlein, quien, a los 33 minutos del primer tiempo, lo sacó del partido cuando no existían las tarjetas roja ni amarilla. Kreitlein, un hombre de poca paciencia, expulsó a Rattin cuando este le hizo un gesto con el dedo señalando la cinta de capitán tras una falta de su compañero, el zaguero Roberto Perfumo. El juez alemán creyó que el argentino le había hecho un corte de mangas con la mano, y lo mandó directamente al vestuario sin mediar palabra alguna.

El Rata, un emblema de la Selección y también de Boca Juniors, no quiso marcharse, se empecinó en pedir un intérprete para aclarar el asunto, pero el alemán no le hizo caso. Entonces, el mediocampista argentino se retiró del campo de juego acompañado por la policía y a la pasada, estrujó el banderín con los colores del Reino Unido que estaba en el córner del mismísimo estadio de Wembley, la Catedral del fútbol, frente a 90 000 fanáticos ingleses. El partido estuvo demorado durante 10 minutos, el público furioso, quiso devorarse al argentino que los desafiaba en el campo de juego mostrándole su camiseta albiceleste, hasta que se marchó rumbo a los camarines, sin mediar palabra ni explicación alguna de su injusta expulsión.

Al final, Inglaterra, que contaba con ventaja numérica, ganó por 1 a 0 con gol de Geoff Hurst, a 13 minutos para el final, y avanzó a semifinales. Pero la historia no quedó ahí: ese mismo día, Alemania y Uruguay también se medían por los cuartos de final. El partido finalizó en una aplastante victoria de los germanos, por 4 a 0, y, curiosamente, estuvo dirigido por un árbitro inglés: Jim Finney, quien tuvo un polémico arbitraje. Este episodio también despertó suspicacias en cuanto al arreglo de árbitros para eliminar a los equipos sudamericanos, para que Inglaterra y Alemania pudieran definir la Copa del Mundo en la final. El 30 de julio, ingleses y alemanes se enfrentaron en la final de Wembley. El partido finalizó empate por 2 a 2 en los noventa minutos (goles de Hurst y Pieters para los anfitriones; Haller y Weber para los alemanes) y debió resolverse en tiempo suplementario. A los 102 minutos, Hurst remató fuerte al arco, la pelota estrelló en el travesaño, picó en la línea, pero Weber atinó para despejarla. Sin embargo, el árbitro suizo Gottfried Dienst convalidó el gol que no había sido. Las imágenes y videos de aquel partido dan cuenta que la pelota no había ingresado en su totalidad dentro del arco que defendía el portero alemán Hans Tikowsky. Acaso, se trata del primer gol fantasma en una Copa del Mundo y nada menos que en una final.

Sobre el epílogo del tiempo extra, otra vez Hurst clavó un zurdazo que se coló en el ángulo. Un golazo que significó su hat-trick en una final mundialista y determinó el 4 a 2 en favor de los leones ingleses. Pero el robo del gol anterior ya estaba consumado. Inglaterra por primera y única vez se consagraba campeón del mundo y nada menos que en el mítico estadio Wembley con su gente.

Curiosidades o "casualidades" de la vida, el presidente de la FIFA era el inglés Stanley Rous... Por eso, 20 años más tarde, y cuatro años después de la Guerra de Malvinas, la Mano de Dios parece más que justificable. Así lo interpreta el periodista y sociólogo Sergio Levinsky:

> La *Mano de Dios* es hacerle trampa al tramposo. A veces esto culturalmente no se entiende: para el argentino es hacerle trampa al tramposo, es robarle al ladrón. Esto es por el gol del 66 y por lo que políticamente fueron siempre, por la piratería, por el tema de las colonias y por una cantidad de cosas pero, por supuesto que futbolísticamente también, porque los ingleses organizaron un Mundial para ganarlo y sacar a patadas a los tres sudamericanos (Argentina, Brasil y Uruguay). Es más: se valieron de los alemanes para sacar a Uruguay y Argentina y después los alemanes pagaron en la final. O sea, los alemanes estaban todos contentos y pensaban que eran aliados de los ingleses en esa cuestión de sacar a los sudamericanos, pero después terminan pagándola en la final. Ellos también se dieron cuenta de que estaban en la boca del lobo porque, al fin de cuentas, el Mundial se jugaba en Inglaterra.

Por eso, primero hay que conocer la historia para hablar de aquel memorable partido con propiedad. "El gol fue con la mano, pero lo grito con el alma. Que Dios me perdone lo que voy a decir: contra Inglaterra, hoy, ahora sí, con un gol con la mano", dijo el relator uruguayo Víctor Hugo Morales en su histórico relato. Minutos más tarde, vendrá el relato que consagró a Diego en el mito viviente, ese gol épico que lo colocó en la cima del mundo. Ese el gol que se grita con el alma y el que uno siempre ha soñado.

14.   Argentina 2-0 Rusia (13/06/1990). Para muchos, la otra Mano de Dios ocurrió cuatro años después de la primera, en el Mundial de Italia 1990. Tras su estrepitosa caída en su debut por 1 a 0 frente a Camerún, en el partido inaugural en el estadio

Guiseppe Meazza de Milán, la Selección Argentina, campeona y defensora del título en México 1986, se jugaba su futuro en un trascendental encuentro frente a la Unión Soviética, en el estadio San Paolo. El conjunto albiceleste arrancó con mucho sufrimiento, ya que en una desafortunada jugada Julio Olarticoechea, el Vasco, se llevó puesta la pierna de Nery Pumpido, y le ocasionó una fractura de tibia y peroné en su pierna derecha, por lo que el arquero campeón del mundo debió ser reemplazado de urgencia por Sergio Goycochea, quien más adelante se convertiría en el héroe en la definición por penales frente a Yugoslavia, por los cuartos de final, y en la semifinales frente a Italia. Así las cosas, el partido estaba 0 a 0, con el urgente reemplazo del arquero. Luego se produjo un córner de los rusos que provino desde el sector izquierdo: Oleg Kuznetsov ganó en el anticipo, de cabeza, y cuando la pelota parecía dirigirse hacia el arco en ocasión de peligro, Maradona, apostado entre la línea del arco y el primer palo, despejó el balón con la mano. La pelota dio claramente en su brazo que tenía separado de su cuerpo, por lo que el árbitro sueco Erik Fredriksson debió haber sancionado la pena máxima en favor de la ex Unión Soviética. Claramente, era penal para Rusia y expulsión para Diego. Si eso hubiese ocurrido, el astro argentino se habría pedido el siguiente partido frente a Rumania para definir el grupo.

La cuestión es que el encuentro con los rusos continuó como si nada hubiese ocurrido. Tras la otra Mano de Dios (en realidad fue la misma mano que utilizó Maradona, la derecha, para convertirle el memorable gol a Inglaterra), Argentina se impuso 2 a 0 frente a los soviéticos con goles de Pedro Troglio y Jorge Burruchaga y tuvo "una vida más" para continuar en Italia 90. Luego, vino el 1 a 1 frente a los rumanos que determinó la clasificación a la segunda ronda, con aquella jugada mágica de Diego que habilitó "en una pierna" a Claudio Paul Caniggia para definir el partido frente a Brasil en octavos seguida por las manos de Goyco, el nuevo héroe argentino en los penales en cuartos y en semifinales. Sin jugar bien, Argentina sufrió demasiados sobresaltos para llegar a la final, pero cayó frente a Alemania por 1 a 0 en el Olímpico de Roma. A pesar de que el segundo puesto representa "el mayor de los fracasos" para Carlos Salvador Bilardo, los jugadores del plantel argentino fueron recibidos como héroes en Buenos Aires.

14. La última Mano de Dios que se recuerde ocurrió el 14 de marzo de 2017. Ya retirado de las canchas, y tras el recordado FIFA Gate, Maradona mejoró su relación con los nuevos popes de la entidad madre del fútbol mundial. Por tal motivo, fue invitado a disputar un partido amistoso organizado por la FIFA en Corea del Sur. Para esa ocasión, Diego viajó especialmente a

la ciudad de Suwon para disputar el encuentro con motivo del sorteo para el Mundial Sub-20 que se iba a disputar en el país asiático. El partido era de carácter informal y del otro lado estaba Pablo Aimar en el equipo contrario. Pero Diego no pudo con su genio y a los 56 años volvió a meter la mano de nuevo: en una jugada aplicó un puñetazo para convertir el gol, pero el árbitro advirtió la maniobra ilegítima, anuló el gol y amonestó al creador de la Mano de Dios. La historia de Diego con la mano parece ser irresistible y cuenta con numerosos capítulos para contar, desde Los Cebollitas pasando por la Primera de Argentinos, Boca, Napoli, Selección Argentina y hasta en un partido exhibición. Increíble pero real.

EL GOL DEL SIGLO FUE UNO MÁS

"La va a tocar para Diego, ahí la tiene Maradona, lo marcan dos, pisa la pelota Maradona, arranca por la derecha el genio del fútbol mundial, deja el tendal y va a tocar para Burruchaga... ¡Siempre Maradona! ¡Genio! ¡Genio! ¡Genio! Ta-ta-ta-ta-ta-ta-ta-ta... Gooooool... Gooooool... ¡Quiero llorar! ¡Dios Santo, viva el fútbol! ¡Golaaazooo! ¡Diegooooool! ¡Maradona! Es para llorar, perdónenme... Maradona, en recorrida memorable, en la jugada de todos los tiempos... Barrilete cósmico... ¿De qué planeta viniste? Para dejar en el camino a tanto inglés. ¡Para que el país sea un puño apretado gritando por Argentina! Argentina 2-Inglaterra 0. Diegol, Diegol, Diego Armando Maradona... Gracias, Dios, por el fútbol, por Maradona, por estas lágrimas, por este Argentina 2 Inglaterra 0".

El relato es de Víctor Hugo Morales quien le dio más épica a la épica de este gol memorable. Imposible despegar su inconfundible voz y esas lágrimas compartidas en el Gol del Siglo, la obra cumbre de Diego Armando Maradona en un Mundial de fútbol, con este relato que estremece.

Domingo 22 de junio de 1986. Mundial de México. Estadio Azteca. Argentina *vs*. Inglaterra, el partido tan esperado, por los cuartos de final. Alrededor de 114 000 personas fueron testigos del mejor gol de todos los tiempos. La hazaña de Diego se multiplicó en millones de espectadores asombrados que en vivo y en directo pudieron ser

testigos de aquella maravilla convertida en leyenda, la que consagró a Diego en un mito viviente, en el superhéroe de todos los argentinos. Pasarán las generaciones y el segundo gol a los ingleses se recordará por los siglos de los siglos.

En ese partido mágico, Argentina se imponía por 1 a 0 frente a Inglaterra 0 con el polémico gol de Diego con la mano. A los 10 minutos del segundo tiempo, Maradona estaba recostado sobre la derecha cuando recibió un pase común y corriente de Héctor Enrique. Diego estaba de espaldas al arco contrario, en su propio campo. Y en este acto reflejo, con ese instinto único, natural e incomparable que solamente un dotado de semejante talento pude tenerlo, pisó la pelota, giró y encaró a todo rival que se interpusiera en su camino.

Peter Beardsley y Peter Reid quedaron rápidamente atrás en la maniobra inicial. Maradona ya cruzó el medio campo y venía como una locomotora, a pura velocidad, con la pelota dominada. De pronto, Terry Butcher salió a cortarlo pero el astro argentino consiguió gambetearlo. Sin embargo, el defensor inglés no se dio por vencido y decide perseguirlo desde un costado.

Cuando el capitán argentino se aproximaba al área, el central Terry Fenwick salió desesperadamente a cortarlo poniéndole el brazo a la altura del estómago. Diego podía haber cedido la pelota hacia la izquierda, ya que su compañero Valdano estaba solo, pero ya venía como una locomotora incontrolable y rompió la barrera inglesa.

Una vez adentro del área, el capitán argentino se apresta a realizar su obra maestra. Butcher lo acompañaba desde muy cerca. De pronto, el arquero Peter Shilton salió desesperadamente a achicarle el arco, pero un amague del 10 lo dejó despatarrado a la altura del borde del área chica. En ese instante, Butcher intentó frenarlo con una fuerte infracción sobre el tobillo derecho, pero ya era tarde: el poeta de la zurda firmó su obra de arte con un toque de su pierna hábil, con el arco libre, y así convirtió un gol memorable. En apenas 10,6 segundos, Maradona recorrió 53,5 metros con la pelota y eludió a cinco rivales. Es el mejor gol de todos los tiempos en la historia de los Mundiales.

En una entrevista con ESPN, Diego rememoraba su Gol del Siglo:

Tengo la suerte de encarar y ver a los ingleses impotentes por no poder pararme, no podían llegar a la pelota. Cuando voy a patear lo veo a Shilton taparme todo el arco. Entonces, la amago, la juego cortita, y el arquero queda a mitad de camino y la empujo... Luego, sentí un patadón en el tobillo, pero la alegría era tanta que no me dolió en ese momento.

Argentina 2-0 Inglaterra.[28] Un Maradona único, especial, maravilloso, fantástico, superlativo. Póngale todos los adjetivos o calificativos que quiera, pero en ese inolvidable 22 de junio, Diego se convertiría en el mito viviente de los argentinos siete días antes de haber levantado la Copa del Mundo. El superhéroe que se había disfrazado de Robin Hood para "robarle la cartera a los ingleses", tres minutos más tarde se colocó el traje de Superman para desparramar a cinco rivales y humillar a los ingleses frente a los ojos del mundo con un golazo que ya es leyenda. Único, majestuoso, épico, de otra galaxia. Inigualable.

El Gol del Siglo, el mejor gol de todos los tiempos, ya era un hecho. Por eso hay que entender el contexto de esos cuatro años que separaron la Guerra de Malvinas (1982) y de lo que significó ese partido en el Mundial de México 1986. Aquel dolor inicial por haber lamentado la muerte de tantos soldados y por haber perdido la batalla en esa absurda Guerra por la recuperación de las Islas se tradujo cuatro años más tarde en una de las mayores alegrías de los argentinos.

Fuimos felices gracias a la genialidad de Maradona, nuestro gran héroe argentino. En lugar de empuñar un fusil, su arma era esa zurda prodigiosa que solía utilizarla como un pincel para crear una obra de arte. En tanto, la bala era la pelota. Por eso, el Gol del Siglo significó un canto a la victoria, un desahogo frente a semejante dolor, frente a la desesperanza y frente a la angustia. Acaso, se trata de la primera gran alegría colectiva que tuvimos los argentinos tras la vuelta de la democracia.

Aquel domingo fue una jornada inolvidable. Fuimos felices, debemos reconocerlo, y también decirlo con orgullo. Fuimos felices gracias a Diego. Al menos fuimos felices en ese instante. Siete días más tarde, Argentina volvería a tocar el cielo con las manos al levantar la segunda Copa del Mundo frente a los alemanes. "Yo creo que es un gol soñado, no porque lo haya hecho yo, sino por lo que representó", destacaba Diego cada vez que recordaba su obra maestra.

Para el imaginario popular, el Gol del Siglo es el mejor de todos los tiempos. Es cierto por el contexto: Argentina *versus* Inglaterra, Mundial 1986. Estadio Azteca. Cuartos de final. Cuatro años después de la Guerra de Malvinas. ¿Quién no ha soñado con hacer un gol como el que hizo Diego a los ingleses?

---

28 El partido finalizó Argentina 2-1 Inglaterra. Diego Maradona convirtió los dos goles a los 7 y 10 minutos del segundo tiempo, y Gary Lineker descontó a los 35 del complemento. Con este resultado, Argentina clasificó a las semifinales del Mundial de México 86 para luego enfrentarse a Bélgica.

Sin embargo, Diego Armando Maradona convirtió mejores goles que el imborrable Gol del Siglo. Cuesta creerlo pero es cierto. También lo decía el propio Diego. Desde muy chico, Diego, Pelusa, Pelu, el Diez, D10S o simplemente Maradona solía realizar este tipo de maniobras. Algunas terminaban en verdaderos golazos, otras, lamentablemente no pudieron besar la red dentro del arco. El destino —o el azar— así lo quiso.

Para eso vale la pena repasar algunas de las jugadas (o genialidades) de Maradona que nada tiene que envidiarle al memorable Gol del Siglo que él mismo inventó. La mayoría corresponden a la época en que Diego jugaba en Argentinos. Por eso volvemos al principio, a sus orígenes. Maradona solía desparramar a más de medio equipo cuando jugaba para Los Cebollitas. ¿Cuántos goles habrá convertido dejando tantos rivales en el camino? Lamentablemente no hay imágenes que puedan documentarlo, pero hay testimonios que dan cuenta de ello.

Cuatro años más tarde, Diego demostraba su talento en Primera División de la misma manera que cuando jugaba en la cantera de Argentinos Juniors. Este visitaba a Huracán por el Metro 77. El partido se jugó el 31 de julio en Parque Patricios. Diego fue a buscar una pelota en la medialuna de su área y desde allí comenzó a gambetear jugadores rumbo al arco contrario. El Bicho le ganaba 2 a 0 al Globo con un gol de Pelusa y otro de Carlos Álvarez, de penal.

A los 18 minutos del segundo tiempo, el pibe de Argentinos apiló a unos 4-5 rivales y los dejó en camino. Luego, se dirigió al arco que defendía Héctor Rodolfo "Chocolatín" Baley, a quien dejó dos veces tirado en el suelo y quedó mano a mano con Jorge Carrascosa, el capitán de Huracán que ocupaba todo el frente del arco. En lugar de asegurarla frente a un palo, Maradona prefirió definir por entre las piernas del aguerrido defensor para sellar el 3 a 0 lapidario. Inmediatamente, los hinchas de Globo se pararon para aplaudirlo. La ovación duró unos cuantos minutos. Las imágenes del golazo están disponibles en YouTube, pero no está la jugada completa. Sin embargo, quienes fueron testigos de ese gol histórico aseguran que fue mucho más lindo que el gol a los ingleses. Tal vez haya sido el mejor gol en la historia del fútbol argentino.

El 11 de noviembre de 1979, Diego le había convertido tres goles a Colón, por el Campeonato Nacional de ese año, en La Paternal. "Maradona 3 vs Colón 0", tituló *El Gráfico*. La revista publicó fotos de Diego rodeado de cinco jugadores. Ese partido el 10 lo ganó solo.

Otra actuación memorable quedó plasmada en aquel golazo Diego le hizo al Deportivo Pereira, en un cuadrangular disputado en Colombia junto con el América y el Deportivo Cali. Aquel 19 de febrero de 1980 representa una fecha inolvidable para los colombianos. A los 25 minutos del segundo tiempo, Maradona arrancó desde mitad de cancha y comenzó a gambetear a cualquier rival que interfiriera en su camino. "Primero, Farid Perchy, Henry Viáfara se le tiraron encima. Luego, salió el paraguayo Alcides Sosa y el último que lo cruzó fue el Moño Muñoz: cuando llegó, amagó a patear, enganchó y quedó de frente al arco. Cuando le salió el arquero, que era Roberto Vasco, amagó a tirar al segundo palo y se la tocó cortita al primero. Fue un gol espectacular", recuerda el periodista y escritor colombiano Alejandro Aguirre, aquella maravillosa jugada de Pelusa que enamoró a los colombianos.

Diego había dejado a tres jugadores sentados mirando al arco, antes de convertir el 3-3 parcial. La prensa colombiana retrató su genialidad como "un gol nunca visto". Es que su dimensión futbolística lo muestra como un ser fuera de lo terrenal a tan corta edad. Maradona tenía 20 años. Nadie creía que podía jugar así. Sin embargo, anotó tres goles, incluyendo su obra maestra y otro de tiro libre. El partido finalizó 4-4. Luego, Argentinos perdió por penales.

Maradona recordaba su obra de arte frente al Deportivo Pereira como si fuera ayer. Reveló que ese fue el mejor gol que había convertido en su carrera, incluso llegó a decir que aquella genialidad en tierras cafeteras había sido más linda que el legendario Gol del Siglo frente a los ingleses en el Estadio Azteca. Como no había imágenes, su relato se convirtió en leyenda. Sin embargo, existe una foto que inmortalizó ese momento mágico y aún recorre el mundo: Diego festejando y, detrás, tres jugadores sentados en el suelo.

Hay más, mucho más de sus gambetas. Cuando Argentinos Juniors sacaba del medio en el arranque de cada tiempo, a Diego le movían la pelota. El Pibe de Oro arrancaba disparado, eludiendo rivales desde el círculo central con el objetivo de definir en el arco contrario. Lo hacía con naturalidad, con esa condición que solamente un genio de la pelota puede tenerlo. Del mismo modo lo hacía cuando se divertía jugando para Los Cebollitas, a pura gambeta, para concretar un gol con maestría.

La misma secuencia se vio en algunos pasajes cuando Diego vestía la camiseta de Boca: eludía rivales como conos tanto por derecha como por izquierda en partidos por el campeonato o en amistosos. Hay videos que dan prueba de ello pero esas jugadas no terminaron en gol por cuestiones del azar. Eludir rivales desde mitad de cancha era una constante en el Mundial Juvenil de Japón, donde el mundo entero descubrió a un pibe surgido de Fiorito que levantaba su primer trofeo como campeón del mundo y además se consagraba como el mejor jugador.

Este tipo de escenas de apilar adversarios y dejarlos en el camino, como si fueran conos, también se repetían en Barcelona y en la Se-

lección Mayor. El 13 de mayo de 1980, Argentina visitó a Inglaterra en Wembley, en un amistoso preparatorio por una gira por Europa que incluía dos partidos más frente a Austria e Irlanda.

Argentina, campeón del mundo en 1978 con César Luis Menotti como entrenador, volvía a enfrentar a los ingleses después del Mundial de 1966, dos años antes de la Guerra de Malvinas, nada menos que en la Catedral del Fútbol. El resultado fue 3 a 1 en favor de los locales, con goles de Johnson (2) y Keegan; Passarella, de penal, había descontado para la albiceleste. Pero hubo una imagen que quedó grabada. A los 19 minutos, el pibe de Fiorito hizo su aparición estelar: recibió un pase de Barbas a 30 metros del área. También estaba de espaldas al arco, recostado sobre la derecha, como en México 86.

Diego dio un giro y dejó atrás a dos marcadores ingleses, luego apiló a otros dos con apenas un toque y quedó mano a mano con Ray Clemence, el arquero antecesor a Peter Shilton. Y en esa ráfaga de inspiración, el pibe de solo 19 años cruzó el balón de zurda y con un toque suave ante la salida del portero inglés. La pelota apenas salió besando el segundo palo. No fue gol de milagro. "Tendría que haber enganchado para afuera y después haber tocado con derecha, pero en ese momento pensé que era lo mejor definir ahí y se me fue al lado del palo. Era el gol de mi vida", dijo Diego más tarde.

El astro se recriminó a sí mismo y reconoció su "error". Aquella majestuosa jugada en Wembley terminó siendo un presagio del Gol del Siglo, ya que Diego terminó haciendo la misma maniobra: en vez de tocarla a un costado, como marca el manual de definición de cualquier delantero, eludió a Shilton y así concluyó su obra cumbre con el arco a su disposición. Pero eso no es todo, ya que en ese momento se había acordado de los consejos de su hermano Hugo, quien seis años antes le había dicho que tenía que haber eludido al arquero en lugar de definir con un toque hacia el otro palo.

Diego hizo cosas increíbles en una cancha. Tenía condiciones sobrehumanas. Tenía un físico muy rígido sustentado por sus piernas fornidas, lo que hacía muy difícil derribarlo. Dueño de una mentalidad ganadora y un gran poder de superación frente a la adversidad, con su zurda mágica era capaz de eludirse a medio equipo o a un equipo entero, habilitar a un compañero o definir él mismo la jugada y así concretar la proeza. "El gol que se perdió en el amistoso frente a Inglaterra dio lugar al Gol del Siglo en México 86. Ahí Diego lo pensó al revés: Ray Clemens era el arquero de Inglaterra en 1980, no era Peter Shilton. Él [Maradona] en Wembley le pasó eso: eludió a medio equipo y cuando le salió Clemens la tiró al segundo palo. La pelota apenas se fue afuera besando el palo", explica el periodista Sergio Levinksy.

Por su parte, el periodista Diego Borinsky recuerda: "Nací en 1967. Viví el Mundial 86 cuando tenía 19 años. No lo podía creer. Mejor que esto no se puede jugar al fútbol. Nunca había visto una influencia tan grande de un jugador en un equipo. Nunca vi a un habilidoso que se gambeteaba a todos hasta que apareció Messi".

¿Cómo es posible que un jugador rodeado por cinco rivales pudiera acordarse en ese momento de los consejos de su hermano para definir de otra manera? Solamente un genio como Diego es capaz de hacerlo. Según Levinsky, "Maradona le hace un gol bien sudamericano a los ingleses, los elimina con un gol de gambeta, bien nuestro, bien criollo. También ese gol tiene bastante que ver con nuestra cultura respecto a la inglesa. Argentina versus Inglaterra en el gol con la mano y en el gol con el pie".

El 25 de junio, Argentina debía enfrentar a Bélgica en semifinales tras el partido frente a los ingleses, aquel que convirtió a Diego Armando Maradona en un mito viviente. Y el "Diez" volvió a hacerlo de nuevo: se despachó con dos golazos con su sello. Ambos fueron en el segundo tiempo.

El primero llegó a los seis minutos del segundo tiempo, con un toque sutil entre dos hombres, con el empeine izquierdo, de primera, al segundo palo ante la salida del arquero Jean-Marie Pfaff, tras recibir un pase filtrado en el área de Jorge Burruchaga, quien lo había habilitado sobre la derecha. Era el único recurso que tenía y así se las ingenió para establecer el 1 a 0 parcial en favor del seleccionado argentino. "Diego Armando Maradona, con el alma de todos los potreros, con los inventores de la pelota dejándoles el empeine izquierdo. Diego Armando Maradona convierte el primer gol para Argentina", comentaba el relator uruguayo.

El segundo llegó a los 18 minutos. El defensor José Luis Cuciuffo le entregó el balón a Maradona, este esperó la devolución para hacer la pared, pero Diego decidió lo contrario: apiló a cuatro rivales desde la medialuna y metió una diagonal a toda velocidad hacia la izquierda para acomodarse con su pierna hábil. Ya en el área belga, el 10 apuntó al segundo palo ante la salida de Pfaff, que nada pudo hacer para evitar la caída de su valla. Argentina 2-0 Bélgica, partido liquidado con otra genialidad de Maradona en México y otra vez a la final. "Diego Armado Maradona, el profesional del amague, profesional de la mentira en el área, profesional de la gambeta, Diego Armando Maradona convierte el segundo gol para Argentina. Los OVNIS escuchan el golpeteo de los tapones por la tangente de la Tierra. ¡El mundo, a los pies del fútbol argentino!", relató Víctor Hugo Morales.

Muchos creen que el partido contra Bélgica fue el mejor de todos en México 86. Pero el Diez había dicho que su mejor partido no fue

contra Inglaterra, sino contra Uruguay. No hay que contradecirlo; cuesta creerlo, pero es verdad. Probablemente el segundo gol a Bélgica hubiera sido el mejor gol del Mundial si no hubiera existido el Gol del Siglo frente a los ingleses hace tres días atrás, precisamente en el Estadio Azteca.

"El Gol del Siglo fue el mejor de todos los que hizo. Muy cerca de ese está el segundo gol que le convirtió a Bélgica. No fue el único gol que hizo así frente a Inglaterra. Posiblemente, el contexto lo agranda. No lo descartaría. Son todos golazos", comenta Levinsky.

De esta manera, Diego llegó a cinco dianas y se convirtió en el máximo goleador de la Selección en el Mundial de México. Todos sus goles fueron verdaderas obras de arte: el primero a Italia y de volea desde un ángulo imposible, la Mano de Dios, el Gol del Siglo a los ingleses y el doblete a Bélgica. Además, dejó a la Argentina en una nueva final en las puertas de la gloria frente a la poderosa Alemania de Harald Schumacher, Lothar Matthaeus, Karl-Heinz Rumennigge, Rudi Vöeller y compañía.

El domingo 29 de junio de 1986, a seis minutos para el final, Maradona metió una asistencia perfecta para que Jorge Burruchaga pudiera definir en una corrida memorable ante la salida de Schumacher y así vencer a Alemania por 3 a 2 en el Azteca, y levantar la Copa del Mundo en México.

Aquel triunfo frente al seleccionado germano significó la gloria eterna para Pelusa, el chico de Fiorito que a los 13 años soñaba con salir campeón con la Octava de Argentinos y jugar un Mundial y trece años más tarde terminó levantando la Copa del Mundo. Desde entonces, Diego se convirtió en el mejor de todos los tiempos, en el eterno 10, en el inigualable capitán albiceleste.

Las duras faltas que los rivales le cometían a Diego para derribarlo fueron una constante a lo largo de su carrera. Maradona fue maltratado en casi todas las canchas. No había forma de pararlo. Tampoco existía un riguroso arbitraje para proteger a los más habilidosos. El Diez lo padeció desde el 20 de julio de 1976, el día de su debut con la camiseta de Argentinos Juniors, hasta el 21 de octubre de 1997, cuando se retiró en Boca Juniors en el Superclásico frente a River, en el Monumental. Fueron 21 años de amor puro por el fútbol, por la pelota, con innumerables hazañas y muchísimos títulos. Las patadas que recibió fueron parte del cruel castigo.

Volviendo a México, hay una estadística que asombra más allá de sus cinco goles antológicos, sus cuatro asistencias, la Mano de Dios, el memorable Gol del Siglo y la Copa del Mundo: Maradona fue el jugador más castigado en ese Mundial. De las 150 faltas que le hicieron a todo el plantel argentino, Maradona recibió 52, es decir, más de un tercio que el resto de sus compañeros. El dato es impactante, todo un síntoma de lo que significaba bajar a Diego. En cambio, sus compañeros tuvieron mejor suerte, pues recibieron menos faltas: Jorge Valdano (16), Ricardo Giusti (13), Jorge Burruchaga (9) y Pedro Pasculli (7), de acuerdo con las estadísticas publicadas por *Opta SportsData*, compañía británica especializada en análisis deportivo.

Si sumamos a la cantidad de infracciones recibidas por Valdano, Giusti, Burruchaga y Pasculli (45) ni siquiera alcanza a la cantidad de patadas que recibió Maradona (52) en los siete partidos que disputó en México 86. Diego no solo fue el jugador más golpeado en esta Copa del Mundo, sino el más castigado en la historia de los Mundiales. Los números dan cuenta de su dimensión como un futbolista excepcional.

Diego soportó todo tipo de patadas, muchas muy crueles, desde la época en que jugaba en Argentinos. También vivió lo mismo en su primera etapa en Boca Juniors. En Barcelona, sufrió la fractura de su tobillo izquierdo que derivó en una intervención quirúrgica luego de haber sufrido una durísima entrada por parte de Andoni Goikoetxea, jugador del Athletic Bilbao, que lo marginó durante seis meses de las canchas. Además, el capitán argentino recibió el castigo más riguroso por parte de los defensores que lo atendían cada domingo en el Calcio de Italia, el fútbol más violento de todos, cada vez que este genio asombraba al mundo cuando se vestía de superhéroe con la camiseta del Napoli.

ÚLTIMO TANGO EN TURÍN

Las consecuencias de tanto maltrato recibido quedaron evidenciadas en la siguiente Copa del Mundo. Argentina llegaba como campeón y defendía el título en Italia 90, el país donde Maradona fue parte de la grieta futbolera: para los italianos, era Dios en el Sur pero el Diablo en el Norte.

Diego llegó a la Copa del Mundo con lo justo. A los 29, su físico ya no era el mismo que tenía en México, cuando había maravillado al mundo entero con sus goles y sus gambetas. Era cuatro años más grande, pero aún tenía algo más para dar.

El 24 de junio de 1990, Argentina jugaba frente a Brasil en el estadio Delle Alpi de Turín, en un encuentro correspondiente a los octa-

vos de final. Diego había llegado maltrecho a ese partido, pero quería perdérselo por nada del mundo. Cuando los médicos pensaban que no podía jugar, él mismo se aplicó las inyecciones en su tobillo izquierdo para infiltrarse y poder estar presente frente al clásico rival, a minutos de comenzar el encuentro.

Con el clásico en marcha, la selección de Bilardo la pasó muy mal ante su eterno rival que lo maniató por todas partes y no lo dejaba jugar. Es más, Brasil metió tres tiros en los postes y lo dominó por completo. Parecía que el gol estaba al caer y que la goleaba asomaba para el conjunto *verdeamarelo*. Hasta que la luz se hizo cuando finalizaba el partido. Tal vez, mezcla del azar o del destino, o por contar con un genio distinto a los demás.

A los 35 minutos del segundo tiempo, y cuando todo Brasil estaba volcado en ataque, Maradona recibió una pelota en el mediocampo. En un giro gambeteó a Alemao, su compañero en el Napoli, y luego dejó en el camino a Dunga, que no quiso cortarlo con una falta.

Y en esa misma acción, Diego encaró a los tres defensores que lo esperaban: primero le salió Ricardo Rocha, pero tampoco tuvo éxito para frenarlo. En esa corrida, Mauro Galvao chocó de frente con Ricardo Gomes. Maradona, casi en el suelo, sacó un remate rasante, de derecha, para habilitar a Claudio Paul Caniggia, que se había cruzado de lugar para desmarcarse. El pase de Diego había pasado entre las piernas de Mauro Galvao y el Pájaro hizo lo suyo: gambeteó al arquero Taffarel, a quien dejó en el piso, y luego, de zurda, definió rumbo a la red. Argentina 1-Brasil 0, después de tanto sufrimiento.

"¡Gooooool argentino! ¡Cani! ¡Caniggia! ¡Dejó en el camino al arquero! Después que Maradona mostró que todo roto igual es Gardel, a 55 años de la muerte de Carlitos. ¡Vos sos Gardel, Diego! ¡No se puede creer lo que has inventado!", dijo Victor Hugo Morales en su relato, haciendo rememorar aquel épico relato del Gol del Siglo.

El gol de Caniggia significó el primer y único triunfo de Argentina frente a Brasil en la historia de los Mundiales. El Hijo del Viento fue el autor material, pero Maradona fue el intento de esta nueva obra de arte. Acaso, la última gran gesta que se le recuerde con la camiseta de la Selección Argentina.

El tiempo pasa y la historia se agiganta. Maradona fue la bandera de los argentinos en el fútbol y en cualquier otro lugar de la superficie de esta tierra. ¿Argentina? ¡Maradona! Decían en todo el planeta, asociando su apellido como sinónimo de la Argentina.

Sin proponérselo, Diego se convirtió en el símbolo de los argentinos frente al mundo. Más allá del fútbol. Diego, "el más grande". Su nombre aparecía entre los cinco más populares del mundo, como Michael Jackson, el Papa Juan Pablo II, el expresidente estadounidense Ronald Reagan, o hasta el mismísimo Paul McCartney. Diego atravesó todas las barreras sociales y culturales posibles. Algo que ninguna otra personalidad de nuestra tierra pudo llegar. Se transformó en un mito viviente desde que le convirtió el segundo gol a los ingleses. Dice Levinsky:

> Por eso digo que Maradona empezó siendo un ídolo futbolero total para los argentinos, era un fenómeno del fútbol y ese fenómeno del fútbol que inclusive llegó a estar en la Selección Argentina desde muy joven, por ser un fenómeno, termina por consolidarse como un fenómeno del fútbol y pasa a ser un valor o un símbolo mucho mayor a partir de generar lo máximo que un futbolista puede generar: ganar un mundial de visitante, de manera brillante y encima hacer lo que hizo con los ingleses porque lo hizo todo.

Pero el Gol del Siglo ha sido un gol más. Vale la pena subrayar esta metáfora y señalar que nada hecho en su historia ha sido casualidad. Diego, Pelusa, Maradona, el Diez, D10S ha sido un "Barrilete Cósmico" de verdad, como lo había bautizado Víctor Hugo, tras haber señalado el mejor gol de todos los tiempos. Los hechos lo demuestran: Maradona podía convertir un gol así en cualquier estadio o inventar una genialidad como estas en cualquier otro lugar, sin siquiera importarle el escenario para concretar su obra: podía ser en Fiorito, en La Paternal, en Japón, en Wembley, en Colombia, en el Camp Nou, en La Bombonera y, por supuesto, en el mítico Estadio Azteca.

"Soy un tipo normal que por hacerle un gol a los ingleses que nos mataban en Malvinas, hoy todo el mundo me reconoce, porque el abuelo se lo contó al padre y el padre se lo cuenta al hijo. Por eso soy reconocido. Pero soy un tipo totalmente normal", declaraba Maradona.

QUIÉN ES DIEGO ARMANDO MARADONA (FICHA TÉCNICA)

Diego Armando Maradona probablemente ha sido el mejor futbolista del siglo XX, según la opinión de admiradores, la prensa especializada, jugadores y directores técnicos de la época y los amantes del buen fútbol.

El 9 diciembre de 2000, una encuesta elaborada por la FIFA determinó que los internautas lo eligieron como el Mejor Jugador del Siglo con 78 430 votos, muy por encima de los 23 386 encuestados que eligieron a Pelé, el mismísimo O Rey.

Diego Armando Maradona nació el 30 de octubre de 1960 en Lanús. Pasó su infancia en Villa Fiorito, un barrio marginal ubicado al sur del conurbano bonaerense. Prácticamente creció con una pelota de fútbol en el potrero de Fiorito. Desde muy pequeño mostró sus cualidades como eximio jugador, dueño de una habilidad inigualable, capaz de deleitar a todos con sus malabares con el balón, sin que importara su tamaño. Además, tenía magia, gambeta, panorama, visión de juego, explosión y un olfato goleador impresionante. Estaba varios segundos adelantado a la jugada que el resto.

En 1969, se fue a probar a las categorías infantiles de Argentinos Juniors por sugerencia de un amigo y vecino que jugaba en Los Cebollitas, el equipo sensación de la categoría 1960, cuyos integrantes hacían maravillas, cuando apenas tenía 8 años. Un par de maniobras iniciales asombraron al entrenador Francis Cornejo, quien al año siguiente lo fichó para su equipo.

Con Los Cebollitas mantuvo un invicto de 136 partidos, un récord que hasta el momento no pudo superarse en ninguna de las canteras del fútbol argentino. Maradona salió campeón en la Novena y en la Octava y, cuando estaba jugando en Séptima, fue convocado a la Primera División de Argentinos Juniors.

Su debut oficial se produjo el 20 de octubre de 1976 frente a Talleres de Córdoba, en La Paternal, 10 días antes de cumplir los 16 años. Ingresó al comienzo del segundo tiempo por Giacobetti por pedido de su entrenador Juan Carlos Montes, y en una de sus primeras intervenciones le tiró un caño a su marcador, el mediocampista Carrizo. Su debut no pasó desapercibido: solamente le bastaron 45 minutos para convertirse en la figura de su equipo a pesar de la derrota por 1 a 0 frente al conjunto cordobés.

Hasta ese momento, fue el futbolista más joven en haber debutado en la Primera División del fútbol argentino con 15 años 11 meses y 20 días, récord que mantuvo hasta la aparición de su yerno, Sergio "Kun" Agüero ex yerno, cuando hizo su presentación en Independiente. Desde entonces, Maradona no abandonó más la máxima categoría.

Su primer gol en Primera llegó el 14 de noviembre de ese mismo año al anotar un doblete frente a San Lorenzo de Mar del Plata. El partido finalizó 5 a 2 para los Bichos Colorados. Curiosamente, su gol número 100 lo marcó un año después en la misma fecha y frente al mismo rival.

Maradona vistió la camiseta de Argentinos Juniors durante cinco temporadas, donde fue goleador, emblema y figura excluyente en cada partido. Es el único futbolista de la historia en haber sido goleador en cinco oportunidades en Primera División (cuatro de ellas, consecutivas), con 116 goles convertidos en 166 partidos jugando en el equipo de La Paternal. Actualmente es el máximo goleador en la historia de este club. Su máximo logro fue el subcampeonato del Metro 80.

Al año siguiente, Boca Juniors que pagó 2 500 000 de dólares por el préstamo por un año y medio, una cifra impensada en aquella época para ceder a un jugador. Con el club de La Ribera mostró su categoría como futbolista diferente a los demás al conquistar el Metro 81, su primer y único título en el fútbol argentino. En ese campeonato anotó 28 goles en 40 partidos en su primer ciclo con la camiseta xeneize.

Como Boca no pudo pagarlo para retenerlo y quedarse con el pase, Maradona regresó a Argentinos sin jugar un partido, ya que el Barcelona inmediatamente se lo llevó tras el pago previo de 8 000 000 de dólares por su fichaje, una cifra astronómica para adquirir a un futbolista en los ochenta. Para 1982 comenzaba una etapa de esplendor en el fútbol mundial para el Pibe de Oro de solo 21 años.

En el club catalán alternó buenas y malas, al obtener la Copa del Rey (1982) y la Copa de la Liga (1983), pero una fractura de su tobillo izquierdo, provocada por Andoni Goikoetxea (Athletic Bilbao), seguida de un cuadro de hepatitis lo marginó de las canchas por un largo tiempo. En total, convirtió 38 goles en 26 partidos durante dos temporadas con la camiseta blaugrana.

El 30 de junio de 1984 fue transferido al Napoli, que pagó 12 000 000 de dólares por su pase. Comenzaba un amor a primera vista con este humilde equipo del sur de Italia, con la ciudad y con sus hinchas. Allí, el astro argentino lograría su reconocimiento mundial al conquistar los dos únicos Scudetto (1986/87 y 1989/90), una Copa Italia (1987), una Copa UFEA (1989) y una Supercopa de Italia (1990), transformándose en el mayor ídolo y en el nuevo Dios de los napolitanos junto con San Genaro, el patrono de la ciudad.

Maradona jugó siete temporadas en el Napoli. Allí fue Dios y el mayor emblema del equipo del sur de Italia que luchaba contra los poderosos del norte como Inter, Milan y Juventus. El astro argentino convirtió 115 goles en 259 partidos y pasó a ser el máximo goleador histórico, cifra que más tarde sería superada por el eslovaco Marek Hamsik (121 goles en 408 partidos entre 2007-2018) y por italiano Lorenzo Insigne, 122 goles en 433 partidos entre 2012-2022. Pero el 13 de junio de 2020, el belga Dries Mertens superó a Hamsik y pasó

a ser el máximo goleador de la entidad napolitana con 148 goles en 398 partidos (datos actualizados hasta el 1 de junio de 2022).

Estar en la cúspide del mundo y que el apellido Maradona sea uno de los más mencionados en todo el planeta significó un elevado costo para este futbolista acostumbrado a codearse con la fama desde los 10 años, cuando hacia jueguitos en su entrañable Fiorito. Maradona también fue acumulando enemigos. Entre ellos, Josep Blatter, Joao Havelange, la FIFA, Julio Humberto Grondona, el Papa Juan Pablo II, la Iglesia y los Estados Unidos. Su carácter rebelde frente a los poderosos le trajo consecuencias.

Sus problemas con el fisco italiano también comenzaron a ser cada vez más evidentes: por un lado, fue acusado de no tributar al Estado llegándole a embargar dinero, propiedades, vehículos y hasta unos aros de diamantes cada vez que pisaba el suelo italiano.

Por otro lado, también estuvo envuelto en varios escándalos por el consumo de estupefacientes, hasta que saltó el *doping* por consumo de clorhidrato de cocaína en el partido frente al Bari, el 17 de marzo de 1991. Desde entonces, la droga comenzaba a ser su verdadera pesadilla. La Federación italiana lo suspendió por 15 meses y por tal motivo abandonó el país después de siete temporadas de gloria en el Calcio, la mejor liga de fútbol en Europa de las décadas de 1980 y 1990.

Cumplida la sanción por *doping*, en 1992 recaló en el Sevilla, que pagó 7 500 000 de dólares por su fichaje. Allí tenía la contención de Carlos Salvador Bilardo, el técnico que lo había marcado en su etapa de gloria a pesar que mantenían diferencias futbolísticas. Juntos, llegaron a la cumbre con la Selección Argentina campeona del mundo en México 86. Sin embargo, el astro del fútbol mundial tuvo un fugaz paso por el conjunto andaluz: disputó 29 partidos y convirtió tan solo 7 goles en la temporada 1992-1993.

Más allá de sus constantes contradicciones, Maradona mantuvo un fuerte enfrentamiento con Bilardo, quien lo había sacado en un partido. Entonces, decidió abandonar el club español e inmediatamente anunció su retiro.

Las idas y vueltas de Diego Maradona en su exitosa, pero conflictiva carrera futbolística, lo llevaron a una serie de replanteos y así volvió a jugar en el fútbol argentino después de 27 años de su debut con la camiseta de Argentinos Juniors. Después de 11 años en el fútbol europeo, en 1993, vistió los colores de Newell's Old Boys de Rosario. Su llegada revolucionó a todos. Diego exhibía un físico envidiable a sus 33 años, aunque su paso por el cuadro rosarino tuvo un sabor amargo, con apenas 5 partidos oficiales disputados y sin conquistas en el arco contrario. Nuevamente, el 10 volvió a abandonar la actividad profesional.

Sin embargo, en 1995, Maradona regresó a las canchas para jugar por segunda vez en Boca Juniors, el club de sus amores, tras haber cumplido su segunda suspensión de 15 meses por *doping* desde el Mundial de Estados Unidos 1994, por consumo de efedrina.

Nuevamente, Diego fue dirigido por Carlos Bilardo y un año después por Héctor Bambino Veira, pero no consiguió ningún título tras su regreso a la entidad xeneize. Sumando sus dos ciclos, jugó 71 partidos y convirtió 35 goles con la camiseta azul y oro.

El 25 de octubre de 1997 jugó su último partido oficial como futbolista profesional frente a River Plate, en el Monumental: Veira decidió su reemplazo por Juan Román Riquelme en el entretiempo en el partido que finalizó en victoria por 2 a 1 frente a su eterno rival. Cinco días más tarde, anunciaría su retiro definitivo del fútbol, en el día de su cumpleaños 37.

Maradona ganó 12 títulos en toda su carrera deportiva: Boca (Metropolitano 1981), Barcelona (Copa del Rey 1982-1983, Copa de la Liga 1983 y Supercopa de España 1983), Napoli (Scudetto 1987 y 1990; Copa de Italia 1987, Copa UEFA 1989 y Supercopa italiana 1991), Selección Argentina (Mundial FIFA Sub-20 Japón 1979, Mundial FIFA México 1986 y Copa Artemio Franchi 1993). En total jugó 588 partidos y convirtió 310 goles en sus 21 años de carrera vistiendo seis camisetas.

MARADONA EN LA SELECCIÓN

No caben dudas que Diego Armando Maradona representa la imborrable imagen, figura y bandera de la Selección Argentina. Por su gesta en el Mundial de México 86, su apellido es sinónimo de patrimonio nacional, principal símbolo del conjunto albiceleste y emblema de los argentinos.

En 1978 fue convocado por Cesar Luis Menotti para formar parte de la etapa preliminar de cara al Mundial 78, cuando la FIFA le había asignado la sede a la Argentina. En ese entonces tenía 17 años. Pero el 15 de mayo de 1978, Pelusa quedó marginado de la lista de buena fe, ya que el entrenador consideraba que la nueva joya del fútbol argentino todavía era muy joven para disputar un Mundial. Un año más tarde llegará el comienzo de su revancha para marcar su

gran historia de amor con la Selección Mayor. El 2 de junio, convirtió su primer gol en el 3 a 1 frente a Escocia en Glasgow, donde la Argentina se encontraba de gira por el Viejo Continente.

El 7 de septiembre consiguió su primer título con la albiceleste al conquistar el Mundial Juvenil Sub-20 de Japón tras derrotar a la Unión Soviética por 3 a 1 en la final. Diego había señalado el 1 a 0 parcial. El joven capitán argentino fue la gran figura del certamen y su nombre comenzaba a cobrar trascendencia internacional. La prensa especializada señalaba a Pelusa como el sucesor de Pelé.

España 82 fue su primera experiencia mundialista, certamen que tenía a la Argentina como defensora del título. Sus dos primeros goles fueron en el 4 a 1 contra Hungría. Más tarde, se iría expulsado en la derrota y eliminación frente a Brasil, por 3 a 1, en la segunda ronda, con toda la frustración a cuestas.

El momento cumbre llegaría cuatro años más tarde, en México 86. Maradona fue la figura excluyente de la Selección y del Mundial que lo consagró como el mejor de todos: fue autor de cinco goles asombrosos, incluyendo la histórica Mano de Dios y el Gol del Siglo, ambos en un mismo partido, por los cuartos de final frente a los ingleses (22 de junio), también le marcó a Italia y a Bélgica. Desde entonces, la figura del Diez se convirtió en un mito viviente en cualquier lugar del mundo, principalmente para los argentinos. Literalmente, su apellido fue sinónimo de Argentina. Diego se transformó en un fenómeno sociocultural universal que atravesó las fronteras del fútbol y estratos sociales.

Maradona, además, dejó su huella en otros partidos memorables e incluso asistió a Burruchaga para que convirtiera el 3 a 2 en la final frente a Alemania Occidental, el 29 de junio en el Azteca. De esta manera, el "Diez" tocaba el cielo con las manos al levantar la segunda Copa del Mundo como capitán y símbolo de la Selección Argentina.

Además, fue subcampeón del mundo en Italia 90 tras caer en la final frente a Alemania por 1 a 0 en el estadio olímpico de Roma, luego de haber eliminado a nada menos que a dos potencias como Brasil (1 a 0 en octavos) y a la *Squadra Azzurra* —los locales— por penales en las semifinales. El mito seguía vivo.

En 1993, ganó la Copa Artemio Franchi por penales frente a Dinamarca, en Mar del Plata. Hasta ahí, era su último título con la camiseta de la Selección Argentina, pero la historia se había guardado varios capítulos más con la camiseta albiceleste.

Alejado de las canchas, el clamor popular lo condujo de nuevo a vestir la camiseta argentina luego de que la Selección cayera estrepitosamente frente a Colombia por 5 a 0 en el Monumental, y la obligaba a jugar el repechaje frente a Australia. Maradona fue convocado por Basile para "salvar" a la Selección y llevarla de nuevo a la Copa del Mundo. Pese a que su estado físico no era el ideal, el 10 cumplió con el objetivo: metió el centro que significó el gol de Abel Balbo en el 1-1 en Oceanía y en la revancha fue parte del festejo en el 1 a 0 (gol de Batistuta) en el Monumental, para lograr el pasaporte mundialista.

De esta manera, Estados Unidos 94 sería su cuarto y último Mundial y allí dejó su sello con un golazo en el debut de la Selección frente a Grecia, por 4 a 0. A sus 33 años, el capitán argentino mostró una destacada actuación en el partido inicial.

Luego llegaría su segunda pesadilla cuando un control *antidoping* arrojó resultados positivos por consumo de efedrina tras la victoria frente a Nigeria (2 a 1), en la primera ronda en la ciudad de Boston. De ahí surgió su famosa frase "me cortaron las piernas", cuando brindó una entrevista exclusiva con un medio argentino después de haber sido excluido de la competencia. La FIFA lo sancionó por otros 15 meses por reincidente.

Con Maradona afuera de las canchas, Argentina había perdido a su principal figura y emblema para ganar su tercera Copa. El plantel quedó afectado en lo anímico y quedó eliminado en octavos de final por 3 a 2 frente a Rumania.

De esta forma, se cerraba el ciclo de Diego Armando Maradona con la camiseta de albiceleste con cuatro mundiales disputados: España 82 (5 PJ, 2 goles), México 86 (7PJ, 5 goles), Italia 90 (7 PJ) y Estados Unidos 94, (2 PJ, 1 gol). Aún mantiene el récord de presencias mundialistas (21), tiene ocho tantos, una Copa del Mundo, un subcampeonato y la Copa Artemio Franchi. Además, participó en tres ediciones de la Copa América: 1979 (2 PJ y 1 gol), Argentina 1987 (4 PJ y 3 goles) y Brasil 1989 (6 PJ). Es el quinto máximo goleador de la Selección Argentina con 34 goles en 91 partidos disputados, detrás de Lionel Messi (86), Gabriel Batistuta (54), Sergio Agüero (42) y Hernán Crespo (35).

El supuesto final de su extraordinaria carrera como futbolista dio comienzo a un nuevo ciclo como director técnico, antes de su regreso como jugador de Boca. Su último partido como jugador profesional ocurrió el 25 de octubre de 1997, cuando Boca derrotó a River por 2 a 1 en un Superclásico disputado en el estadio Monumental.

Su primera experiencia como entrenador había sido en 1994, tres años antes de su retiro de la actividad profesional, cuando asumió la dirección técnica de Mandiyú de Corrientes haciendo dupla con Carlos Fren. Su debut como entrenador no fue el esperado: apenas

consiguió una victoria, cinco empates y seis derrotas, logrando un magro 25% de efectividad.

Al año siguiente dirigió a Racing Club, destacándose el triunfo por 2 a 1 frente a Boca en La Bombonera, después de 20 años. Pero se alejó de la entidad de Avellaneda luego de que Juan Destéfano fuera derrotado para ser reelecto como presidente de La Academia.

En 2010 dirigió a la Selección Argentina en el Mundial de Sudáfrica, previo a su angustiante clasificación mundialista (2008-2010), y dejó el cargo después de haber sido eliminada frente a Alemania, por 4 a 0, en cuartos de final. En realidad, fue el expresidente de la AFA, Julio Humberto Grondona, quien prescindió de sus servicios cuando le había prometido que iba a continuar al frente del seleccionado nacional a pesar de haberla dirigido en 24 partidos, con 18 victorias y 6 derrotas, marcando un promedio del 75% de efectividad.

Ya alejado de cualquier actividad profesional, Maradona retomó su recorrido como entrenador de Al-Wasl (2011-2012) después vino Al Fujairah (2017-2018), ambos, de Emiratos Árabes Unidos, y más tarde fue director técnico de Dorados de Sinaloa (2018-2019), de la segunda división del campeonato de México. En ningún caso, logró un título o ascenso.

Su último equipo como director técnico fue Gimnasia y Esgrima La Plata, entidad que logró salvarse milagrosamente del descenso en la Superliga de la temporada 2019-2020, la Primera División del fútbol argentino, luego de que la AFA diera por concluida la temporada con la suspensión de los tres descensos que había en disputa tras decretarse la pandemia por coronavirus.

Maradona falleció el 25 de noviembre de 2020 en Buenos Aires, producto de un edema pulmonar. Tenía 60 años.

Entre sus distinciones individuales más destacadas figuran:

- Olimpia de Oro al Mejor Deportista Argentino (1979, 1986)
- Olimpia de Plata al Mejor Futbolista Argentino (1979, 1980, 1981, 1986)
- Mejor Futbolista de América (1979, 1980, 1986, 1989, 1990, 1992)
- Embajador de UNICEF (1985)
- Balón de Oro en el Mundial de México 1986 otorgado por la FIFA (1986)
- Pluma de Oro al Mejor Deportista en Europa (1986)
- Ciudadano Ilustre de la Ciudad de Buenos Aires
- Máximo goleador del Calcio de Italia (1987)

- Máximo goleador de la Copa Italia (1988)
- Balón de Bronce en el Mundial Italia 1990 otorgado por la FIFA
- Embajador Deportivo de la República Argentina (1990)
- Mejor Futbolista de Todos los Tiempos elegido por la AFA (1993)
- Maestro Inspirador de los Sueños, Universidad de Oxford, Inglaterra (1995)
- Balón de Oro Honorífico por su trayectoria, revista *France Football* (1995)
- Segundo Mejor Jugador de Todos los Tiempos, según los ganadores del Balón de Oro (1999)
- Autor del Mejor Gol de la Historia (1999)
- Olimpia de Platino al Mejor Deportista del Siglo XX, Círculo de Periodistas Deportivos (1999)
- Deportista del Siglo, diario *Clarín* (1999)
- Mejor Jugador de Todos los Tiempos, según una encuesta de la FIFA en internet (2000)
- FIFA 100 (2004)
- Olimpia del Bicentenario de Fútbol (2010)
- Mejor Futbolista en la Historia de las Copas del Mundo, diario *The Times* (2010)
- Mejor Atleta de Todos los Tiempos, diario *Corriere dello Sport* (2012)
- Mejor Futbolista de la Historia, revista *Four Four Two* (2017)

#DIEGOETERNO

No fueron felices los últimos años en la vida de Diego Armando Maradona. El astro argentino arrastraba problemas cardíacos como consecuencia del consumo de drogas y además sumaba un nuevo capítulo a su frenética vida: soportaba inconvenientes en sus rodillas, ya que una artrosis severa le impedía caminar con normalidad. Además, tomaba un cóctel de medicamentos y padecía una nueva adicción al alcohol, por lo que su salud comenzó a agravarse. Pese

a sus casi 60 años, su físico se asemejaba al de una persona más avejentada. Como si tuviera 90.

Un Maradona excedido de peso había coqueteado con la muerte hace 20 años atrás, Precisamente, el 31 de diciembre cuando había arribado a las 10 de la noche en un avión privado a Punta del Este para pasar las fiestas de Fin de Año en una casa junto a su familia en Uruguay: su exesposa, Claudia Villafañe y sus dos hijas, Dalma y Giannina. En el lugar también estaban su exrepresentante, Guillermo Coppola, y otros allegados al exfutbolista.

Sus hijas regresaron con Claudia a la Argentina, pero Diego se quedó descansando en una cabaña, propiedad de Coppola, a unos 50 metros de la casa donde habían pasado las fiestas. En la mañana del 4 de enero, Coppola preguntó a un grupo de amigos si habían visto a Maradona y le respondieron que estaba en su camioneta. El ex*manager* se acercó a la cabaña, pero quedó perplejo cuando se había asomado a la ventana: "Diego recostado, apoyado sobre el respaldo, con el cuerpo inclinado hacia delante. Un líquido verde le recorría la boca y el torso", dijo años más tarde en un documental emitido por la señal de noticias TN. Cuando entró al lugar, lo primero que hizo fue lavarle la cara. Pero Diego no reaccionaba. "Me asusto muchísimo, salgo corriendo, despierto a los muchachos y les digo 'Diego no responde'", agregó.

El día anterior, Diego había jugado un picado informal entre amigos. Luego, se zambulló en el mar. Vivía dia y noche sin parar. La jornada finalizó con una noche de excesos de todo tipo: comidas, bebidas, incluso el consumo de cocaína. Diego no respondía. A los 39 años, su cuerpo por primera vez le pasaba factura.

Entonces, Coppola llamó a varios médicos para que acudieran a verlo, pero ninguno respondía, hasta que contestó un facultativo que estaba de guardia en La Barra. Jorge Romero, de 28 años, fue el médico que acudió al lugar, lo revisó pero tampoco consiguió reanimarlo. Su diagnóstico fue que Diego ya estaba en coma. "Tiene minutos de vida", advirtió. Entonces, ordenó el inmediato traslado al Sanatorio Cantegril.

En lugar de esperar a la ambulancia, Coppola y el resto de sus amigos decidieron llevarlo en una camioneta rumbo a la clínica privada. "Tenía que estar inclinado 90 grados porque si no se muere", relató el doctor. A todo esto, la camioneta tuvo que parar en medio del trayecto para cargar combustible, agregándole mayor dramatismo a un asunto tan delicado como la vida de Diego. Según cuenta el documental, Carlos Álvarez fue el cardiólogo que trató a Maradona cuando ingresó al hospital. "Tenía 5000 microgramos de cocaína en sangre". A modo de ejemplo, mencionó que "unas semanas antes había fallecido una chica con 2000 microgramos".

El doctor Carlos Álvarez quedó sorprendido por la fortaleza de Maradona, un hombre que gracias a su físico pudo tener más de una vida. Diego era tan duro como una roca, un personaje al que todos le hicieron creer que era Superman. "Me encontré con un paciente con un cuadro de insuficiencia cardíaca muy grave. Había padecido una arritmia ventricular que es el 50% de las causas de muerte", contó el médico, y agregó que Maradona "padecía una miocardiopatía de origen tóxico, por las características histológicas, producida por cocatanol, una mezcla de alcohol y cocaína".

"Los médicos le salvaron la vida", reveló el exrepresentante de Maradona. Diego pasó unos días internado en la clínica Sacre Coeur en Buenos Aires. Mientras, curiosos, vecinos y fanáticos pasaron varias noches alentándolo desde la calle. A todo esto, su médico personal Alfredo Cahe sostenía que había que llevarlo a otra parte. Los destinos elegidos eran Boca Raton, en Estados Unidos, o continuar con el tratamiento en Cuba. También se barajó la posibilidad de trasladarlo a una clínica de rehabilitación en Toronto, Canadá.

Después del episodio que sufrió en Punta del Este a comienzos de año, donde estuvo al borde de la muerte, el 18 de enero de 2000 Maradona quedó internado en la Clínica Mayo, en Cuba, luego de que Estados Unidos le negara la visa para su rehabilitación a las drogas tras sufrir una cardiopatía severa. Desde entonces, su relación con Fidel Castro se fortaleció mucho más a medida que aumentaba su desprecio hacia el país del Norte.

Maradona continuó rehabilitándose en Cuba durante meses. "Diego era un soldado, se puso las pilas, dijo Coppola". Al principio, fue asistido en La Habana por su médico personal, Alfredo Cahe, y por otros médicos de la clínica Fleni de Buenos Aires. Coppola y Claudia Villafañe también lo acompañaron en el viaje inicial a La Habana. Pero luego el tratamiento fue decayendo al punto que se pasaba horas enteras jugando al golf, a veces lo hacía durante 11 horas seguidas, entre otros excesos.

En 2004, Diego recayó en su adicción y sufrió una severa crisis cardiorrespiratoria. En una primera instancia, estuvo poco menos de dos semanas internado en la Suizo Argentina de Buenos Aires, con pronóstico reservado para luego regresar a Cuba para encarar una nueva internación prolongada.

Más internaciones

Los años pasaron y la salud del astro argentino se fue deteriorando por diversas causas, por lo que tuvo que soportar varias intervenciones quirúrgicas e internaciones. En 2005, se sometió a un

bypass gástrico en Colombia. Llegó a pesar 120 kilos y bajó a menos de 90.

En marzo de 2007, fue internado en el Sanatorio Güemes a raíz de excesos con el alcohol. Le diagnosticaron una hepatitis química, aguda y tóxica, por lo que estuvo bajo atención médica hasta principios de abril. Dos días después de recibir el alta sufrió una recaída y debió ser trasladado por una ambulancia al hospital Madre Teresa de Calcuta, y luego fue derivado al Sanatorio de los Arcos, en Capital Federal. Esto desembocó en una internación en la Clínica Avril, un lugar especializado para tratar diversas adicciones.

Durante su estadía como entrenador en el Al-Fujairah de Emiratos Árabes, Maradona confesó en una entrevista al grupo Mediaset de Italia que hacía 13 años que no consumía drogas.

Después, ya en Dorados de Sinaloa, su abogado Matías Morla reveló que Diego iba a dejar el club mexicano: "Diego Maradona decidió no continuar en la dirección técnica de Dorados. Por consejo médico le dedicará tiempo a su salud y se someterá a dos operaciones: una de hombro y la otra de rodilla. Agradecidos a toda la familia de Dorados y continuaremos juntos el sueño más adelante", dijo su letrado.

En 2019, se supo que Diego padecía de una severa artrosis en sus rodillas, lo que le impedía caminar con normalidad y le producía mucho dolor e inflamación, como se pudo observar durante su estadía como entrenador en México. En julio fue intervenido quirúrgicamente para realizar un reemplazo de rodilla: "Hoy volví a caminar como cuando tenía 15 años", dijo Maradona emocionado, tras la operación. En noviembre fue operado del hombro, siendo director técnico de Gimnasia y Esgrima La Plata, el último equipo que dirigió.

#DiegoEterno: triste, solitario y final

Pero Diego también llevaba un cuadro depresivo producto de la pérdida de sus padres: Don Diego y Doña Tota. Sin ellos, su vida era completamente diferente. "Nunca dejé de ser feliz, el tema es que se me fueron mis dos viejitos. Daría todo lo que tengo para que mi vieja aparezca por esa puerta", dijo entre lágrimas, muy conmovido. "Yo me crié con amor y no con bicicletas ni con asfalto ni con patio de baldosas. Tenía un patio de tierra y comíamos en una pieza, éramos ocho hasta que después vinieron el Turco y la Cali, mi dos últimos hermanos. Eran los más chiquitos, los más mimados de papá. Mentira, el mimado de papá era yo, y el mimado de mamá era yo", recordaba un Maradona sonriente en la misma entrevista.

Lo que lo mantenía contento y activo era su trabajo como director técnico de Gimnasia y Esgrima La Plata y estar cerca de sus seres queridos, como su nieto Benjamín y Dieguito Fernando, su quinto hijo, fruto de la relación con Verónica Ojeda, una de sus últimas parejas. Pero su entorno lo afectaba sensiblemente, aunque Maradona no se diera cuenta de la situación que atravesaba.

"Gimnasia fue un volver a vivir dentro del fútbol argentino. La gente del Lobo es especial: no tienen nada que ver con los de Boca, River o San Lorenzo, Independiente, Racing. Me recuerdan mucho a Argentinos Juniors cuando con una pelota Francis [Cornejo] hacía jugar a seis divisiones y hoy en Gimnasia aunque tengamos carencias, los chicos dan la vida. Por eso me quedo a vivir en La Plata",[29] dijo Diego en una de sus últimas entrevistas concedidas.

El viernes 30 de octubre de 2020, la AFA homenajeó en su cumpleaños número 60 a Diego Armando Maradona en plena pandemia por coronavirus y en coincidencia con el partido en que Gimnasia recibía a Patronato en el Bosque de La Plata, para dar inicio a la Copa de la Liga Profesional.[30]

De pronto apareció Diego Maradona ingresando al campo de juego. Se lo veía muy deteriorado, como si su cuerpo estuviera consumido con el paso del tiempo y con serias dificultades para poder caminar, ayudado por sus colaboradores para poder desplazarse. Tampoco podía hilvanar dos palabras. Aquella imagen caló hondo en el corazón de los hinchas, en los fanáticos maradonianos e impactó de lleno en los televidentes. Nuevamente, las señales de alerta se habían activado.

"¡Feliz cumple, Diego! El fútbol argentino te debe mucho", le dijo Claudio Chiqui Tapia, presidente de la AFA, en medio del festejo protocolar. Mientras, algunos le corrían el barbijo en plena pandemia por coronavirus, situación que también venía afectándole las emociones al Diez. Vaya paradoja, el circo del fútbol argentino debía continuar.

El lunes 2 de noviembre, tres días después de su cumpleaños, Maradona acudió a la clínica Ipensa de la ciudad de La Plata para hacerse un chequeo de rutina. A través de una tomografía, los médicos

---

29   Entrevista completa de Diego Armando Maradona al programa "Líbero" del canal deportivo TyC Sports, el 17 de diciembre de 2019. Véase en https://www.youtube.com/watch?v=sB5zofSGJ1k&t=2s

30   Gimnasia y Esgrima La Plata derrotó 3-0 a Patronato en el comienzo de la Copa Liga Profesional 2020. A la siguiente fecha, dicho torneo cambió de nombre: se llamó Copa Diego Armando Maradona debido al fallecimiento de Diego Armando Maradona.

le detectaron que tenía un edema subdural en el cerebro. Su cuadro era muy grave por lo que había que operarlo de urgencia en una zona muy delicada. Leopoldo Luque, su médico personal, determinó que había que llevarlo a la Clínica Olivos, ubicada en la zona norte del Gran Buenos Aires, para hacerle la cirugía.

Finalmente, se montó todo un operativo mediático que constó con más de 60 kilómetros de traslado en ambulancia, desde la Plata a la Clínica Olivos. Maradona fue operado con éxito del edema subdural y posó sonriente junto con el doctor Luque. Con el tiempo se sabrá la verdad: la foto en cuestión fue un montaje para la prensa; no fue el neurocirujano quien lo había intervenido, sino que lo habían operado otros médicos.

"Quiero agradecerle a toda la gente. El amor no cambia, eso es lo que no quieren entender los con... de siempre. El amor no va a cambiar", agradeció Diego a todos sus seguidores. Fue un mensaje de tranquilidad. Diego parecía que estaba bien.

"Hasta ahora la recuperación es algo asombroso como nos tiene acostumbrado Diego", manifestó el psicólogo Carlos Díaz en la puerta de la clínica frente a una marea de periodistas apostados en la puerta de la clínica. A su lado se encontraba Agustina Cosachov, psiquiatra de Maradona, quien había declarado lo siguiente frente a las cámaras: "La realidad es que en el contexto del postoperatorio aparecieron estos síntomas de abstinencia que mencionó el doctor Luque".[31] Todo parecía indicar que Diego se iba a recuperar con el correr de los días con un tratamiento.

El viernes 6, cuatro días después de la delicada operación, Maradona fue dado de alta de la Clínica Olivos para realizar una internación domiciliaria. Su familia y sus médicos personales pasaron por alto el consejo de una empresa de medicina privada y firmaron la externación: en lugar de derivarlo a una clínica psiquiátrica como habían sugerido los médicos de la Clínica Olivos, eligieron llevarlo a una casa de un barrio privado en la localidad de Tigre para continuar con el tratamiento ambulatorio. Pensaron que Diego podía ser asistido las 24 horas durante los siete días de la semana por un enfermero, un neurólogo clínico y una ambulancia de alta complejidad en la puerta de su casa. Así lo determinó el doctor Luque, su médico de cabecera.

La casa donde Maradona pasó sus últimos días no parecía ideal para una internación domiciliaria, sino todo lo contrario, era un lugar común que tampoco contaba con los elementos mínimos necesa-

---

31 "La verdad sobre la muerte de Maradona. Los últimos días del ídolo de todos los tiempos". Informe especial del canal de noticias TN en YouTube: https://www.youtube.com/watch?v=H8RzwlM7W64&t=1231s

rios para asistir a un paciente en las condiciones que se encontraba. En caso de urgencia, la ambulancia no estaba para socorrerlo, la casa no contaba con los elementos adecuados. Para colmo, su entorno le quitó a todos los asistentes terapéuticos que habían sido designados para atenderlo, es decir, los acompañantes de Diego hacían de enfermeros.

Entonces, su cuadro comenzó a empeorar ante la negligencia que evitó que fuera debidamente atendido por los profesionales de la salud. Diego seguía con los puntos de sutura en su cabeza, se encontraba muy debilitado y en plena abstinencia por el alcohol. Pasó sus últimos días durmiendo en una cama. Estaba muy medicado. Para colmo, quienes debían cuidarlo se burlaron de él. Salvo sus allegados, nadie podía entrar a su casa. Diego seguía durmiendo y al entorno comenzaba a preocuparle. Hasta que entraron a su habitación y notaron que su cuerpo no respondía.

Maradona murió la mañana del 25 de noviembre del 2020, mientras dormía, como consecuencia de un edema agudo de pulmón producido por una descompensación del corazón severa que se había desarrollado hace varios días atrás. Su entorno intentó socorrerlo como pudo; llamaron a unas nueve ambulancias para reanimarlo, pero no hubo caso. Diego Armando Maradona estaba muerto.

"Cualquiera que hubiera estado sentado a su lado dándole una taza de té o mirándolo sabía que Diego se estaba hinchando todos los días un poquito. Lo hubieran salvado con un simple diurético", dijo Mario Baudry, representante legal de Dieguito Fernando Maradona.

LA NOTICIA QUE NADIE QUISO DAR

El periodista Julio Chiappetta, exeditor de la sección Deportes de *Clarín*, dio la primicia mundial que nadie quería leer, mirar ni escuchar: la muerte de Diego Armando Maradona (1960-2020). Poco después de las 10 de la mañana de aquel 25 de noviembre recibió información que jamás hubiese esperado.

Una de sus fuentes le había contado que Diego había tenido un problema cardíaco. "Pensaba que iba a ser otro de los episodios de salud grave como los que vivió antes. Lo había apodado '*Highlander*, el inmortal'. Por eso su muerte me *shockeó* mucho y cuando me la confirmaron muchísimo más", confesó Chiappetta.

El ABC del periodismo, mejor dicho, el ejercicio del buen periodismo es chequear las fuentes de información de todas las formas posibles y poder cotejarla con varias fuentes para no dar una falsa noticia, y mucho más tratándose de un tema tan delicado como la supuesta muerte de Maradona.

Chiappetta tiene más de 30 años de trayectoria en el diario y es uno de los más reconocidos de la Argentina. Sabe muy bien de qué se trata esta profesión cuando suceden este tipo de cosas. Por eso, no se deja llevar por este tipo de información por más que el impacto de la noticia sea realmente conmovedor.

"Cuando empiezan a sonar ese tipo de alarmas lo que primero uno hace es llamar a todos los contactos. Y con Maradona eran varios: eran contactos familiares, del entorno, contactos de su abogado Matías Morla, su jefe de prensa, de la gente que estaba viviendo con él en esa casa en el Tigre, con gente de su equipo médico… Eran alrededor de 15 o 20 llamados constantes hasta que alguno respondiera", reveló el periodista en una entrevista con el programa "Diario de un Inmigrante".[32]

El periodista cuenta al detalle cómo la sección Deportes del diario *Clarín* manejó la información al momento de conocer la noticia sobre la muerte de Maradona, antes de convertirse en primicia mundial:

> Mi compañero Mariano Verrina fue el primero que la recibió a través de un mensaje de WhatsApp que decía 'murió'. Eso fue a las 12.30. Con ese mensaje de WhatsApp nosotros no nos íbamos a arriesgar a hacer el papelón del año publicando una noticia que no podía ser realidad. Entonces, necesitábamos una segunda fuente que sea contundente. Esa segunda fuente es la que conseguí con alguien muy cercano a Diego Maradona quien llorando me confirmó que Diego había fallecido. Eso fue alrededor de las 13:00. A las 13:06 *Clarín* salió con la primicia mundial del fallecimiento de Diego Maradona. Fue tan increíble que algunos medios tanto en la Argentina como en el mundo, en lugar de titular "Murió Maradona", como título *Clarín* "Murió Diego Armando Maradona", ponían "dice *Clarín* que murió Maradona".

La noticia de la muerte de Maradona inmediatamente provocó un gran impacto mundial. Muchos entraron en estado de *shock*, como creyendo que el Diego de las mil vidas no estaba muerto. No podía

---

32 Entrevista de Julio Chiappetta al programa "Diario de un Inmigrante". Véase en https://open.spotify.com/episode/0ggr2ExiROTBB6Dq0fHUuz?si=DW-9VANK5RXmlifeJ7lY2Cg

ser cierto. La gente no podía entender cómo se habían desencadenado los acontecimientos que lo llevaron a este desenlace triste, solitario y final. Tuvieron que pasar varios días para asimilar el golpe.

Chiappetta conoció a Maradona cuando entrenaba con la Selección Argentina con vistas al Mundial Juvenil de Japón, en 1979. A lo largo de su carrera compartió momentos únicos junto al "más grande" y lo entrevistó en reiteradas oportunidades: en Buenos Aires, Punta del Este, Francia, Holanda, China, Chile, Bariloche, en Villa La Angostura, y en otras partes del mundo.

La relación profesional se fue afianzando cada vez más y prácticamente se hicieron amigos. Entre tantos momentos compartidos, el periodista recuerda dos entrevistas que lo marcaron: la primera, cuando le realizó un reportaje de 10 páginas el 31 de diciembre de 1999, cuando fue elegido por la FIFA como el "Mejor Futbolista del Siglo", y la última del 30 de octubre de 2020, cuando cumplió 60 años, 25 días antes de su muerte. Ambos tuvieron un contacto más estrecho en tiempos de pandemia.

"Sabía que él estaba deprimido porque la última entrevista que le hice, cuando cumplió los 60 años, no pude hacerla directamente con él, sino que me pidió que le mandara las preguntas por *e-mail*. A través de su jefe de prensa la respondió. Me inquietó una respuesta que no esperaba cuando dijo 'yo tenía miedo que al volver de México, la gente no me siguiera queriendo'".

Chiappetta quedó conmovido por la muerte de Maradona. "Yo no hubiese querido nunca confirmar esta noticia. Realmente estaba estremecido cuando ya sabía que teníamos una primera versión de que había muerto. Rogaba que fuera mentira. Las necrológicas están hechas y más con los personajes mundiales que han sufrido episodios graves y Maradona era uno de ellos. Ya estaba hecha la necrológica. Ese día yo no pude escribir nada. Cuando me confirmaron lo único que hice fue llamar al diario para confirmar la noticia, tirar el teléfono y ponerme a llorar", revela el exjefe de Deportes de *Clarín*.

Y continua relatando cómo fueron los momentos posteriores al dar la primicia que impactó al mundo entero: "Pasadas varias horas, me tiré sobre la cama con el teléfono abrazado y empecé a recordar llorando momentos que había vivido con Diego en distintas partes del mundo. Ni siquiera pude encender el televisor para ver qué estaban dando. Solamente me puse a escribir la crónica principal para el diario; no solo fue la tapa del diario sino que salió un suplemento, incluida la última nota que yo le había hecho con motivo de los 60 años".

La última nota que Chiappetta escribió sobre Diego Maradona fue hecha más con el corazón que con la razón. "No sé lo que escribí, escribí lo que sentí, lo que pude y lo que pude averiguar sobre los primeros momentos de por qué había sucedido la muerte. Escribí sobre quiénes estaban en el lugar, qué medicación estaba tomando, con quién había pasado la última noche con su sobrino Johnny Espósito, con Maxi Pomargo, el cuñado de Morla, que eran sus dos asistentes, con su cocinera Monona, y con Jana, la única de sus hijos que recibió el día de su cumpleaños 60. Escribí todo lo que pude conseguir sin saber todavía la causa cierta porque se hablaba de una crisis cardíaca y él había sido operado poco tiempo antes de un hematoma subdural en la cabeza. Y buscando información de todas las fuentes posibles fui construyendo cómo fueron los últimos momentos de Maradona", recuerda el periodista.

Rápidamente, la noticia de la muerte de Maradona se expandió en todas las redes sociales del planeta. El *hashtag* #Maradona fue *trending topic* desde el 25 de noviembre, después de la 13:06 de la tarde, cuando Clarín dio la primicia mundial hasta el día siguiente, casi dos millones de tuits en el mundo usaron ese *hashtag*. Para tener una idea de lo trascendental de esta historia, la segunda etiqueta más usada fue #Thanksgiving, por el Día de Acción de Gracias en los Estados Unidos, que contó con 500 000 menciones menos, según informó el *podcast* "Diario de un Inmigrante".

El 26 de noviembre, el gobierno de Alberto Fernández decretó tres días de duelo y organizó el velatorio de Maradona en Casa Rosada. Una multitud acudió a su despedida, sin respetar los protocolos establecidos para la cuarentena por COVID-19, lo que provocó una serie de incidentes dentro y fuera de la Casa de Gobierno. Por pedido de su familia, el funeral debió suspenderse antes de tiempo.

Horas más tarde, miles de personas acompañaron al cortejo al costado de la ruta para brindarle el último adiós a Diego. Sus restos fueron depositados en el cementerio Jardín de Paz de Bella Vista junto a las tumbas de sus padres Don Diego y Doña Tota.

Mientras tanto, fanáticos de Maradona le rindieron un sentido homenaje en varios rincones del mundo ofreciéndole muestras de cariño depositando camisetas, flores y otras ofrendas conmemorativas en los santuarios que habían organizado. Uno de los más conmovedores fue el de los hinchas del Napoli en las inmediaciones del estadio San Paolo. Fue tal el impacto de su muerte que el club italiano llamó Diego Armando Maradona a su mítico estadio, el mismo escenario donde se había convertido en el Dios de los napolitanos.

Chiappetta decidió no ir al funeral de Diego. "No fui y no me arrepiento de no haber ido porque fue lamentable ese funeral. Fue muy político. No fui porque yo también como persona de riesgo no quería asumir las consecuencias de la pandemia que estábamos viviendo, pero tampoco estaba de acuerdo con que a Diego se lo velara en la Casa de Gobierno y en un horario recortado cuando había tantos lugares para llevarlo al aire libre y organizar un funeral como el que por ejemplo, tuvo Ayrton Senna cuando falleció", explica.

Según el periodista, habían otras formas de despedir a Maradona para evitar contagios y sobre todo, el uso político de su muerte:

> Estaba la cancha de Argentinos Juniors donde él se inició como jugador de fútbol en Los Cebollitas y debutó en Primera División. Incluso, estaba La Bombonera donde tiene un palco, donde Dalma estuvo en la noche del tributo que le dio todo el pueblo boquense a los 10 minutos cantando por Maradona. También podía haber sido en la cancha de Gimnasia donde él estaba dirigiendo, o bien en la cancha de Newell's Old Boys donde Diego pasó momentos inolvidables. Podía haber sido en el predio de la AFA donde se veló a Julio Grondona. Todavía sigo sosteniendo que ese predio tiene que llamarse Diego Armando Maradona por todo lo que él le brindó a la Selección Argentina.

Para la Justicia, la muerte de Maradona despertó un nuevo interrogante. Por tal motivo, se abrió una causa para investigar a su entorno y a los profesionales que lo habían asistido en los últimos días. El informe realizado por peritos oficiales, que participaron de la junta médica convocada por los fiscales que investigan la muerte de Diego Armando Maradona, determinó graves irregularidades en el manejo de su tratamiento:

- Si bien resulta contradictorio afirmar que Maradona no hubiese fallecido de haber contado con una internación adecuada en un centro asistencial polivalente, recibiendo una atención acorde con las buenas prácticas médicas, concordamos en que hubiese tenido más chances de sobrevida.

- El actuar del equipo de salud a cargo que atendía a Maradona fue inadecuado, deficiente y temerario.

- Una vez resuelta la patología aguda que dio origen a su internación en la Clínica Olivos (hematoma subdural) y considerando el cuadro clínico, clínico-psiquiátrico y el mal estado en general, debió haber continuado su rehabilitación y tratamiento interdisciplinario en una institución adecuada.

- Maradona, al menos en la internación en la clínica Ipensa de La Plata, no se encontraba en pleno uso de sus facultades mentales ni en condiciones de tomar decisiones sobre su salud.

- Maradona comenzó a morir, al menos 12 horas antes de las 12:30 del 25 de noviembre pasado, es decir, presentaba signos inequívocos de período agónico prolongado.

- Fueron ignorados los signos de riesgo de vida que presentaba el paciente.

- El cuidado de enfermería durante la estancia en la casa de Tigre, posterior a la externación de Clínica Olivos, se encuentra plagado deficiencias e irregularidades.

- Maradona no presentó correctos controles y asistencia médico-asistenciales, de enfermería y acompañantes terapéuticos.

- A pesar de no haber tenido una prescripción adecuada en dosis y posología para su trastorno toxicofrénico, al respecto no podemos descartar que esta medicación no haya influido en el desenlace final.

- El equipo médico tratante se representó cabal y acabadamente la posibilidad del resultado fatal respecto del paciente, siendo absolutamente indiferentes a esa cuestión, abandonando a la suerte el estado de salud del paciente.

El informe médico fue lapidario: Maradona murió 12 horas antes de haberlo encontrado sin vida, durante la madrugada del miércoles 25 de noviembre de 2020. A Diego lo dejaron morir por la gente que se creía que estaba a su lado para cuidarlo. Según los fiscales, "el estadio de salud del paciente fue abandonado a su suerte". Diego murió en pleno estado de abandono y soledad, una de las peores maneras de morir cuando la vida de un ser humano depende del cuidado de personas que fueron designadas para tal propósito. Por este hecho, hay siete imputados por delitos de homicidio culposo, con penas que van entre uno a cinco de prisión, y homicidio simple con dolo eventual, con condenas de entre ocho a 25 años de cárcel.

"Diego murió porque extrañaba mucho a sus padres, especialmente a Doña Tota. Era la persona que sabía entregarle la palabra justa en los momentos de mayor algidez en la vida de Maradona", cuenta Chiappetta, quien entabló una relación de más de 40 años con Diego. Es uno de los pocos que conocen el seno íntimo de la familia Maradona.

"Diego murió porque extrañaba mucho a sus padres, ése fue uno de los motivos", señala el periodista. Y profundiza su argumento: "El segundo fue no haber podido cumplir el gran sueño que él tenía de haber festejado los 60 años junto con todos sus hijos. Jana fue la única que estuvo festejando el 29 y pasó toda la noche con él en la casa de Brandsen. Giannina fue al día siguiente. Dieguito también fue pero Diego estaba de muy mal humor. Dalma no fue y Diego Jr.

estaba internado en Italia porque se había contagiado de covid-19. Diego no pudo cumplir ese sueño de juntar a todos sus hijos, a sus nietos, y pasar un cumpleaños en familia. Eso fue una puñalada en el corazón".

Según el periodista, "la tercera causa por la que creo que se murió es porque extrañaba la pelota: Diego tenía mucho miedo a contagiarse, por eso no podía ir a entrenar a Gimnasia, no podía ir a patear la pelota, otro de sus grandes amores. Él siempre me decía: '¿sabés cuál es el perfume más lindo del mundo, Julio? El olor a pasto recién cortado a la mañana y con el agua de la neblina matinal'. Pero la pelota fue su otro gran amor".

El mito viviente, el rebelde con causa, el ícono cultural y deportivo de todos los tiempos, aquel inolvidable superhéroe que le hizo dos goles antológicos a los ingleses y después trajo la Copa del Mundo, comenzaba a ser leyenda en los corazones de los argentinos tras su paso a la eternidad. Por siempre Diego. #DiegoEterno.

#PELUSAETERNO

El sábado 30 de octubre de 2021 no fue un día más, sino una fecha ineludible para todos los amantes del fútbol del mundo, especialmente para los argentinos. Podrán hacerse miles y miles de homenajes a la memoria de Diego Armando Maradona (1960-2020) desde cualquier lugar en el mundo, pero no habrá ninguno como el de la Asociación Atlética Argentinos Juniors, el club que lo formó.

Aquí nació todo, la vida futbolística de un chiquilín que fue creciendo a pasos agigantados y que a los 13 años les decía a todos que su sueño "era jugar un Mundial y salir campeón en la Octava". Con el tiempo, Diego Armando Maradona fue cumpliendo sus sueños y llegó a ser el mejor jugador de todos los tiempos, el hombre más famoso del planeta, el futbolista que cambió para siempre la historia del modesto club de La Paternal que, a partir de entonces, se transformó en el Semillero del Mundo.

Por eso, ese sábado, no fue una fecha más para Argentinos Juniors, el club donde "nació" Diego. Tampoco lo fue para La Paternal, el barrio que lo cobijó y lo adoptó como si fuera un hijo después de dejar Villa Fiorito. Ni mucho menos para sus hinchas.

#PelusaEterno fue el primer tributo a Diego en el día de su cumpleaños 61, después de su trágica muerte, ocurrida el 25 de noviem-

bre de 2020. Nuevamente, la Asociación Atlética Argentinos Juniors se transformó en el epicentro de los ojos del mundo: el club preparó una fiesta sin precedentes que volverá a repetirse todos los 30 de octubre en memoria al jugador más grande que ha dado del fútbol argentino, surgido de las inferiores del Bicho. A partir de ahora, el Día del Futbolista se conmemorará cada 30 de octubre.

La relación Maradona-La Paternal-Argentinos es inquebrantable, por más que Diego haya dicho que era hincha de Boca Juniors. Es que aquí comenzó todo, su infancia, su juventud y su paso a la adultez, cuando en una tarde del miércoles 20 de octubre de 1976 "un tal Pelusa" por primera vez pisaba la cancha con la camiseta 16 frente a Talleres, diez días antes de cumplir los 16 años. Apenas tocó la pelota, le tiró un caño a Cabrera. Desde entonces, su figura se transformó en leyenda.

Más de 5 000 personas, entre hinchas, socios y fanáticos de Diego, participaron de un emotivo encuentro para homenajear al Diez en el estadio de Juan Agustín García y Boyacá, el mismo que desde 2003 lleva con orgullo el nombre de Diego Armando Maradona.

"Es la persona que más alegrías le dio a la gente sin pedir nada a cambio. Eso habla de su nobleza", dijo Cristian Malaspina, presidente de Argentinos Juniors, en el campo de juego, cuando los fans de Diego se estaban acomodando en las tribunas, minutos antes que comenzara el partido simbólico con "El más grande" en el día que hubiese cumplido 61 años.

El club organizó un minipartido de 20 minutos entre los históricos Cebollitas *versus* las glorias del Mundial de México 86 para homenajear a Diego. Participaron Gregorio "Goyo" Carrizo, Daniel "Tabita" García, Víctor Chaile y Claudio Rodríguez, compañeros de Pelusa en el legendario equipo de las inferiores del Bicho frente a los campeones mundiales del Juvenil de Japón 1979, como Sergio García, Juan Barbas, Osvaldo Escudero, Osvaldo Rinaldi y Abelardo Carabelli, sumado a viejas glorias del Mundial de México 1986: Ricardo Giusti, Oscar Garré y Héctor Enrique, entre otras figuras. El partido finalizó 2 a 2. Simplemente, el resultado es una anécdota.

Sergio "Checho" Batista, otro emblema de la institución de La Paternal, presenció el evento sin jugar el partido al igual que Claudio "Chino" Tapia. Ambos fueron compañeros de Diego en la Selección Argentina que se consagró campeona del mundo en México 86.

Adrián Domenech, el histórico marcador de punta del Bicho en los ochenta, también participó del partido y recordó al astro argentino de la siguiente manera: "Maradona cambió la historia del club, así como [Lionel] Messi hizo lo mismo en el Barcelona. Tuve la suerte de compartir ese momento cuando lo subieron a Primera".

También se esperaban las palabras de Claudio Borghi, otras de las glorias de Argentinos y campeón del mundo junto a Diego. Si bien no pudo estar presente en el evento, el Bicho evocó a Diego a través de un emotivo video: "Fui un privilegiado porque pude disfrutar del mejor jugador y, además, de su don de gente".

En tanto, Pedro Pablo Pasculli, exfutbolista campeón del mundo y también consagrado en el Bicho, a pesar de no haber salido del semillero, saludó en forma virtual a su querido amigo. Y como ya es habitual, el partido se detuvo a los 10 minutos para homenajear al Diez. Desde las tribunas bajó un estruendoso aplauso. Se escucharon con fuerza canciones como "Olé olé olée olé, Diego, Diego", el himno "Maradooo, Maradooo" mientras el histórico cántico "Maradona no se vende; Maradona no se va; Maradona es del barrio; barrio de La Paternal" retumbó en todo el estadio, como si fuera una especie de legado de los hinchas que en los setenta vieron jugar al más grande con la camiseta del Bicho.

Si hablamos de fútbol, Maradona despierta amores, pasiones y suspiros, por siempre estará presente en Argentinos Juniors y también en La Paternal. Así lo demuestran los impactantes murales de todas las formas y colores posibles que decoran el estadio y en las inmediaciones del barrio en un sentido homenaje a su hijo pródigo, el que puso al Bicho frente a los ojos del mundo.

Parte del evento incluyó un minifestival de canciones en el campo de juego interpretadas por la banda Wican. También, el cantante Hernán Cacuza Castiello (exjugador surgido de las inferiores) entonó algunos temas como "El Sueño del Pibe", el tango que solía entonar Maradona (ahora, a dúo con el cantante de tangos Ariel Ardit) y el hit "Para verte gambetear" (con Ariel Prat), entre otros temas para homenajear a Diego.

Además, hubo una emotiva entonación del Himno Nacional Argentino a través de imágenes en una pantalla que mostraban al Diez como capitán de la Selección Argentina previo a los partidos en los mundiales, fuegos artificiales, un festival de luces de colores que conmovió a los presentes. "Cada vez que se juega en el estadio, Diego Armando Maradona es como un cimbronazo", "¡Yo nací acá y voy a morir acá!" fueron las palabras de Diego que salían de los parlantes. Su voz produce escalofríos, como si Pelusa nunca se hubiera ido. Mientras, unas imágenes de Diego formadas por rayos láser sacudían el corazón de las familias en Argentinos: hombres, mujeres y niños que fueron a saludar a Diego.

Por último, Ana, Rita, Elsa y Raúl Maradona (jugó algunos minutos), cuatro de sus hermanos fueron invitados para participar en la suelta de globos con los números 16 (la camiseta que usó en su debut en Argentinos), 10 (la clásica casaca, al igual que el mes de su

nacimiento), los números 30 (la fecha de su cumpleaños), 1960 (año de su nacimiento) y 61 (el número de años que hubiese cumplido). Los globos se fueron al cielo y estremecieron a todos, una escena que se repitió en todas la canchas del fútbol argentino.

#PelusaEterno, el emotivo encuentro que se producirá todos los 30 de octubre para rendirle tributo al mejor jugador de todos los tiempos. Un conmovedor homenaje a Diego Armando Maradona, sinónimo del fútbol en su mayor dimensión. Es que Maradona también es del barrio. De La Paternal para todo el mundo.

CAPÍTULO II

EL SEMILLERO DEL MUNDO

El Semillero del Mundo. Estas cuatro palabras resumen a la perfección la identidad de la Asociación Atlética Argentinos Juniors (AAAJ) en el que las divisiones inferiores son el principal orgullo.

Esta autoproclamación involucra a sus hinchas y al sentido de pertenencia que los futbolistas tienen y sienten por el club que los ha formado. Sin dudas, Argentinos se ha convertido en una fábrica de jugadores de fútbol por excelencia desde hace unos 50 años y aun cumple con el propósito de seguir promoviendo nuevos valores de la cantera. Muchos de sus jugadores que han surgido desde el club de La Paternal se han convertido en verdaderos *cracks* que levantaron las banderas del buen juego en cualquier rincón del planeta.

Argentinos ha sido una legítima cuna de cracks desde la década de 1970 en adelante, y esto se debe a una serie de factores: la aparición estelar de Diego Armando Maradona en la Primera División ha generado una conmovedora explosión en el fútbol argentino, sustentada por la figura de Francis Cornejo, su descubridor, quien además cumplió con creces el rol de formador de talentos en las generaciones venideras que tanto éxito tuvieron dentro y fuera de este humilde club porteño. Sin dudas, Pelusa y Don Francis marcaron la bisagra en la historia de AAAJ.

Además de Maradona, del semillero de Argentinos germinaron otras glorias de enorme talento como Claudio Borghi, Fernando Redondo, Juan Román Riquelme y Esteban Cambiasso, entre otros. Demasiada jerarquía hay en estos cracks nacidos en las inferiores del club. Si de nombres se trata, probablemente sea la mejor cantera del mundo.

También surgieron otros distinguidos futbolistas como Sergio Batista, Fernando Cáceres, Leonel Gancedo, Juan Pablo Sorín, Diego Placente, Leonardo Pisculichi, Lucas Biglia, Néstor Ortigoza, Nicolás Pareja y Alexis Mac Allister, Fausto Vera y Gabriel Hauche, entre las principales "joyas" de la historia futbolera del club de La Paternal, donde fabricar mediocampistas o volantes creativos se ha convertido en tradición.

Fútbol y toque. La "especialidad de la casa" se basa en jugar con la pelota al ras piso, en el buen trato y control de la número cinco y en el buen pie. Para entender un poco más el concepto de que el fútbol se trata de un juego en equipo, entregarle el balón al compañero más cercano es una premisa irrenunciable en cada una de las divisiones inferiores del Bicho. Por eso, no es casualidad que los mejores futbolistas del semillero sean mediocampistas, el clásico 10 y los enganches. Hay ejemplos de sobra que están a la vista.

"Los formadores son claves y muchas veces los técnicos o ayudantes de campo son exjugadores del club. Entonces, los que forman, mamaron el jugar bien por sobre todas las cosas. No importa el resultado, entienden la filosofía del club", destaca Roimiser, el hombre que más conoce la historia y los secretos de la Asociación Atlética Argentinos Juniors.

Otra cuestión esencial consiste en establecer el sistema de juego. ¿A qué juega Argentinos? "Su línea de juego trata de parecerse lo más posible a lo que juega la Primera. Si la Primera juega 4-4-2, 4-3-3 o 4-2-3-1, entonces las divisiones más grandes y la Reserva juegan igual. Es decir, el equipo se va adaptando a lo que necesite el técnico del momento. Esto viene ocurriendo desde hace unos 10 años", sentencia Roimiser.

Argentinos Juniors es uno de los diez mejores clubes modelo de formadores de futbolistas. Para muchos, se parece al Ajax de los Países Bajos, por ser una de las mejores –y mayores– fábricas de jugadores del planeta, por su visión a futuro y por su filosofía de juego. No es casualidad que Johan Cruyff y Diego Armando Maradona hayan surgido de las canteras del club de Amsterdam y de La Paternal, respectivamente.

"Siempre digo que si tuviera que elegir un equipo al que quisiera parecerse AAAJ, elijo al Ajax de Holanda. La premisa es esa: jugadores de inferiores, buen trato de pelota. El Ajax es un grande en Holanda. Así como nosotros tuvimos a Maradona, ellos antes tuvieron a Cruyff. Hay un antes y un después de Cruyff en la historia del Ajax y en la de Holanda", asegura Roimiser.

Pero el éxito de Argentinos Juniors en promover talentosos jugadores que más adelante se fueron consagrando a lo largo de sus respectivas carreras se contradice con la economía del club, algo bien diferente de lo que ocurre con el Ajax, un club modelo en cuanto a la formación de futbolistas y al manejo del dinero para seguir ganando títulos y sobre todo, apostar a futuro como una de las principales escuelas de cracks en el mundo.

"Por eso, a veces 'cargo' a Argentinos y lo comparo con el Nottingham Forest de Inglaterra, un club que ha tenido su momento de gloria con las dos Champions League consecutivas que ganaron en 1979 y 1980, a finales de la década del setenta. Era un equipazo pero después otra vez al ostracismo: jugar en la Championship, la Segunda División del fútbol de Inglaterra", ironiza el historiador oficial de Argentinos Juniors.

INICIOS, AÑOS DORADOS, OCASO Y VOLVER A NACER

Antes de comenzar a desarrollar este capítulo, conviene realizar una introducción de los orígenes del club.

A principios del siglo XX, un grupo de jóvenes del barrio porteño de Villa Crespo, imbuido en ideas socialistas e inspirados en los sucesos del 1 de mayo que dieron lugar al Día Universal del Trabajador, bautizaron a su equipo barrial de fútbol Mártires de Chicago.[33]

Ya en 1904, en ocasión de disputarse un partido contra otro equipo del barrio en la cancha en la que habitualmente lo hacían, en Gaona y Anasco, nace la idea de fundar un club. El partido se juega el 14 de agosto de ese año y triunfa Mártires de Chicago por 3 a 1 contra Sol de la Victoria. Invitan a sus vencidos a sumarse a la iniciativa y así, al día siguiente, 15 de agosto de 1904, se lleva a cabo el acto de fundación en una obra en construcción sita en Araoz y Corrientes. Al flamante club se le da el nombre de Asociación Atlética y Futbolística Argentinos Unidos de Villa Crespo siendo su primer presidente, aclamado por unanimidad, Leandro Ravera Bianchi.

A los pocos días, cuando se encarga el sello, el propio fabricante sugiere acortar el nombre ya que el sello, además de que era caro, también era de difícil confección. Nace entonces el definitivo Aso-

---

33 Historia de la fundación de la Asociación Atlética Argentinos Juniors. Extracto sacado del sitio oficial del club https://www.argentinosjuniors.com.ar/el-club/historia/

ciación Atlética Argentinos Juniors. La secretaria se instala en Araoz 450, la casa de los hermanos Agostini, se adoptan como colores identificatorios el rojo con vivos blancos en reemplazo del blanco y verde utilizados hasta entonces, fieles a sus principios, pues ese año el Partido Socialista coloca su primer diputado en el Congreso de la Nación, el Dr. Alfredo L. Palacios.

Antes de la majestuosa aparición de Diego Armando Maradona, a Argentinos Juniors se lo asociaba como un club que históricamente peleaba más por mantenerse en la categoría que por luchar por un título en Primera División. Su principal logro había sido el tercer puesto obtenido en 1960 (ocupó el segundo puesto con River), año en que Independiente se consagró campeón. Aquel recordado equipo que tenía como estandartes del buen juego a Martín Pando, Osvaldo Carceo, Hugo González y Mario Sciarra. Argentinos fue uno de los animadores del campeonato de 1960, el año que nació Diego. Les decían los Bichitos Colorados porque le hacía frente a cualquiera, sobre todo a los grandes, y por su vistoso estilo ofensivo que seducía a los hinchas.

El paladar futbolero y el buen concepto por el juego vistoso y entretenido, siempre con la pelota a ras del piso tocándola a un compañero cerca, comenzó a vislumbrarse lentamente, desde el debut del 10 en la Primera del Bicho.

Con Maradona en la cancha, Argentinos logró su mejor campaña hasta entonces en la era profesional cuando consiguió el subcampeonato en el Metropolitano 80, con 42 puntos (ganó 13 partidos, empató 16 y perdió 7), y quedó a nueve unidades de River Plate (51), el gran campeón que contó con una verdadera selección de estrellas: Ubaldo Matildo Fillol en el arco, Daniel Alberto Passarella alias, "El Gran Capitán", Alberto Tarantini, Norberto Osvaldo Alonso, Leopoldo Jacinto Luque y Mario Alberto Kempes, el Matador. Eran los campeones del mundo con Argentina en 1978. Incluso, el Bicho derrotó al gran campeón en los dos enfrentamientos que tuvieron: 2-0 con una exhibición de Diego en el Monumental, por la 18ª fecha (5 de mayo), y 4-2 como local en la 37ª jornada (24 de agosto). Maradona fue un fenómeno en todas las canchas y resultó el máximo goleador del certamen, con 25 gritos.

Nuevamente, el club de La Paternal alcanzó las semifinales del Nacional de ese mismo año, pero tampoco pudo contar con su máxima estrella por estar convocado al Mundialito de Uruguay. Parece mentira, pero el Bicho aún tenía que esperar un poco más para conseguir su primer título oficial en el fútbol argentino.

El préstamo de Maradona a Boca Juniors significó el ingreso de una importante suma de dinero para las arcas del club que lo vio nacer. Sin embargo, en Argentinos se derrumbó en lo futbolístico y quedó al borde del precipicio al quedar en el penúltimo lugar de la tabla de posiciones en el Metro 81. Para colmo, tenía que jugar la última fecha frente a San Lorenzo, que también deambulaba por la zona roja y luchaba por mantener la categoría. El equipo de Boedo estaba a un punto, por encima de los de La Paternal.

Argentinos tenía que ganar y así lo hizo: con un penal convertido por el tucumano Salinas, venció al Ciclón por 1 a 0 y lo mandó al descenso en un histórico partido en la cancha de Ferro. Finalmente, el 15 de agosto de 1981, al cumplirse el 77 aniversario de su fundación, el Bicho se quedó en Primera. Además, marcó el primer antecedente en mandar a un grande a la segunda categoría del fútbol argentino.

En ese mismo año, Boca Juniors se consagró campeón del Metro 81 con Diego Maradona como figura excluyente, pero el club no pudo hacer uso de la opción de compra de su pase. Al año siguiente, el mejor jugador de todos los tiempos fue transferido al Barcelona de España.

Argentinos Juniors recibió 5 800 000 de dólares por su pase, una cifra exorbitante para la época. Parte de ese dinero fue utilizado para traer refuerzos que tampoco colmaron las expectativas ya que el Bicho se salvó nuevamente del descenso. Parte del dinero de su pase se utilizó para construir el complejo polideportivo Malvinas Argentinas en lugar de haber levantado un estadio nuevo como los dirigentes habían prometido.

El año 1983 marcó otro quiebre en la historia del club. Ángel Labruna, el máximo ídolo de River Plate e integrante de la recordada Máquina de la década de 1950, llegó a la institución para hacerse cargo del primer equipo y sentó las bases en cuanto a una nueva manera de jugar al fútbol, apoyado por un plantel renovado con las llegadas de Ricardo "Chivo" Pavoni, el mediocampista Ángel Landucci y el delantero José Antonio "Pepe" Castro. También llegaron el defensor Jorge Olguín (campeón del mundo en 1978) y el temible goleador Carlos Manuel "Puma" Morete, que venían de Independiente. Acaso, serían los cimientos de aquel equipo que un año más tarde se consagraría campeón en el Metro 84, un sueño que Angelito no pudo concretar en vida debido a su fallecimiento, ocurrido el 19 de septiembre de 1983, a los 64 años.

Un año más adelante llegaría la época de oro de Argentinos Juniors, ya que por primera vez se consagraba campeón en el profesionalismo al conquistar el Campeonato Metropolitano de 1984. Al derrotar a Temperley por 1 a 0 en cancha de Ferro, con gol de Olguín de penal. Roberto Marcos Saporiti[34] fue el primer técnico que lo sacó campeón. Además obtuvo la Copa Interamericana en 1986 en su segundo ciclo como entrenador del club.

Saporiti, un director técnico de reconocida trayectoria en el fútbol argentino –quien fuera ayudante de campo de César Luis Menotti de la Selección Argentina campeona del mundo en 1978– confiesa que al momento de haber asumido como entrenador en la Primera del Bicho se había encontrado con un plantel golpeado por la muerte de Labruna, y tuvo que trabajar muchísimo en el aspecto anímico antes de consagrarse por primera vez campeón en su historia: "Llegué a Argentinos a finales de octubre de 1983, unos tres o cuatro meses después del fallecimiento de Ángel Labruna. En el club estaban conmovidos por la muerte de Don Ángel, sobre todo los jugadores que estaban muy golpeados", recuerda.[35]

El plantel contaba una base de jugadores de jerarquía como el fallecido arquero paraguayo César Roberto Mendoza, Carmelo Villalba, Adrián Domenech, Mario Hernán "Panza" Videla, Pepe Castro, Pedro Pablo Pasculli y Carlos Ereros. También asomaban jóvenes talentos de la cantera como Sergio Batista, Claudio Borghi, Renato Corsi y Carlos Mayor.

Argentinos se jugaba otra vez la permanencia en Primera. De los últimos 12 partidos, ganó uno, empató otro y perdió los otros 10 encuentros. El Bicho se estaba yendo al descenso. "Había que evitar el descenso porque en ese año descendían tres equipos en el Metro 83 y faltaban 9 fechas", recuerda Saporiti, y completa: "Lo primero que me tocó hacer es estabilizar el plantel emocionalmente. Una vez hecho eso, se consiguió evitar el descenso con el correr de los partidos", desliza el entrenador.

Una vez cumplido el objetivo, Saporiti sabía que contaba con una buena base de futbolistas de buen pie entre sus filas, en un plantel conformado por jugadores jóvenes de gran talento y otros de mediana experiencia. Pero había que darle un espíritu ganador para dar el salto y quedar en la historia.

---

34 Roberto Marcos Saporiti dirigió a AAAJ en tres etapas y consiguió dos títulos. La primera: Metro 83, Nacional 84, Metro 84 (campeón). La segunda: 85/86, Copa Interamericana 1986 (campeón), Copa Libertadores 1986 y 86/87. La tercera: Torneo Apertura 1995, Torneo Clausura 1996 y Supercopa 1995. Dirigió 119 partidos en total: ganó 45, empató 37 y perdió 37, con 184 goles a favor y 148 en contra. Datos del periodista Hernán Russo Zyseskind (@HernanRussoZ1), autor del libro *D10S es Argentinos. De La Paternal al mundo* (2021).

35 Entrevista con Roberto Marcos Saporiti, el primer director técnico campeón en la historia de Argentinos Juniors.

"Ahí decidimos la incorporación de Enrique Vidallé (un hombre ganador al que también lo conocía por su personalidad, proveniente de Huracán), un campeón del mundo como Jorge Olguín y Carlos "Puma" Morete (ambos venían de Independiente), el defensa Pellegrini, "Jota Jota" López (multicampeón con River en los setenta y principios de los ochenta) y a Emilio Nicolás "Nene" Commisso", otro de los grandes talentos surgidos de la cantera millonaria.

Para el DT, la clave de su Argentinos campeón estuvo en la pretemporada de tres semanas que realizó en Necochea, en el verano de 1984. Cuenta que el doctor Roberto Avanzi y el "profe" Alberto Álvarez pudieron manejar los egos que había en el vestuario, como ocurre en cualquier equipo, y tras una buena preparación, había que hacer hincapié en lo futbolístico: "Una vez que conformamos el plantel, la mentalidad se fue creando ahí en Necochea. Le dije al plantel que cada partido había que jugarlo como una final y que estaba convencido que tenía los jugadores para pelear el campeonato y que el cuerpo técnico iba a tratar de ayudarlos, pero lo principal son ustedes, los jugadores", enfatiza Sapo.

En ese entonces, el técnico contaba con un jugador de enorme talento como Claudio Borghi, surgido del semillero, pero el Bichi aún era un diamante sin pulir, ya que tenía 19 años y recién asomaba en Primera. Por eso, el entrenador lo fue llevando de a poco tanto en los entrenamientos como en las concentraciones, pero había que aguantarse el "malestar" de la joven promesa del fútbol de Argentinos. Muchos lo consideraban el sucesor de Diego Armando Maradona. Saporiti rememora con cierta humorada:

Al Bichi le explicaba que no iba a detener su carrera porque lo tenía a Pasculli, que era el goleador del equipo y del torneo local. También tenía al Puma Morete en el banco. Borghi es un jugador de notables condiciones, tenía que tener un poco de paciencia para que sea titular y por suerte me interpretó. Lo llevaba como jugador número 17 a las concentraciones de Argentinos sabiendo que no iba a jugar, ya que en ese entonces no se podía poner más de 16 jugadores en el banco. Por suerte lo tenía a Avanzi que me ayudó muchísimo y lo contenía cuando le pedía que lo sacara a pasear sabiendo que no iba a jugar. Por eso digo que me cuidaban las espaldas porque había que bancársela al Bichi, un jugador con una tremenda personalidad.

Así se fue gestando un equipo con muchísima personalidad dentro y fuera de la cancha y con espíritu de campeón, sin importarle el rival de turno que tuviere en frente. Los jugadores entendieron el

mensaje de Sapo y manejaron el vestuario como profesionales; hacían reuniones privadas sin la presencia del entrenador.

De esta forma, y con un plantel controlado por los mismos jugadores, el DT revela que su mayor secreto fue aplicar algunos conceptos básicos para ir moldeando un equipo que causó sensación en todas las canchas. "Lo que hacía era tratar de ordenar la semana e inculcarle que la no posesión de la pelota tuviera mucha presión sobre el equipo contrario para explotar la riqueza técnica del equipo, pero al fútbol se juega con una sola pelota: mientras más tiempo la tengamos, más posibilidades tenemos de ganar el partido".

Para Saporiti, la "riqueza técnica" de cada futbolista es elemental para conformar un buen equipo y ganar los partidos, pero también debe estar acompañada por un buen trabajo físico y la movilidad de los jugadores (marca, despliegue, proyección y desmarcarse) en la cancha. Pero el entrenador consideraba que aún faltaba algo más: la presión en ataque para tener la posesión del balón. Ese fue el gran secreto de su éxito. Así lo explica el DT campeón con el Bicho:

> El concepto que le agregué a los jugadores fue que en la no posesión de la pelota de repente Argentinos era un equipo un poco distraído y no se recuperaba. Eso costó por mentalidad, por haber vivido muchos años en Europa mirando al Ajax de Cruyff y al Bayern Munich de Beckenbauer. Pero los del Ajax se adelantaron 50 años al tiempo. Por eso, en Argentinos Juniors les había trasladado esa idea.

Argentinos se hizo grande con el correr de los partidos: ganaba en cada cancha jugando al fútbol tan vistoso que enamora a su gente. Acaso, es el ADN lo caracterizaba desde sus inicios.

Sin embargo, el equipo debió esperar hasta la última fecha para salir campeón. En la recordada tarde del domingo 23 de diciembre derrotó a Temperley por 1 a 0 con gol de penal Jorge Mario Olguín en cancha de Ferrocarril Oeste, y así finalizó al tope de la tabla de posiciones con 51 puntos (ganó 20 partidos, empató 11 y perdió 5) con 69 goles a favor y 33 en contra, a un punto por encima del famoso Ferro (50) de Carlos Timoteo Griguol, un durísimo rival que mostraba un estilo de juego ofensivo y aguerrido y también marcó una época en los ochenta por su esquema de juego mecanizado, bien distinto a la "belleza" que exhibía el fútbol de Argentinos.

El primer título en la historia de Argentinos Juniors ya era un hecho para dar comienzo la época de oro del club de La Paternal como uno de los mejores equipos en la historia del fútbol argentino que asombró al mundo durante tres años consecutivos: 1984-1985-1986. Aquel sueño que tenía Don Ángel Labruna y no pudo disfrutarlo en vida fue reencarnado por Saporiti. Un año más tarde, llegaría la gloria con el legendario equipo de José Yudica.

"Estoy agradecido a los jugadores que tuve. Siempre los recuerdo. Ha sido un placer haberlos dirigido. Cada partido era una alegría verlos jugar", recuerda con emoción Roberto Marcos Saporiti, el primer técnico campeón en la historia del Bicho. "Argentinos tenía un equipazo pero la peleó muchísimo. También tuvo oscilaciones en algunos tramos del torneo. Era un equipo que sabía lo que quería. Fue la primera alegría de todos los hinchas del Bicho que pudimos verlo en vida", recuerda Roimiser.

El equipo salía de memoria y formaba con Vidallé; Villalba, Pavoni, Olguín y Domenech; Videla, Batista y Commisso; Pepe Castro, Pasculli y Ereros. El Negro Jota Jota López, Jorge Pellegrini, el Puma Morete y Miguel Lemme formaban parte del plantel junto con algunos pibes de la cantera que venían asomando.

Aquel equipazo del Metro 84 repitió el título en el Nacional 85 cuando enfrentó a Vélez en las dos finales que se disputó en el Monumental. El 28 de agosto finalizaron 1 a 1 y en la revancha (4 de septiembre) fue victoria de Argentinos por 2 a 1 (goles del Pepe Castro y el Checho Batista; Jorge Comas había igualado para el conjunto de Liniers).

El equipo era idéntico al de 1984 a excepción de la venta de Pasculli, transferido al Lecce de Italia a mitad del campeonato. Su lugar fue ocupado nada menos por Claudio Borghi, un diamante sin pulir surgido de las inferiores como Maradona. Se decía que el Bichi era el heredero de Diego, según el paladar futbolero y la prensa especializada. El plantel era el mismo que logró el primer título, salvo que José Yudica reemplazó a Saporiti en la dirección técnica. Sin embargo, tuvo los argumentos de siempre: mantener su exquisito nivel de juego basado en el buen trato del balón y el estilo ofensivo que venía de la cantera.

Aquel equipazo del Bicho campeón del Nacional 85 también salía de memoria: Vidallé; Villalba, Pavoni, Olguín, Domenech; Commisso, Batista y el Panza Videla; Pepe Castro, Borghi y Ereros. Aún faltaba lo mejor: ese mismo año, el Bicho hará historia con la conquista de la Copa Libertadores, el título soñado, y con la histórica final frente a la Juventus por la Copa Intercontinental en Japón.

LA SOÑADA COPA LIBERTADORES 1985

Argentinos Juniors venía con un creciente envión futbolístico, tras haber conquistado sus dos torneos locales: el Metro 84 y el Nacional 85 en forma consecutiva. Su primer título le dio crédito para disputar su primera competencia internacional.

Ya con dos títulos locales bajo el brazo, la Copa Libertadores de 1985 pasaba a ser el mayor anhelo de todos, especialmente por haber sido la primera participación internacional en sus 81 años de vida. Un sueño que con el paso del tiempo se convertiría en realidad.

Argentinos compartía el Grupo 1 junto con Ferrocarril Oeste, Fluminense y Vasco Da Gama, dos grandes de Brasil, una zona bastante complicada tratándose del debut copero. El sistema de competencia era el mismo que se venía disputando desde 1971. Es decir, participaban 20 equipos divididos en cinco zonas de cuatro. Se jugaba todos contra todos, a dos ruedas, y el ganador del grupo accedía a la ronda semifinal, donde debía disputar un triangular con otro equipo clasificado de otra zona más Independiente, que llegaba a esta instancia como campeón defensor del certamen de 1984. Los partidos también se jugaban bajo la modalidad de ida y vuelta. El ganador del grupo deberá enfrentarse con el puntero de la otra zona en semifinales. En tanto, la final se jugará con partido de ida y vuelta. En caso de empate, la Libertadores se definirá en un tercer partido en cancha o país neutral.

El Bicho arrancó a los tumbos: perdió 1-0 contra Ferro en su debut copero en cancha de Vélez. Luego, caía 1-0 ante Vasco y se veía más afuera que adentro hasta que finalmente lo dio vuelta por 2-1 en Brasil (goles de Ereros y Pepe Castro), con una gran actuación del Bichi Borghi. Argentinos se fue aplaudido por los locales. Era la primera victoria en tierras brasileñas. El resonante triunfo frente a Fluminense por 1 a 0 con gol de Miguel Ángel Lemme en el mítico estadio Maracaná lo puso de nuevo en la competencia.

En la segunda rueda, Argentinos le ganó 3 a 1 a Ferro (Fantaguzzi e/c, Pavoni y Borghi), empató como 2 a 2 local frente al Vasco (goles de Borghi y Domenech sobre la hora) y derrotó nuevamente al Flu por 1 a 0 (Videla), también en Caballito. De esta manera, el equipo dirigido por el Piojo Yudica finalizó en el primer lugar con 9 puntos (se otorgaban 2 unidades por partido ganado), pero tuvo que jugar un desempate con Ferro en cancha de Vélez. El ganador continuaba en carrera.

El conjunto de La Paternal perdía 1 a 0 (Garré), pero finalmente lo dio vuelta por 3 a 1 (dos goles Ereros y otro de Borghi). Con esta base compuesta entre experiencia y juventud pero con el mismo sentir por el trato del balón y el fútbol ofensivo, Argentinos Juniors avanzó a la siguiente ronda para disputar las semifinales con Independiente (campeón defensor) y Blooming de Bolivia.

El 16 de agosto, el Bicho empató 2 a 2 con el Rojo en cancha de Ferro, con goles del Bichi y Nene Commisso. Tres días más tarde, igualó 1 a 1 con el Blooming, en Bolivia con un tanto de Borghi.

El empate en Bolivia complicó la clasificación. Sin embargo, el 1 de octubre venció al cuadro del altiplano por 1 a 0 (Videla) en Caballito, pero el 10 de octubre tenía que definir el pase a la final nada menos que frente al Rey de Copas, el último campeón, en Avellaneda.

Ambos equipos llegaban a esta instancia como líderes de la zona, con 4 puntos, pero Independiente tenía un gol más a favor. Por lo tanto, Argentinos tenía que ganar o ganar, si quería disputar la final de la Copa.

El Rojo tenía un gran equipo cuya formación se conocía de memoria: Carlos Goyén; Néstor Clausen, Hugo Villaverde, Enzo Trossero y Carlos "Loco" Enrique; Ricardo Giusti, Claudio Marangoni y Ricardo Bochini, Jorge Burruchaga, José Percudani y Alejandro Barberón. El técnico era el legendario José Omar Pastoriza, el Pato, que venía de ganar la Copa Libertadores y la Copa Intercontinental, ambas en 1984.

A los 20 minutos del primer tiempo, Panza Videla, de penal, abrió el marcador para los visitantes y cinco minutos más tarde Pepe Castro estableció el 2-0 parcial. Enseguida descontó Percudani para el "Rey de Copas" y puso la serie en suspenso en un electrizante partido.

La incertidumbre se mantuvo hasta que llegó el penal para Independiente cuando quedaba un minuto para el final. Si convertía Marangoni el Rojo pasaba nuevamente a disputar la final de la Copa como lo hizo en los dos años anteriores, pero Vidallé se disfrazó de héroe al atajarle el penal en el último suspiro y así Argentinos consiguió el pasaje a la final en su primera participación internacional.

Muchos hinchas recuerdan ese partido como el mejor de la historia de Argentinos donde abundaron los goles, el fútbol vistoso y las jugadas de riesgo y en el que los arqueros Goyén y Vidallé se convirtieron en figuras de un encuentro dramático y apasionante. Tal fue la hazaña que el equipo se fue aplaudido por los propios hinchas de Independiente quienes reconocieron la derrota y elogiaron la belleza del fútbol que desplegaba el Argentinos de Yudica. Es que el equipo

del Piojo jugaba bien en serio y además iba al frente en cualquier cancha.

Para el Bicho ganarle a Independiente —el máximo ganador de Sudamérica con siete Libertadores— era sinónimo de hazaña, fue como haber ganado una final anticipada. Pero todavía quedaba el paso más importante, ya que el América de Cali era el otro finalista. Muchos hinchas consideran que aquel partido memorable en Avellaneda fue la mejor exhibición de fútbol y coraje que ha dado Argentinos Juniors en toda su historia, incluso, por encima del histórico encuentro frente a la Juventus, en Tokio.

Tras la proeza en Avellaneda, América de Cali era el gran rival a vencer para ganar la Copa. La primera final se disputó el 17 de octubre en el estadio Monumental, donde Argentinos se impuso por 1 a 0 gracias a un cabezazo de Commisso. La revancha se jugó cinco días más tarde en estadio Pascual Guerrero de Colombia, donde el local también ganó por el mismo resultado. El gol de Willington Ortíz obligó a que se jugara un tercer partido en una cancha y país neutral por el título continental.

El 24 de octubre había que jugar el desempate en el estadio Defensores del Chaco, en Asunción. El equipo de Yudica llegaba diezmado ante la ausencia de sus goleadores Carlos Ereros y Pepe Castro. Por eso, el Piojo ubicó a Borghi como único delantero. El partido finalizó 1 a 1, con goles de Commisso para el conjunto de La Paternal y del argentino Ricardo Gareca para el equipo colombiano.

En los penales se mantuvo la efectividad en los primeros ocho disparos. Convirtieron en ese orden: Gareca, Olguín, Cabañas, Batista, Herrera, Pavoni, Soto y Borghi. El último de la serie para los colombianos estuvo en los pies de Anthony De Ávila, quien remató fuerte a la derecha de Vidallé, pero el guardametas de Argentinos le adivinó la punta y desvió el disparo.

La historia puso a Mario Videla en los pies de la consagración. En una carrera corta, definió con mucha tranquilidad sobre la izquierda del arquero Falcioni y así el Bicho se impuso por 5-4 desde los doce pasos. El gol del Panza se gritó desde Paraguay hasta La Paternal. ¡Argentinos campeón de América!

De esta forma, Argentinos se consagraba por primera y única vez campeón de la Copa Libertadores, el torneo por equipos más importante del continente en su primera aparición en una competencia internacional. El *Bicho* había tocado el cielo con las manos.

Los héroes Enrique Vidallé; Carmelo Villalba, José Luis Pavoni, Jorge Pellegrini y Adrián Domenech; Jorge Olguín y Sergio Batista; Mario Videla, Renato Corsi y Emilio Comisso; Claudio Borghi serán siempre recordados en la historia del Bicho.

Del recordado equipo que jugó el partido desempate y salió campeón de América, cinco de futbolistas surgieron de las inferiores del club: Domenech, Batista, Renato Corsi, Carlos Mayor y Borghi. Un orgullo para la institución.

Años más tarde, Jorge Olguín, uno de los referentes el equipo de Yudica, confesaba los secretos que llevaron al éxito continental en el sitio web de la Copa Libertadores. "Fue muy importante no solo por lo conseguido sino también por lo que representaba la forma de jugar del equipo. No teníamos cancha propia y eso hizo que el equipo se acostumbrara a jugar de la misma manera en cualquier cancha. Jugábamos igual de visitante que de local. Nadie se esperaba que Argentinos Juniors estuviera al nivel de los mejores equipos".

El experimentado defensor, campeón de mundo con la Selección Argentina en 1978, también destacó que una de la claves era tener un equipo corto. "Jugábamos siempre juntos, manteníamos la distancia y nadie quedaba solo. Cuando íbamos para adelante íbamos todos, cuando retrocedíamos también".

Para toda la comunidad de Argentinos Juniors, levantar la Copa Libertadores significó haber tocado el cielo con las manos. Fue lo máximo, haber llegado a lo más alto.

"No tengo la menor duda que en los años 1984, 85 y 86, Argentinos Juniors estuvo entre los mejores equipos del fútbol argentino. Ese equipo también quedó en la historia de nuestro fútbol por la forma de jugar y de ganar: le ganó a los brasileños en el Maracaná y también ganó en todos los estadios jugando de la misma manera. En esos tres años Argentinos estuvo entre los mejores equipos del mundo y lo demostró en la cancha", concluye Saporiti.

ARGENTINOS VS. JUVENTUS: UNA FINAL HISTÓRICA

Cualquier hincha argentino daría lo que fuera con tal de cumplir dos grandes sueños: jugar la final del Mundial de Clubes con el equipo de sus amores y disputar la final de un Mundial con la Selección Argentina. No conforme con ello, el principal objetivo es salir campeón en ambas competencias. Sin embargo, me atrevería en afirmar que para los amantes del buen fútbol, haber disputado la final entre Argentinos Juniors frente a la Juventus por la Copa Intercontinental en Tokio hubiera sido el tercer gran anhelo.

Sin duda 1985, ha sido el año de oro para esta modesta institución que hace una década y media atrás había concebido futbolísticamente a Diego Armando Maradona. Lo tuvo desde sus inicios y lo vio crecer hasta llegar a Primera y consagrarse como máximo exponente y goleador histórico del club hasta estos días. Y eso no es todo: tras sus cinco inolvidables temporadas en la entidad de La Paternal, Argentinos consolidó su identidad futbolística y barrial al formar a una enorme cantidad de jugadores que mostraron su jerarquía en cualquier rincón del planeta.

Es que Argentinos Juniors gozó de su fama mundial en Japón cuando, en 1979, Diego Armando Maradona, su principal símbolo y orgullo de la institución, se consagró campeón con la Selección Argentina en el Mundial Juvenil de Tokio. Por eso, seis años más tarde, el club de La Paternal pudo haber tocado el cielo con las manos con un equipo de ensueño en el mismo país donde el formidable Pelusa, su jugador emblema, levantó el primer trofeo de su exitosa carrera.

"Son los bichitos, fútbol y toque, los *Globetrotters* de La Paternal", cantaban sus hinchas orgullosos por su equipo y por un club en el que predicó el refinado gusto por el juego como una forma de vida en cualquier cancha donde jugaran los Bichitos Colorados. Acaso, se trata del viejo anhelo que tenía Angelito Labruna, que no pudo cumplir en vida pero, sin dudas, su esencia hizo escuela en el paladar futbolero de los argentinos.

Con su característico toque corto, Argentinos Juniors, un modesto club de barrio y prácticamente desconocido para el planeta fútbol, llegaba a esta instancia a disputar su segundo título internacional de su historia en un mismo año tras haber conquistado la Copa Libertadores frente a América de Cali, por 5-4 en la definición por penales, en la tercera final por el desempate en Asunción.

Su rival era nada menos que la Juventus de Italia, un equipo de gran poderío económico, plagado de figuras y también combativo. La Vecchia Signora venía de levantar la Copa de Campeones de Europa por primera vez, tras haber derrotado al Liverpool por 1 a 0 con gol de Michel Platini.

Aquella final en Bélgica se la recuerda como "La tragedia de Heysel". En ese estadio se produjo una serie de incidentes entre ambas parcialidades que provocó una avalancha en las tribunas antes de comenzar el partido, ocasionando la muerte de 39 hinchas (32 de la Juventus, cuatro belgas, dos franceses y un británico), el 29 de mayo en Bruselas. El partido se jugó igual por orden de la UEFA, con los muertos en las tribunas, una verdadera locura que derivó en la suspensión de todos los equipos de Inglaterra de cualquier competencia en Europa hasta que el gobierno británico pudiera erradicar definitivamente a los *hooligans* (barra bravas inglesas) de los estadios.

Volviendo a la final de Japón, la cita se dio el 8 de diciembre de 1985 en el Estadio Nacional de Tokio, por la vigesimocuarta edición de la Copa Intercontinental. El partido fue promocionado con un gigantesco afiche en Japón: por un lado, Michel Platini, la estrella de la Juventus de Italia, y por el otro Claudio "Bichi" Borghi, considerado como el "nuevo Maradona", la gran figura que tenía Argentinos Juniors, también surgido de las inferiores. Ambos brillaron en sus respectivos equipos. Unos 60 000 espectadores fueron testigos de la mejor final de todos los tiempos.

Los dirigidos por Giovanni Trapattoni presentaron como el gran candidato a ganar la Copa ante un desconocido rival en el fútbol de Europa, pero nadie podía imaginarse que Argentinos Juniors le iba a jugar de igual a igual a la Vecchia Signora. Es más: el equipo del Piojo Yudica se puso dos veces en ventaja y quedó a tan solo siete minutos de concretar la hazaña. Tal vez, hubiera sido la mayor epopeya en la historia del fútbol argentino a nivel de clubes.

El primer tiempo resultó trabado y también entretenido de a ratos, aunque la Juventus era la gran favorita ya que contaba con grandes figuras de relieve mundial como el consagrado volante creativo Michel Platini (campeón de la Eurocopa con Francia, en 1984) y el joven y explosivo delantero danés Michael Laudrup, una de las grandes revelaciones en el Viejo Continente. Sorpresivamente, a los 10 minutos del primer tiempo Argentinos se puso en ventaja cuando Videla habilitó con un exquisito pase a Ereros, quien definió de emboquillada ante la salida del arquero Tacconi. Golazo y 1 a 0 para el Bicho en Tokio. Ocho minutos más tarde, Platini estableció el empate parcial con un dudoso penal, luego de que Olguin derribara a Serena con una polémica falta adentro del área.

Pero el campeón de América no se quedó atrás y fue por más. A los 30 minutos, Borghi habilitó a Pepe Castro por la derecha y cuando éste pisó el área sacó un potente disparo cruzado que se metió en el segundo palo, por arriba del arquero italiano. Otro golazo de Argentinos: 2 a 1 frente a la Juventus y a solo 15 minutos para el final del partido.

La Juve ya estaba volcada en ataque en busca del ansiado empate que recién se materializó a 7 minutos del final, cuando Platini y Laudrup armaron una deliciosa pared que vulneró a la defensa argentina. Un mal rechazo en la defensa del Bicho quedó en los pies del delantero danés, quien tocó para el francés y este lo habilitó cuando entró como un rayo en el área; primero gambeteó en velocidad al arquero Vidallé y luego definió con el arco libre, con maestría, para decretar el 2 a 2 en un dramático y memorable partido en Tokio.

Aquella final también se la recuerda por un golazo de Platini que fue anulado por supuesto *offside*. El crack francés tiró un sombrero en el área con la derecha y luego definió de volea, con la izquierda, por arriba de Vidallé. El gol fue invalidado y Platini se tiró en el piso en señal de protesta. Su imagen recostado en el suelo se convirtió en una postal de aquella memorable final.

Así las cosas, el Bicho y la Vecchia Signora evidenciaron el cansancio físico tras batallar un apasionante partido de 90 minutos entre el frío y el barro y se fueron a la prórroga. Como la paridad también se mantuvo durante los 30 minutos restantes, Argentinos y Juventus tuvieron que disputar la Copa Intercontinental desde los penales.

La definición desde los doce pasos fue a suerte y verdad. Olguín y Jota Jota López convirtieron para Argentinos pero Checho Batista y José Luis Pavoni fallaron el segundo y cuarto penal. Para la Juve, anotaron Sergio Brio, Antonio Cabrini y Aldo Serena. Laudrup erró el cuarto, pero Platini anotó el suyo para decretar el 4 a 2 final. Así, Argentinos se quedó en las puertas del cielo en un partidazo que quedará para la historia. Mientras, la Vecchia Signora logró su primer título intercontinental.

ARGENTINOS VS. JUVENTUS

Ficha técnica

Argentinos Juniors 2 (2): Vidallé, Villalba, Pavoni, Olguin y Domenech; Videla, Batista y Commisso; Castro, Borghi y Ereros. Ingresaron Renato Corsi (por Commisso) y Juan José López (por Ereros).

Juventus 2 (4): Tacconi; Favero, Cabrini, Brio y Gaetano Scirea; Bonini, Massimo Mauro, Manfredonia y Platini, Aldo Serena y Laudrup. Ingresaron Stefano Pioli (por Scirea) y Massimo Briaschi (por Mauro).

Goles: 10 m ST. Ereros (A); 18 m Platini (J); 30 m Castro (A) y 37 m Laudrup (J).

Definición por penales: Para Argentinos convirtieron Olguín y J. J. López. Erraron Batista y Pavoni. Para Juventus marcaron Brio, Cabrini, Serena, Platini. Erró Laudrup.

Estadio: Nacional de Tokio

Público: 60 000 espectadores

Actitud, coraje y mucho amor por la camiseta. Con fútbol y toques y también con dos grandes goles que quedaron en la historia. Como era de esperar, el Bicho enarboló las banderas del buen fútbol y le jugó de igual a igual a un grande como la Juventus.

Borghi, Batista y Domenech, los tres surgidos de las inferiores, fueron titulares en aquella final en Tokio. Luego, ingresó Renato Corsi, otro de los consagrados del Semillero del Mundo, la fábrica de talentos de Argentinos Juniors.

El fútbol tiene esas cosas que la razón no comprende porque, precisamente, se trata del deporte más hermoso del mundo y en varias ocasiones carece de lógica. Es que campeón hay uno solo, pero cualquiera de los dos hubiese sido un legítimo ganador en Japón. En este caso, la suerte le fue esquiva a un equipo que hizo historia y dejó bien parado al extraordinario fútbol argentino de aquel momento.

Pero, para los hinchas de Argentinos, salir segundo tal vez haya sido un mal recuerdo a pesar de haber disputado la mejor final intercontinental de todos los tiempos, por más que algunos digan que haber ganado la Libertadores ese mismo año fue haber tocado el cielo con las manos.

"Todavía se sigue hablando de ese partido pero perdimos por penales tras el 2 a 2 en los 120 minutos. El partido podrá recordarse pero salimos segundos de dos equipos. Estuvimos a siete minutos de salir campeones, pero la Copa está en Italia, así de simple. Es como preguntarle a los holandeses si están contentos por haber salido segundos en las tres finales que jugaron por la Copa del Mundo", remató Javier Roimiser.

¿Y AHORA, QUÉ?

Maradona, el subcampeonato del Metro 80, dos títulos seguidos con el Metro 84 y el Nacional 85, la conquista de la Copa Libertadores de 1985, Bichi Borghi, Checho Batista y la histórica final frente a la Juventus en Japón el mismo año. Demasiados argumentos para sostener las banderas del buen juego de Argentinos Juniors y para seguir apostando por el glorioso Semillero del Mundo: una de las

mejores escuelas de fútbol en el país y gran formador de talentos. Un orgullo del fútbol argentino.

La identidad futbolística de Argentinos Juniors se fue afianzando más allá de la derrota frente a la Juventus. El club fue promoviendo jugadores de enorme talento que dejaron su huella en distintos clubes en el mundo.

Cabe destacar que la Selección Argentina campeona del mundo en México 86 contaba en su plantel con tres jugadores surgidos de las inferiores del Bicho: Diego Armando Maradona, Claudio Borghi y Sergio Batista. En aquel momento, solo el Bichi formaba parte de la institución. En tanto, Ricardo Giusti y Pedro Pablo Pasculli también vistieron la camiseta colorada del club de La Paternal.

Tras la era Maradona, Batista y Borghi eran considerados como los "niños prodigio" por haber surgido de la cantera de Argentinos. El 14 de junio de 1981, el Checho debutó en la Primera frente a Estudiantes que finalizó en victoria para el Pincharrata por 2 a 0. Batista tenía 18 años.

Se destacó por su panorama, visión de juego y distribución como un mediocampista que comandaba al equipo desde la mitad del campo de juego. A pesar de que era bastante lento en sus desplazamientos, tenía un buen criterio en el manejo del balón, pero se las rebuscaba para estar en cualquier sector de la cancha. Un 5 como los de antes, un verdadero caudillo. El Checho estaba en todos lados aunque no se lo notara.

Con el Bicho tuvo dos etapas (1981-1988 y 1990-1991). Es el jugador que más veces visitó la camiseta de Argentinos Juniors (299 partidos) y además marcó 26 goles. Sin dudas, fue el estandarte dentro y fuera de la cancha, un factor influyente del juego que pregonaba Argentinos Juniors en los ochenta. "El 'Checho' Batista está entre los mejores cuatro o cinco volantes centrales que vi en el mundo. No tengo la menor duda", subraya Saporiti.

El entrenador destaca que Batista jugaba a 1-2 toques, mentalmente era muy rápido para jugar a pesar de su lentitud para desplazarse por el campo de juego. El manual del buen juego era que la pelota es la que tiene que correr y no tanto el hombre. Por eso, su secreto era "jugar dos pasos detrás de la línea del balón". Eso marcaba la diferencia como *crack*.

"Yo lo miraba, y con esto quiero resaltar su tremenda personalidad. Tenía esas patas largas que las ponía en la mesa de masajes, elongaba un poco a 20 minutos de empezar el partido, se subía las medias y después me decía 'yo ya estoy, Roberto'. Era el patrón del mediocampo. Estamos hablando de Batista del 84-85. Tenía 22-23 años", comenta Saporiti.

Los dos primeros grandes títulos de Checho fueron con los campeonatos del Metro 84 y el Nacional 85 con la camiseta del Bicho, marcando el comienzo de la mejor temporada futbolística en la historia de Argentinos. Luego, continuó su carrera con la conquista de la Copa Libertadores 85 seguido por el recordado subcampeonato intercontinental en Japón frente a la Juventus, también en el mismo año. Un año más tarde llegará la gloria eterna como titular indiscutido de la Selección Argentina campeón del mundo en México 86 y un subcampeonato en Italia 90. Ese año también obtuvo la Copa Interamericana con el Bicho. También ganó un campeonato local tras su paso como jugador de River Plate (1989-1990).

En tanto, Borghi era la aparición más cercana a Maradona, un jugador hábil y exquisito que marcaba la diferencia jugando como volante creativo o delantero. Jugó en todas las divisiones de la cantera y reunía todas las condiciones para ser un verdadero crack, con mucha visión de juego, panorama y una exquisita pegada. Además, sus clásicas rabonas eran el deleite para cualquier hincha. Sin embargo, insinuó más de lo que prometía a lo largo de su carrera.

El Bichi debutó el 4 de octubre de 1981, en un empate sin goles frente a Platense, su rival de siempre. Al igual que el Checho, ganó el Metro 84 y el Nacional 85, la Copa Libertadores 85 y la Interamericana 1986. También brilló en la final contra la Juventus por la Copa Intercontinental de 1985 en Tokio. Con la Selección fue campeón del mundo en México 86, como suplente de Maradona.

Toques, caños, sobreros y gambetas. Era un placer ver a Borghi en la cancha, un mediocampista de lujo. En Argentinos jugó 78 partidos y apenas anotó 17 goles hasta 1986, cuando fue transferido al Milan de Italia con 22 años. Desde entonces, el Bichi pasó a ser un trotamundos, destacándose en el fútbol chileno. Más allá de su innegable talento, su desempeño no ha sido el mismo desde su aparición con la camiseta del *Bicho*.

Más tarde, el jugador-emblema de La Paternal tendrá su revancha como DT al conquistar el Torneo Clausura 2010, el tercer título para Argentinos Juniors en el fútbol local. Pero su segunda etapa como director técnico no fue la misma, ya que en 2013 Argentinos perdió la categoría.

Borghi es uno de los grandes ídolos de Argentinos junto con Diego Armando Maradona y Sergio Batista. Los hinchas pintaron un mural en la esquina de San Blas y Gavilán, justo enfrente a la cancha. Además, una de las tribunas del Estadio Bumeran Diego Armando Maradona lleva su nombre desde 2014.

Volviendo a la formación de grandes talentos, vale la pena destacar que el club continuó su camino como el Semillero del Mundo

como uno de los principales productores de jugadores de jerarquía que dejaron su huella en cualquier rincón del planeta.

En la década de 1970, aparecieron futbolistas de gran proyección como José Pekerman (135 partidos, 1 gol), Jorge Orlando Tucumano López (108 PJ, 29 G) y nada menos que el mismísimo Diego Armando Maradona (166 PJ, 116 G), su máximo emblema. Todos surgieron bajo la órbita de Francis Cornejo, el gran formador de juveniles del club.

Con esa premisa, los años ochenta significaron la época que más jugadores salieron de la cantera. Algunos ejemplos hablan por sí solos: además de los campeones del mundo, están Adrián Domenech (265 PJ, 8 G), Fernando Redondo (81 PJ, 1 G), Néstor Lorenzo (72 PJ, 1 G), Carlos Mac Allister (129 PJ, 5 G), Carlos Mayor (116 PJ, 7 G), Renato Corsi (58 PJ, 2 G) y Silvio Rudman (71 PJ, 20 G) como principales referentes de la cosecha. Don Francis dejó las inferiores del Bicho a mediados de aquella década, pero el proceso de reclutar y formar jugadores continuó de manera exitosa.

Uno de los "secretos" del Bicho estaba en el Club Social y Deportivo Parque, un club ligado al baby fútbol, ubicado en es Marco Sastre 3258, en Villa del Parque, pegado a La Paternal. Allí se juega cinco contra cinco sobre una superficie cemento y con la pelota número cuatro bajo la suela. Actualmente se juega al futsal. "Tenían una otra pisada, bien diferente al resto de las inferiores de otros equipos", cuenta el historiador oficial, Javier Romiser.

En baby, la pisada es todo, como así también tener la pelota bajo control y jugar a un toque para desmarcarse y esperar la devolución. A diferencia de la clásica número cinco, la pelota de baby es un poco más pequeña y no pica como la anterior. Entonces, la lectura del juego en espacios reducidos es mucho más dinámica y veloz que hacerlo en una cancha de once, ya que se necesita velocidad mental, una corta resolución y, sobre todo, precisión en los pases para jugar en equipo. Durante años, aquella maravillosa fábrica de cracks proveniente de Parque era el paso preliminar para formar parte de la cantera de Argentinos. Este humilde club de barrio, fundado el 25 de mayo de 1949, es reconocido por haber formado a una camada de jugadores que posteriormente jugaron a nivel internacional. Se destacan: Sergio Batista, Juan Pablo Sorín, Esteban Cambiasso, Fernando Redondo y Juan Román Riquelme, Diego Placente, Diego Markic, Leonel Gancedo y Federico Insúa, entre otros jugadores que pasaron del fútbol sala de Parque a las divisiones inferiores del club de La Paternal. Durante 17 años, Argentinos se nutrió de los mejores futbolistas de Parque y, a cambio, la entidad barrial recibía una módica suma por aportar sus valores a la cantera del Bicho. El vínculo finalizó en 1996

En esa época, el Club Social y Deportivo Parque estaba dirigido por José Batista, padre del Checho. "Él decía que los pibes primero tenían que probarse en Argentinos Juniors, y si no sirven entonces que vayan al club que quieran", recuerda Roimiser.

Habrá que mencionar entonces el caso de Fernando Redondo, un jugador poseedor de un talento innato que tampoco tenía techo. Tal vez, el heredero de Maradona, Batista y Borghi en Argentinos Juniors. Pero la historia lo puso en otra vereda. Su exquisita técnica con la zurda, su visión estratégica y su despliegue físico eran realmente admirables. Un jugador distinto pero de cualquier época que resaltaba desde mitad de cancha. Dueño de una figura esbelta con 1,86 metros de estatura, le decían el Príncipe por llevar la pelota debajo de la suela y por su elegante estilo de juego. Un cinco clásico, pero de buen pie como Pippo Rossi, aquel extraordinario mediocampista que tuvo River en las décadas de 1940 y 1950. En los noventa, Redondo brilló con luz propia, como si fuera un volante central de los de antes. "Como número 5, Fernando Redondo hacía cosas increíbles, pero de chico tenía un comportamiento similar al de Roger Federer en su etapa en juveniles. Vino del club Adrogué, de la zona sur hasta que llegó a la novena de Argentinos. Como era alto, a veces jugaba de delantero", recuerda Roimiser.

El Príncipe Redondo debutó en la primera de Argentinos Juniors frente a Gimnasia y Esgrima La Plata (1 a 1) en la temporada 1985/1986, cuando el Piojo Yudica era el DT. Antes, ya había mostrado sus credenciales como un notable volante central en el seleccionado argentino Sub-16 de Carlos Pachamé. El recordado equipo integrado por Hugo Maradona, Lorenzo Frutos, Pedro Salaberry y Fernando Kuyumchoglu que se había quedado con el título sudamericano en 1985 en Buenos Aires.

Redondo se lució en la Primera de Argentinos gracias a su sutil manejo del balón, gran visión de juego y su elegancia en los desplazamientos. Rápidamente, se transformó en el patrón del mediocampo después de que Batista fuera transferido al River de Menotti (1987). El Príncipe jugó 81 partidos y convirtió solamente un gol con la camiseta del Bicho.

El mediocampista se ganó la consideración de Carlos Salvador Bilardo para integrar el plantel del seleccionado argentino y defender el título en el Mundial de Italia 90, pero rechazó la convocatoria al argumentar que quería finalizar sus estudios universitarios (en Ciencias Económicas).

Aquella decisión no cayó bien en el plantel albiceleste ni mucho menos cuando el propio futbolista se había considerado jugador libre ese mismo año, cuando Argentinos cometió el error de haber enviado el telegrama de renovación del contrato un día después de

lo acordado. Redondo y Silvio Rudman (otra de las grandes estrellas del club de la época) se declararon en libertad de acción y en 1990 abandonaron la institución que los había formado. El 5 se fue mal del club y con el pase en su poder se marchó al Tenerife de España.

Luego, vendría la gloria como jugador y símbolo del Real Madrid, ganador de dos Ligas de España (1995 y 1997), una supercopa de España (1997), dos Champions League (1998 y 2000), una Copa Intercontinental (1998) vistiendo la camiseta merengue y una tercera Orejona con el Milan (2003), donde además ganó un Scudetto (2004), una Copa Italia (2004) y una Supercopa de Italia (2003) con el club rossonero.

Silvio Rudman también era otro de los jugadores *made in Cornejo*, de condiciones innatas. Quienes lo vieron jugar aseguran que desde las inferiores mostraba una habilidad diferente al resto de sus compañeros. En 1987 antes de debutar en Primera y rápidamente se consolidó como titular, ocupando la posición de armador del equipo. Jugó 71 partidos y convirtió 20 goles. Pero en 1990 quedó libre junto a Redondo y se fue para siempre del Bicho.

La fábrica de Argentinos no se detuvo. En los noventa surgieron nada menos que Juan Román Riquelme, Christian Dollberg, Carlos Mac Allister, Juan Pablo Sorín, Diego Placente, Diego Cagna, Fernando Cáceres, Diego Markic, Esteban Cambiasso, Leonel Gancedo, Christian Ledesma, Mariano Herrón, Federico Insúa, César La Paglia, Emanuel Ruiz, Cristian Traverso, Gastón Machín y Fabricio Collocini, por citar algunos nombres del Semillero del Mundo. La mayoría mediocampistas o volantes de exquisito toque y buen pie. Un estilo de fútbol que hace escuela.

Otro de los secretos del Semillero radica en el criterio de selección de los formadores o entrenadores de las categorías menores. Muchos fueron jugadores del club y entonces, conocen cuál es el estilo que los identifica. "Los formadores son claves y muchas veces los técnicos o ayudantes de campo son exjugadores del club. Entonces, los que forman, mamaron el jugar bien por sobre todas las cosas, no importa el resultado. Entienden la filosofía del club", destaca Roimiser.

El acuerdo con el Club de Villa del Parque había dado sus frutos a nivel futbolístico y también económico. En esa década, en Parque estaban Ramón Maddoni y Oscar Refojos como formadores de talentos. Así como en los ochenta, la premisa era sacar jugadores de futsal y el que tenía condiciones, pasaba a las infantiles de AAAJ.

Pero el "romance" entre Argentinos Junios y Club Social Parque se terminó a mediados de los noventa, cuando Mauricio Macri asumió como presidente de Boca. En ese entonces, el club xeneize realizó una revolución en las inferiores: primero contrató a Bernardo Griffa, una de las eminencias como formador de juveniles en Newell's Old Boys de Rosario, y más tarde compró un *pack* de talentos que prometían: Juan Román Riquelme, César "Leche" La Paglia, Pablo Islas (hermano de Luis Alberto, campeón del mundo con la Selección Argentina en México 86 y figura como arquero de Independiente en los ochenta), y Emanuel Suchard Ruiz, antes de que debutaran en la Primera.

De esta manera, la fábrica de cracks del Club Parque pasó a ser parte de Boca, además de asegurarse un futuro promisorio con los nuevos talentos que había le adquirido al club de la Paternal.

A diferencia de otros jugadores, la historia de Juan Román Riquelme en Argentinos tiene un final feliz. Comenzó a jugar al baby en Parque hasta que en 1991 pasó a formar parte del Semillero de La Paternal. Cacho, su padre, pensaba cambiarlo de club, ya que su hijo era suplente. Román jugaba poco y nada y, por consiguiente, no se daba el despegue que se esperaba. En un principio, Ramón Maddoni (Prenovena) y José Morales (Novena) no confiaban en sus aptitudes físicas. Pero Carlos Balcaza, un técnico de la categoría 80, lo cambió de posición. Entonces, pasó a jugar como volante central en lugar de enganche, su posición natural, cuando el joven Román había pegado el estirón.

Riquelme pegó el salto de calidad en las inferiores de Argentinos haciéndose el patrón del juego desde su nueva posición en el mediocampo y luego la rompió en una de las tantas giras que el club hacía con los pibes de la cantera por Europa, a mediados de los noventa. Si bien era titular en la Quinta, también llegó a alternar en Reserva, donde apenas disputó ocho partidos antes de ser transferido a Boca. Fueron cinco años extraordinarios en la cantera: desde los 12 años en la Prenovena hasta la Quinta División.

El pibe de la inolvidable categoría 78 (aquella que tenía al arquero Nicolás Cambiasso, Cristian Ledesma, Mariano Herrón y Emanuel Suchard Ruiz) deslumbraba a todos. Un dato clave: al igual que Román, todos venían de Parque, el club de baby de la camiseta verde y roja que tenía el convenio formativo con la entidad de La Paternal. La venta de Román era casi inminente, ya que la joven promesa del fútbol argentino exhibía su jerarquía por encima del resto. Entonces, lo compró un grupo empresario.

Como ocurrió con Maradona, el Barcelona también coqueteó con llevárselo cuando era juvenil. También se probó en River, pero su madre le dijo que si lo hacía, no volvería más a la casa, ya que toda su familia es hincha de Boca. Su último partido fue en la Quinta, en la goleada por 4 a 1 frente a Boca, el club donde más adelante se

convertiría en el máximo ídolo y desplazaría del cetro al mismísimo Diego Armando Maradona.

Bilardo se interesó por él cuando mandó a su hermano a seguir al joven Riquelme en las inferiores del Bicho. Pero un partido frente a River fue el detonante para llevárselo lo antes posible junto con Suchard Ruiz, que jugaba de 7. Juntos hacían un tándem explosivo. Así fue como el ex director técnico campeón del mundo con la Selección Argentina se lo llevó a Boca Juniors. Y el resto ya es historia: Riquelme se transformó en el máximo ídolo xeneize con 11 títulos: cinco torneos locales, tres Copas Libertadores, una Copa Argentina, una Supercopa, una Copa Intercontinental nada menos frente al Real Madrid en Japón (2000). Actualmente es el vicepresidente de la institución e integrante del Consejo del Fútbol del Club de La Ribera. "Siempre les digo a los hinchas de Boca que ellos conocieron al fútbol porque primero les dimos a Maradona y después a Riquelme. Los dos 10 más maravillosos que ha tenido Boca y también Argentinos Juniors", destacó Alberto Fernández, actual presidente de la Nación y fanático hincha del Bicho, en una entrevista con el canal TNT Sports.

No caben dudas que Riquelme es un jugador de Selección, ya que su jerarquía habla por sí sola. Primero, se consagró campeón del mundo en el Sub-20 en Malasia 1997. Además, disputó el Mundial de Alemania 2006 con la Selección Mayor, también dirigida por José Pekerman, otro hombre de la escuela de Argentinos, con el que ganó el Mundial Juvenil. Pero antes, Román, símbolo de la Selección de Marcelo Bielsa, había sido excluido por el técnico para jugar la Copa del Mundo de Corea-Japón 2002. Algo similar ocurrió en 2010, luego de haber entablado una disputa con Maradona, por entonces, director técnico del conjunto albiceleste, quien lo marginó del Mundial de Sudáfrica.

Riquelme tuvo un fugaz paso por el Barcelona (2002-2003), ya que su juego no encajaba en el equipo de Louis Van Gaal. Entonces, fue transferido al Villareal (2003-2007), un modesto club de la Liga de España, donde se recibió de ídolo y figura. En 2007 regresó a Boca y ese mismo año conquistó la sexta Libertadores en la historia azul y oro, donde pasó a ser el mayor ídolo del club. Román jugó durante otros siete años hasta que el club decidió no renovarle el contrato a mediados de 2014.

Entonces, por primera vez, Riquelme se ponía la camiseta de Argentinos. Lo hizo en el fútbol de ascenso y consiguió el sueño de depositarlo nuevamente en Primera. Su debut fue el 9 de agosto de 2014 en la derrota frente a Boca Unidos (1 a 0). En total, jugó 18 partidos y marcó 5 goles en la B Nacional. Una vez conseguido el objetivo, se desvinculó de la institución que lo había formado cuando anunció su retiro, en enero de 2015. La historia cuenta que Riquelme jugó para Argentinos y Argentinos volvió a Primera. La deuda ya estaba saldada.

El club de La Paternal continuó promoviendo nuevos valores en el tercer milenio. Aparecieron Matías Caruzzo, Nicolás Navarro, Leonardo Pisculichi, Nicolás Pareja, Lucas Biglia, Gustavo Oberman, Lucas Cháves, Fausto Vera, Gabriel Hauche, Damián Batallini, Nicolás González y Alexis Mac Allister, entre los futbolistas más destacados surgidos de la cantera.

Respecto a la línea de juego, las principales categorías de las inferiores mantienen el mismo sistema que viene jugando la Primera. Es decir, si el equipo profesional utiliza el esquema 4-4-2, 4-3-3 o 4-2-3-1, entonces las divisiones más grandes y la Reserva lo harán del mismo modo. En otras palabras, el equipo se va adaptando a lo que necesite el director técnico del momento. Esta metodología de trabajo coordinado entre la Primera y la Reserva se viene aplicando desde hace unos 10 años.

Si bien los tiempos han cambiado, quedó latente esa sensación de que el Bicho no volvió a sacar futbolistas como antes. "Argentinos siempre fabricó jugadores. El tema es que no vende tanto como en los últimos 20-30 años", aclara Roimiser.

Desde la era Maradona, Argentinos siempre promovió futbolistas que se ganaron un nombre en el fútbol argentino y también en otras latitudes. "Si no tenías a Redondo tenías a Gancedo, al Negro Cáceres o al Cuchu Cambiasso, que no llegó a debutar en Primera. La mayoría eran mediocampistas, jugaban de 5 como el Checho Batista. Es más: Riquelme jugaba de 5 o de 8 en las inferiores, porque el 5 titular era el Lobo Ledesma, también surgido del semillero. En Boca, Bilardo lo puso a Román de 8, también lo ubicó como volante por izquierda. Luego, pasó a jugar de enganche", completa Roimiser.

Sin dudas, Argentinos Juniors es una fábrica de jugadores de excelencia en cuanto la calidad de sus figuras y a la cantidad de futbolistas que promueve, y nada tiene que envidiarle a los principales clubes formadores del mundo. De acuerdo a los números que maneja Roimiser, por lo menos, desde hace 43 años ininterrumpidos, un futbolista surgido de las inferiores del club juega en la Primera del Bicho. Es decir, al menos un jugador de la cantera ha formado parte del 11 inicial durante más de 1700 partidos consecutivos.

La estadística de Roimiser supera a River Plate, Newell's Old Boys de Rosario, Santos de Brasil, Barcelona, Borussia Dortmund y Ajax de Holanda, clubes que son verdaderas escuelas de jugadores en cualquier época.

De hecho, el último partido sin jugadores provenientes del Semillero ocurrió el 22 de julio de 1979 en un desempate frente a Vélez Sarsfield, en una de las semifinales del Metro 79. En ese partido jugaron: Carlos Munutti; Carrizo, Pellerano, Bianchi y Humberto Munutti; Magalhaes, Rubén Ríos y Daniel García; Favret, Rafael Moreno y Saggioratto. Ninguno de ellos salió de las inferiores del club de La Paternal.

Y en estos últimos años, Argentinos fue uno de los 24 equipos que más jugadores surgidos de las inferiores tiene en su plantel. Además, el club que más futbolistas de la cantera ha aportado en la temporada 2019-2020.

El Bicho, que lideró parte del campeonato y finalizó en el quinto lugar de la tabla con 39 puntos, a 9 unidades del campeón Boca Juniors (48), es el club que más jugadores hizo debutar en Primera División en el transcurso de ese torneo 2020. La institución de La Paternal contó con 21 futbolistas profesionales surgidos de su propio semillero y encabezó el listado junto a River Plate. Esto representa un aporte del 58,3% de su plantel.

Uno de los casos emblemáticos es el de los hermanos Francis y Kevin Mac Allister que, como su padre Carlos (el Colorado), salieron del Semillero del Mundo y aún permanecen en la institución que los formó a pesar de que tuvieron paso por otros clubes: Francis jugó en Boca Unidos de Corrientes y Kevin lo hizo a préstamo en Boca Juniors.

También está el caso del defensor Matías Caruzzo, otro hombre de la casa quien debutó en el club en 2005 y volvió a la institución que lo vio nacer luego de haber integrado los planteles de Boca —salió campeón invicto en 2011—, Universidad de Chile, San Lorenzo y Rosario Central. Otro claro ejemplo es el de Matko Miljevic. A los 18 años jugó tres partidos en la Superliga 2019-2020 y anotó su primer gol profesional frente a Gimnasia y Esgrima La Plata.

Miljevic es de origen croata, pero nació el 9 de mayo de 2001, en Estados Unidos. Debutó con la camiseta del Bicho en los octavos de final de la ida de la Copa de la Superliga 2019, cuando a los 44 minutos del segundo tiempo ingresó por Damián Batallini (otro de los jugadores surgidos de la cantera) en el triunfo de Argentinos frente a San Lorenzo por 1 a 0 en el estadio Diego Armando Maradona.

En esa temporada, Lucas Chaves, Miguel Ángel Acosta, Leandro Finocchietto, Nicolás Forastiero, Matías Caruzzo, Gastón Verón, Francis Mac Allister, Matko Miljevic, Kevin Mac Allister, Gabriel Florentin, Franco Ibarra, Matías Romero, Damián Batallini, Gabriel Hauche integraron el plantel en Primera y salieron de las inferiores del Bicho.

En tanto, Miguel Torrén, Jonathan Sandoval, Marcos Angeleri, Elías Gómez, Carlos Quintana, Franco Moyano, Iván Colman, Tomás Andrade, Maximiliano Centurión, Diego Sosa, Victorio Ramis, Edward López, Mateo Coronel, Lucas Ambrogio, Fausto Montero, Agustín Aleo, Nicolás Silva y Santiago Silva no formaron parte de la cantera.

Del plantel actual, semifinalista de la Copa de la Liga 2022, Argentinos cuenta con 27 futbolistas provenientes del semillero. Ellos son: Lucas Cháves, Miguel Ángel Acosta, Lucas Alegre, Gonzalo Siri, Andrés Alarcón, Juan Manuel Cabrera, Marco Di Cesare, Kevin Mac Allister, Pablo Minissale, Román Riquelme, Thiago Santamaría, Nicolás Tolosa, Federico Redondo, Fausto Vera, David Salazar, Johan Campaña, José María Herrera, Thiago Nuss, Lautaro Ovando, Matías Perelló, Gabriel Florentín, Román Vega, Juan José Cardozo, Yair González, Matías Lugo, Matías Galarza y Gastón Verón. El técnico es Gabriel Milito

PARTIDOS MEMORABLES

Argentinos Juniors ha tenido partidos memorables, de esos que jamás se olvidan, sobre todo, cuando Diego Armando Maradona deslumbró a todos desde su aparición estelar en el fútbol argentino.

- Como ya se vio en varios capítulos de este libro, el 20 de octubre de 1976 marcó el debut de Diego Armando Maradona en la Primera del Bicho. Tenía 15 años y 355 días. El técnico Juan Carlos Montes decidió que entrara por Giacobetti al inicio del segundo tiempo frente a Talleres. En ese entonces, la cancha del Bicho era de madera en Juan Agustín García y Boyacá, en el barrio de La Paternal. En una de sus primeras intervenciones, el Pibe de Oro le tiró un caño a Cabrera, como pretendía su técnico cuando le había dado algunas indicaciones antes de meterlo en la cancha. "Vaya y juegue como usted sabe", le pidió Montes. Pelusa cumplió a rajatabla. El partido finalizó 1 a 0 en favor del conjunto cordobés, pero, para muchos, el resultado era lo de menos, ya que el joven debutante fue la figura en el segundo tiempo. Se trata del estreno del mejor futbolista de todos los tiempos.

- **31/07/1977**. Argentinos visitó a Huracán por el Metro de ese año. A los 18 minutos del segundo tiempo, Maradona bajó a buscar una pelota a su propia área y arrancó endiablado, a pura gambeta, en dirección hacia el arco contrario. Primero dejó a cuatro jugadores en el camino hasta que llegó al área rival. Allí, despa-

rramó dos veces al arquero Baley. Carrascosa cruzó el área para defender su valla. Era el último rival que quedaba. Cuando estaba por definir, Diego optó en tirarle un soberbio caño al capitán de Huracán que se fue directo a la red. Quienes presenciaron el partido cuentan que el Pibe de Oro había convertido un gol antológico. Es más: los hinchas del Huracán lo aplaudieron a rabiar ante semejante obra de arte. El Bicho ganó 3 a 0 en Parque Patricios con dos goles del Diez. Pero aquel golazo de Diego —tal vez el mejor que hizo en el fútbol argentino— quedará grabado en la memoria de todos los hinchas que lo vieron. En aquel partido tenía 16 años.

- **09/11/1980.** Argentinos Juniors enfrentaba a Boca Juniors en cancha de Vélez, por el certamen Nacional de ese año. En otra jornada memorable, el Bicho aplastó al Xeneize por 5-3, con cuatro goles de un Maradona en estado puro: autor de dos golazos de tiro libre, uno de jugada y otro de penal. Por primera y única vez en su carrera, convertía cuatro goles en un mismo partido. En la previa, el Loco Gatti había calentado el ambiente al manifestar que Diego era un "gordito". El "Diez" le respondió en la cancha y con un póquer de goles que jamás se olvidarán.

- **05/04/1980.** Argentinos visitaba a River, por el Metro 80. El Millonario contaba con el Fillol, Passarella, el Tarantini, el Tolo Gallego, el Beto Alonso y el Luque, figuras de la Selección Argentina campeona del mundo en 1978. También jugaba Ramón Díaz (campeón mundial juvenil 1979). En ese partido, el Pato Fillol le dijo a Diego que le iba a atajar un penal y así lo hizo. Sin embargo, Maradona se había juramentado que le iba a hacer dos goles y así cumplió con su faena: se despachó dos tantos de su jerarquía para sellar la victoria del Bicho, por 2 a 0 en Núñez, además de quitarle el invicto al futuro campeón. Aquella postal del segundo festejo de Diego en el Monumental se tradujo en la manga que hoy tiene de AAAJ cuando sale el equipo en La Paternal.

- **15/08/1981.** Argentinos contaba con un plantel diezmado tras la partida de Diego Maradona, figura estelar del Boca campeón en el Metro 81. El equipo de La Paternal marchaba en el último lugar de la tabla y peleaba por la permanencia en Primera. En la última fecha, se media con San Lorenzo, que tenía un punto más que su rival, por lo que un empate lo dejaba al Ciclón en Primera. Pero aquella jornada marcó un antes y un después en la historia del fútbol argentino: el Bicho le ganó al Ciclón por 1 a 0 con gol de Salinas de penal en cancha de Ferro y lo mandó directo a la B cuando no existían los promedios. Antes, Delgado pudo haber cambiado la historia, pero Alles, el arquero del Bicho, le detuvo el penal. San Lorenzo se convirtió en el primer club grande que perdió la categoría en la historia del fútbol profesional. La leyenda cuenta que, al enterarse de que Argentinos se había salvado, Maradona se puso un gorro del Bicho para festejar la permanencia del club que lo había formado.

- **23/12/1984**. Esa fecha quedará en la memoria de todos los hinchas del Bicho. Argentinos se consagraba por primera vez campeón en el fútbol local en la última jornada, al derrotar a Temperley por 1 a 0 con penal convertido por Jorge Mario Olguín en cancha de Ferro. Roberto Marcos Saporiti era el DT. El partido se suspendió a cuatro minutos del final, debido a que los hinchas del Bicho invadieron el campo juego para festejar su primer título. De esta forma, terminaba en la cima de la tabla con 51 puntos (ganó 20 partidos, empató 11 y perdió 5), con 69 goles a favor y 36 en contra, quedando a un punto por encima del Ferro de Griguol, un durísimo rival en los años ochenta. Además, contó con Pedro Pablo Pasculli como goleador y figura: marcó 21 goles en el campeonato y totalizó 30 en la temporada, lo que le valió el Botín de Oro como premio al goleador del año.

- **04/09/1985.** Con goles del Pepe Castro y del Checho Batista, el Bicho consiguió su segundo título al derrotar por 2 a 1 a Vélez Sarsfield (Comas) en cancha de River y así obtuvo el Campeonato Nacional, en este caso, con José Yudica como director técnico, dando inicio a la etapa más gloriosa del Bicho de La Paternal. Borghi, Batista, Domenech, Carlos Mayor y Renato Corsi, surgidos del Semillero del Mundo, comenzaban a hacer historia.

- **10/10/1985**. Argentinos le ganó a Independiente por 2 a 1 en Avellaneda y consiguió disputar la final de la Copa Libertadores de América en el año de su debut en el certamen continental. El Bicho eliminó nada menos que al Rey de Copas, el campeón defensor, luego de haber estado 2 a 0 arriba en el marcador (goles de Pepe Castro y de Panza Videla, de penal). Percudani había descontado para los locales, por lo que otro gol del Rojo lo dejaba en la final para revalidar el título conseguido en la edición anterior. Sin embargo, el gran héroe de la noche fue el legendario Enrique Vidallé, quien le atajó el penal a Marangoni en la última jugada del partido y así el Bicho logró el pase a la final de la Copa en su primera participación del certamen continental. Tras la derrota, los hinchas de Independiente aplaudieron a los rivales ante semejante demostración de fútbol en Avellaneda. Para muchos, fue el mejor partido que ha jugado Argentinos en toda su historia.

- **24/10/1985**. Argentinos logró su primera y única Copa Libertadores al vencer por penales al América de Cali en una inolvidable noche de miércoles en Asunción. El partido había finalizado 1 a 1, con goles de Nene Commisso para el Argentinos y Ricardo Gareca para el equipo colombiano. En los penales, otra vez Vidallé

apareció en toda su dimensión como formidable arquero cuando le atajó el disparo decisivo a Anthony de Ávila. Y a continuación, Panza Videla decretó el 5-4 final que le permitió a los Bichitos de La Paternal levantar la ansiada Libertadores, el sexto equipo argentino en consagrarse campeón de América.

- **08/12/1985.** Argentinos Juniors le jugó de igual a igual a la Juventus de Italia y brindó una exhibición de fútbol frente al mundo de la mano de su figura: Claudio Borghi. Este apasionante y frenético partido finalizó 2-2 en el Estadio Nacional de Tokio (goles de Ereros y Pepe Castro, Michel Platini y Michael Laudrup) pero el Bicho cayó por 4-2 en los penales frente a la Vecchia Signora. Sin embargo, aquella final intercontinental disputada en Japón se la recuerda como la mejor de todas las ediciones.

- **22/09/1991.** Argentinos Juniors le dio una lección de fútbol a Boca cuando le ganó 3 a 1 en cancha de Vélez, por la cuarta fecha del Torneo Apertura. El Xeneize se puso en ventaja con gol de Víctor Hugo Marchesini. En el Boca de Tabárez jugaban grandes figuras como Navarro Montoya, Diego Soñora, Juan Simón, Blas Armando Giunta, Walter Pico y el paraguayo Cabañas. Pero el *Bicho* lo dio vuelta con dos tantos de un joven Leonel Gancedo y otro de Diego Cagna. Hasta aquí, el resultado es una anécdota, pero lo más trascendente es que Argentinos jugó con ocho jugadores surgidos del Semillero. Los titulares del Bicho: Carlos Mario Goyen, Héctor Guillermo Cejas, Fernando Gabriel Cáceres, Juan Andrés Gómez, Carlos Javier Mac Allister, Cristian Traverso, Leonel Gancedo, Diego Cagna, Walter Zermatten, Gustavo Pereyra y Antonio Vidal González. Salvo el arquero uruguayo Goyén, Pelusa Cejas y Vidal González, los otros ocho titulares se formaron en las inferiores de Argentinos. Un orgullo para el Semillero del Mundo.

- **16/05/2010.** Probablemente esta fecha signifique el último gran acontecimiento en la rica historia de Argentinos, ya que se consagró campeón en el Torneo Clausura de ese año. El Bicho venció como visitante a Huracán por 2 a 1 en el estadio Tomás A. Ducó con goles de Juan "Pichi" Mercier y Facundo Coria. De esta manera, club de La Paternal conseguía su tercer título local pero, en este caso, de la mano de Claudio Borghi en su etapa como director técnico. El Bichi, uno de los máximos ídolos de la institución y otra de las grandes joyas provenientes de la cantera, le devolvió el alma a los Bichitos Colorados, caracterizados desde siempre por la belleza de su juego, su ADN futbolero. El campeón del Clausura 2010 totalizó 41 puntos producto de 12 victorias, 5 empates y tan solo 2 derrotas. Convirtió 35 goles y le anotaron 23. Lo más asombroso fue su *sprint* final, donde conservó un invicto de 13 fechas consecutivas hasta la consagración. Es el quinto y último título desde aquella primera conquista lograda hace 38 años, cuando obtuvo el Metro 84.

DESCENSOS: ENTRE LA TRISTEZA Y EL RESURGIMIENTO

No todas fueron rosas en la historia de Argentinos Juniors más allá del éxito de los títulos conseguidos y por el nivel de juego exhibido. El club, considerado una de las tres fábricas de futbolistas más grandes de la Argentina, también sucumbió varias veces y se fue al descenso. Y no fue una vez, sino que la pérdida de la categoría se dio en cinco oportunidades: dos en el siglo XX y otras tres en el tercer milenio.

Para explicar lo acontecido, vale repasar un poco sus orígenes desde su fecha de fundación, el 15 de agosto de 1904, hasta la actualidad. A lo largo de su historia, el modesto club de La Paternal se caracterizó más en pelear por la permanencia que en luchar por el título.

El primer descenso se produjo en 1937, el año en que la Asociación del Fútbol Argentino (AFA) —ya unificada— reglamentó la pérdida de la categoría. La institución, que venía de una nefasta fusión con Atlanta para mantenerse en Primera (perdieron casi todos los partidos en 1936), no pudo solventar los salarios del plantel profesional, ni tampoco los gastos de alquiler del viejo estadio ubicado en avenida San Martín y Punta Arenas.

Atlanta fue desafiliado y con el descenso consumado, la Asociación Atlética Argentinos Juniors debió competir durante 18 años en la segunda división del fútbol local, hasta 1955.

En 1940, el expresidente Gastón García Miramón sacó dinero de su bolsillo para construir una modesta cancha de tablones de madera en Juan Agustín García (ex Médanos) y Bocayá, donde actualmente se encuentra el estadio Diego Armando Maradona. Luego, se consagró campeón de la máxima categoría del ascenso, pero por cuestiones burocráticas, la AFA desechó ese legítimo título al considerar que el club no contaba con un estadio que reuniera las condiciones ideales para jugar en Primera. A modo de compensación, el club de La Paternal recibió dinero por parte de la entidad madre del fútbol argentino.

Nuevamente, en 1948 marchaba puntero en el ascenso, pero con la huelga futbolistas de ese año, la AFA sorpresivamente decidió promover a Ferro y Atlanta a la Primera División. Siete años más tarde, los Criollos —como les decían en aquella época— lograron el ansiado ascenso a la máxima categoría para volver a codearse con los grandes del fútbol argentino.

En ese tiempo, la esencia del club consistía en exhibir un fútbol vistoso y ofensivo, mientras la premisa de jugar bien se imponía a la de ganar como sea. Además, el club mostraba sus credenciales como fábrica de talentos con las apariciones de Héctor Pederzoli, Martín Pando, Oscar Di Stéfano y Orlando Nappe, surgidos de las divisiones inferiores y con futuro promisorio en la Selección Nacional. Argentinos era una piedra en el zapato por su manera de jugar y por su atrevimiento frente a los grandes.

La excepción fue el Campeonato de 1960, donde finalizó tercero con 39 puntos, a solo dos unidades del campeón Independiente (41). Argentinos presentó un equipo combativo asociado al buen juego, con el mencionado Pando, Mario Sciarra, Roque Mario Ditro, Alberto Sainz y el arquero Juan Carlos Moreno, las joyas del Semillero de la época.

Los años siguientes fueron un poco más de lo mismo: Argentinos continuó peleando en el precipicio, pero siempre apostaba a los valores que surgían de las inferiores. En 1969 logró salvarse de nuevo y dos años más tarde volvió a repetir el "milagro" de la permanencia con un equipo compuesto por jugadores provenientes del Semillero: Hugo Tomate Pena, José Chiche Sosa y Rafael Moreno fueron sus principales jugadores de la cantera. Así, el Bicho le ganó a Independiente —futuro campeón— en la antepenúltima fecha y condenó a Platense al descenso. Desde ese momento, nació la rivalidad entre ambos clubes de barrio que se caracterizaban por pelear el descenso: Argentinos Juniors (La Paternal) y Platense (por entonces, asociado Saavedra, ahora en el partido de Vicente López, en la provincia de Buenos Aires).

Eran tiempos de transición, donde el Bicho jugaba en Primera sin aspiraciones por el título. Pero la aparición de José Pekerman marcó la antesala de lo que iba acontecer más adelante. José, un volante derecho de contención y de buen manejo del balón, es otro de los tantos valores surgidos de la cantera: jugó 134 partidos durante cuatro temporadas en Argentinos (1970-1974), su único club en el fútbol local, donde además convirtió 12 goles antes de pasar al fútbol colombiano. Se retiró joven, como consecuencia de una grave lesión, y más tarde se dedicó a formar jugadores en las inferiores del Bicho.

Pero la aparición de Diego Armando Maradona trajo vientos renovados a una institución autoproclamada el Semillero del Mundo, que además mantenía el sueño de salir campeón con los jugadores surgidos de la cantera de La Paternal.

Con el Pibe de Oro como bandera, Argentinos logró el subcampeonato del Metro 80 detrás de River que tenía un equipazo. Y cuando Diego se fue a préstamo a Boca, el Bicho volvió a codearse con el descenso en el Metro 81. Sin embargo, el equipo resurgió de las cenizas y en la última fecha hizo historia cuando mandó a la B a San Lorenzo, el primer grande que perdía la categoría cuando todavía no existían los promedios.

Pero la magra cosecha de títulos cambió recién a mediados de los ochenta: gracias a una camada de jóvenes talentos encabezada por Sergio Batista y Claudio Borghi, Argentinos Juniors se consagró campeón del Metro 84 y del Nacional 85, los primeros dos títulos logrados prácticamente en cadena. Luego, llegó la primera conquista internacional con la Copa Libertadores de 1985 y el histórico partido frente a la Juventus por la Copa Intercontinental, donde el equipo de José Yudica estuvo a solo siete minutos de conseguir la hazaña. En ese entonces, el fútbol de La Paternal volaba bien alto y se codeaba con los poderosos de todo el mundo.

Como bien indica su historia, Argentinos es un club que se sostiene principalmente por fabricar jugadores, promoverlos a Primera y venderlos en cualquier lugar del planeta. ¿Cómo se explica que un club no pueda sostenerse, pese a las ventas de las grandes joyas que había fabricado como Maradona, Borghi, Batista, Redondo, Cambiasso y Riquelme?

Lo cierto es que, lo hecho hecho está, ya que el pasado es imposible de modificarse. Pero las constantes crisis económicas y, sobre todo, las pésimas administraciones de sus dirigentes, la inoperancia en la renovación de los contratos y los manejos políticos dentro de la institución hicieron que AAAJ tocara cinco veces la lona. El club era el orgullo del fútbol argentino desde el punto de vista futbolístico y deportivo, pero en el aspecto dirigencial dejaba mucho que desear.

Tras la época de oro de medidos de los ochenta, Argentinos volvía a coquetear de nuevo con el descenso; en este caso, con el condimento de los promedios. Pero los vaivenes del fútbol lograron su permanencia en Primera hasta mediados de la siguiente década. El club ya no tenía la jerarquía de juego que lo distinguía, pero jamás dejó de promover jugadores de las inferiores, su marca registrada.

La temporada 1991/1992 fue el primer aviso, con el legendario Chiche Sosa como DT. En 1993 se produjo otra salvada milagro-

sa. Para colmo, en el Bicho pasaban cosas raras: debido a la crisis institucional, y a que su estadio no reunía las condiciones para disputar partidos oficiales, debió ceder su localía a Mendoza. Incluso, en la Supercopa 1995 recibió al Nacional de Medellín en los Estados Unidos, donde cayó por 3 a 1 en el Orange Bowl de Miami y quedó eliminado.

La historia y el fantasma de la B se repetía una y otra vez. Tras el descenso de 1937, la siguiente gran debacle fue en 1996, cuando perdió la categoría después de 41 años de permanencia en la Primera División.

La temporada 1996/1997 encontró al Bicho en la B Nacional, un torneo altamente complejo con rivales muy duros en todo el país que también luchaban por el ascenso. Nuevamente, Argentinos logró salir a flote con su semillero de entonces: con el atrevimiento del pibe Diego Placente, un lateral izquierdo convertido en volante que pintaba muy bien, con el fútbol de Cesar Leche La Paglia, con la explosión de Leo Más y, sobre todo, con los goles del Jorge Polo Quinteros y del hondureño Eduardo Balín Bennett. Ambos, formaron una dupla temible en el fútbol de ascenso. De esta manera, el equipo conducido por Chiche Sosa logró regresar a Primera.

La vuelta de Argentinos a la máxima categoría del fútbol local trajo un poco de alivio. Sin embargo, el club no podía salir de los problemas económicos que lo aquejaban. Primero, el padre de Nicolás y Estaban Cambiasso, el arquero y el zurdo mediocampista con todas las cualidades para ser el futuro crack, solicitó la patria potestad y se llevó a sus hijos a la filial del Real Madrid.

Más tarde, el club de La Paternal se desprendió de las "joyas" de la cantera: Juan Román Riquelme, César La Paglia, Emiliano Ruiz y Pablo Pablo Islas se marcharon a Boca a cambio de una suma irrisoria para la época, sin siquiera haber debutado en la Primera de la institución que los había formado. Para colmo, se habían iniciado gestiones para comenzar la construcción del actual estadiode Juan Agustín García y Boyacá, por lo que todo volvía a ser cuesta arriba desde el aspecto económico.

Así las cosas, el Bicho se las rebuscó para seguir sacando jugadores como marca su historia desde el surgimiento de Diego Armando Maradona, el Pibe de Oro. Diego Markic, Mariano Herrón, Cristian Ledesma, Federico Insúa y Julio Arca eran las nuevas promesas del plantel profesional junto a los experimentados Rolando Schiavi, Polo Quinteros y Balín Bennett para jugar en Primera. Pero otra vez, el declive estaba en escena. Argentinos cosechó 59 puntos en la temporada 97/98, 49 unidades en la edición 98/99 y 39 puntos en la temporada 1999/2000 y volvió coquetear con los promedios.

En la temporada 2000/2001, Argentinos acumuló 43 puntos y por primera vez debió jugar la Promoción, a pesar de haber realizado una buena campaña donde finalizó cuarto en el Torneo Clausura, detrás San Lorenzo, River y Boca. El Bicho tuvo que jugar dos partidos contra Instituto para no descender. El primero fue un empate sin goles en Córdoba y el otro finalizó al 1 a 1 en Ferro, lo que le permitió conservar la categoría.

En la temporada 2001/02 Argentinos Juniors atravesaba por una crisis sin precedentes: estaba dirigido por dos presidentes: Oscar Giménez y Luis Segura.[36] Encima, se encontraba inhabilitado para contratar refuerzos y también estaba embargado, jugaba con un plantel diezmado y con mayoría de los pibes del Semillero, destacándose la aparición de Leonardo Pisculichi, el talentoso enganche de exquisita pegada con la zurda. El equipo apenas sacó 45 puntos, esa cosecha repercutió en los promedios y lo condenó por tercera vez al descenso, el primero para el Bicho en el tercer milenio.

Argentinos permaneció dos temporadas en la B Nacional luchando por ascender pero falló en las dos ediciones consecutivas. Pero la tercera fue la vencida y recién se materializó en 2004 con los regresos de dos hombres de la casa: Checho Batista asumió como director técnico y, sumado a los goles del interminable Polo Quinteros, provocaron tercer el ascenso a Primera. En ese entonces, contaba con estadio propio, el Diego Armando Maradona, inaugurado el 26 de diciembre de 2003 tras ocho años de constantes esfuerzos para reconstruirlo.

El regreso fue muy duro para esta institución acostumbrada al *jogo bonito* ya que debió jugar la Promoción en el año de su centenario y también en la temporada 2005/2006, pero, en ambas ocasiones, logró mantenerse a flote.

Con el tiempo, el Bicho comenzaba a hacerse fuerte frente a los grandes desde su remodelado estadio en La Paternal, gracias a la llegada de Ricardo Caruso Lombardi, un técnico asociado a salvar a los equipos del descenso, con un estilo diferente y que también surgió de las inferiores de Argentinos (jugó cinco partidos en Pri-

---

36 Entre enero y marzo de 2002, Oscar Giménez y Luis Segura coincidieron como presidentes de Argentinos Juniors, tras las elecciones realizadas en diciembre de 2001. Segura encabezó dos listas y la suma de votos lo dio como ganador, pero tras una presentación judicial, la Inspección General de Justicia (IGJ) determinó que hubiera dos presidentes por ese período, y ambos podrían ejercer sus respectivas funciones hasta que se expidiera. Finalmente, determinó a Segura como legítimo titular de la AAAJ, dado que había encabezado dos listas y cuya suma de votos había superado a la lista del candidato rival, Oscar Giménez.

mera). Pero sus ideas de contratar refuerzos de poco renombre no simpatizaron con algunos hinchas y dirigentes.

Sin embargo, en la temporada 2006/2007 se las rebuscó para tener un equipo combativo y equilibrado, bien diferente al juego basado en el toque y distinción que caracteriza a la historia de AAAJ, con la solidez de Matías Caruzzo en defensa sustentado por el juego de Néstor Ortigoza desde el mediocampo, dos de los nuevos valores del Semillero más el despliegue de Pichi Mercier como volante, quien venía de jugar en Platense.

Finalmente, el polémico Caruso se alejó del club por diferencias con los dirigentes. Néstor Pipo Gorosito tomó la posta y le dio el toque de distinción futbolera que le faltaba a este equipo armado por el técnico anterior, también con la dupla Ortigoza-Mercier. La buena performance de Argentinos le permitió clasificar a la Copa Sudamericana 2008 y así volver a disputar una competencia internacional después de 12 años.

El equipo de Gorosito se había convertido en la nueva maquinita del fútbol argentino. Pero el técnico se fue a River luego de haber sido eliminado por Estudiantes en las semifinales de la Sudamericana. Para Pipo, su ciclo estaba cumplido.

La transición se dio con la asunción de Claudio Vivas, un ex ayudante de campo de Marcelo Bielsa, ahora en su etapa como DT del Bicho. Su experiencia no fue para nada satisfactoria: apenas cosechó 13 puntos en 15 partidos y se marchó del club al finalizar en la última posición en el Clausura 2009, torneo que tuvo a Vélez como campeón.

La dirigencia dio una vuelta de timón y apostó de nuevo por unos de sus máximos ídolos: Claudio Borghi, quien regresó al club de sus amores como entrenador en Primera División tras haber conquistado varios títulos como DT en el Colo Colo de Chile.

El Bichi le aportó la matriz futbolera que necesitaba un plantel anímicamente golpeado por los resultados con el técnico anterior. Con el gran ídolo como DT, Argentinos levantó cabeza y peleó el campeonato finalizando el Apertura 2009 en la sexta posición con 32 puntos sobre 19 partidos disputados, la mejor cosecha desde su regreso a la Primera División.

Se necesitaba tiempo para que el equipo lograra el funcionamiento que pretendía el director técnico y Borghi lo consiguió jugando al fútbol que identifica la historia de Argentinos. Con el arquero Luis Alberto Ojeda y José Luis Calderón como refuerzos, y manteniendo la base del equipo anterior, el Bicho del Bichi logró su tercer título nacional, el quinto en sus vitrinas y a 25 años del último trofeo local, con la obtención del Torneo Clausura 2010. Argentinos fue campeón con 41 puntos y mantuvo un invicto de 13 partidos consecutivos hasta el final.

Borghi cumplió con su promesa y se fue a dirigir a Boca tras haber salido campeón con Argentinos. Pedro Troglio asumió como entrenador para conducir al equipo en los dos objetivos inmediatos: la Copa Sudamericana 2010 y la Libertadores 2011. La diferencia estuvo en el masivo éxodo de jugadores que levantaron el último título. Se fueron Matías Caruzzo, Ignacio Canuto, Facundo Coria, Ismael Sosa y Nicolás Pavlovich. Encima, Calderón anunció su retiro del fútbol profesional. El recambio no lo favoreció: el Bicho terminó en la decimotercera posición y quedó eliminado en su debut de la Sudamericana frente a Independiente, quien más adelante será el campeón del certamen. Nuevamente, a barajar y a dar de nuevo.

Argentinos había comenzado un auspicioso 2011 sin Néstor Ortigoza, su principal figura y conductor, transferido a San Lorenzo. Arrancó con buena sintonía en la Copa, pero el equipo cayó en el rendimiento y quedó eliminado en primera ronda. Además, cumplió un digno papel en el torneo local y finalizó quinto, lo que le permitió clasificar de nuevo a la Sudamericana. Por eso, la dirigencia le renovó la confianza a Troglio con la extensión del contrato. Pero su segundo año no fue lo esperado.

Tras un mal arranque en el certamen local, un lapidario 4 a 0 frente a Vélez por la Sudamericana, otra estrepitosa caída frente a Lanús por el mismo resultado en La Paternal y otra resonante derrota por 4 a 3 frente a Estudiantes de La Plata fueron el detonante de la renuncia del entrenador, que no pudo torcer el rumbo del equipo. Los dirigentes apostaron de nuevo por el regreso de Gorosito, pero tampoco hubo milagros: Argentinos finalizó en el decimoquinto lugar de la tabla con 22 puntos y quedó muy lejos de pelear por el título que había conseguido Boca Juniors.

Los vaivenes futbolísticos se acentuaron en el Bicho. Con la irregularidad como moneda corriente, Gorosito hizo lo que pudo para mantener el equilibrio aunque un hecho inesperado hizo torcer el rumbo. Pipo sufrió un accidente automovilístico en la previa frente a San Lorenzo, por la tercera fecha del Clausura 2012, y debió renunciar como DT. Entonces, Leonardo Astrada fue su sucesor: tomó al equipo en la quinta fecha y finalizó en la octava posición, con 27 unidades.

Los malos resultados se evidenciaron en el segundo semestre: Tigre le dio una paliza y lo dejó afuera el debut por la Sudamericana. Para colmo, Vélez le propinó un lapidario 3 a 0 en el arranque del Apertura. El mal desempeño y la racha de resultados negativos continuaron en el torneo hasta que Astrada se alejó de La Paternal en

la 14ª fecha, con apenas 14 puntos y peleando de nuevo en el fondo de la tabla.

Entonces, Gabriel Schurrer tomó la posta tras un breve interinato de Carlos Mayor, pero tampoco pudo torcer la historia: Argentinos finalizó en el decimosexto lugar con 19 puntos sobre 19 partidos. Nuevamente, acechaba el fantasma del descenso.

Había que jugar a todo o nada por la permanencia en el Torneo Final 2013, certamen que definía los descensos. El equipo de La Paternal marchaba en el último lugar de la tabla y se acercaba a la zona de los promedios. La situación era tan apremiante al punto que la dirigencia recurrió de nuevo en los servicios de Caruso Lombardi, un experto en situaciones de "emergencia" cuando se trata de evitar el descenso, y desplazó a Schurrer de la dirección técnica.

Caruso se encontró con un plantel descompensado y anímicamente deteriorado, con jugadores en mal estado físico y tuvo que recurrir a los juveniles del Semillero como manotazo de ahogado. A todo esto, los rumores sobre la supuesta venta del descenso de su presidente Luis Segura resonaron con fuerza en La Paternal tras las cinco caídas consecutivas cerca del final. Algunos decían que Segura lo había hecho para salvar a Independiente a cambio de sentarse en el trono de la AFA en la calle Viamonte, pero jamás se pudo comprobar. Sin embargo, el milagro se hizo posible: en la última fecha, Argentinos derrotó al campeón Newell's por 1 a 0 en Rosario. A tres minutos del final, el chileno Pablo Hernández metió un cabezazo para decretar la agónica victoria para seguir estando en Primera.

El Bicho pudo respirar un poco en el Torneo Final, donde estuvo puntero en algunas fechas pero finalizó en el decimotercer lugar con 25 puntos. Caruso Lombardi dejó la dirección técnica y posibilitó el regreso del Bichi Borghi. En el verano de 2014, el gran ídolo, el único surgido de la cantera campeón como futbolista y como entrenador, regresaba a su querido club que lo había formado, ahora en su segundo ciclo como entrenador.

Asediado por los promedios, esta vez no hubo milagros ya que la realidad era muy diferente a la del último título conseguido hace cuatro años: el Bicho de Bichi apenas cosechó 15 unidades y volvió a perder la categoría por segunda vez en el siglo XXI, después de 10 años.

Argentinos encaraba un nuevo ascenso con mayor optimismo debido al regreso de tres jugadores del Semillero: Cristian Ledesma, Matías Caruzzo y Juan Román Riquelme. Pero el regreso del mayor ídolo de Boca a La Paternal alimentaba las ilusiones de los hinchas por verlo jugar por primera vez con la camiseta de Argentinos y cumplir la misión de depositarlo nuevamente en Primera.

A todo esto, Borghi no le encontraba la vuelta a un equipo que era firme candidato y dejó de ser el técnico cuando estaba a siete puntos de la zona de ascenso, en una B Nacional cuyo extraño formato permitía subir a los primeros diez equipos. Inmediatamente, se puso en marcha el operativo retorno de Gorosito. En su tercer ciclo, dejó al Bicho en el primer puesto y en la última fecha logró el ansiado regreso a la máxima categoría del fútbol argentino. En tanto, Riquelme cumplió con su objetivo: se marchó del club, saldó su cuenta pendiente y anunció su retiro en enero de 2015, a los 37 años.

En 2016, el Bicho apenas duró una sola temporada en Primera y vio nuevamente el ocaso al perder la categoría por quinta vez en su historia. La campaña fue para el olvido: apenas logró 2 victorias, 6 empates y 8 derrotas teniendo en el plantel a dos "históricos" como Federico Insúa y el Lobo Ledesma, dos jugadores que habían germinado del Semillero.

La apuesta se hizo con Gabriel Heinze como DT para encauzar lo más rápido posible y volver a la máxima categoría. Bajo el sello del Gringo, Argentinos consiguió un fútbol arrollador que por momentos hacía recordar a sus mejores épocas y logró el ascenso a cuatro fechas para el final.

Una vez en Primera, el técnico decidió no renovar pese a la insistencia de los jugadores, hinchas y dirigentes. Alfredo Berti se hizo cargo del plantel profesional en el arranque de la Superliga, dando inicio a una nueva era en el fútbol argentino.

Pasaron 85 años, cinco descensos e igual cantidad de ascensos, tres estadios, dirigentes nefastos, grandes técnicos y entrenadores de escaso relieve, jugadores emblemáticos y otros de menor jerarquía, interminables problemas económicos y cinco títulos en las vitrinas. Argentinos sufrió más de la cuenta para mantenerse en Primera y pelear en los puestos de vanguardia. Sin embargo, jamás dejó de fabricar jugadores de exquisita cualidades técnicas. De La Paternal para todo el mundo.

SELECCIÓN ARGENTINOS

Durante los últimos 43 años, el fútbol de Argentinos Juniors mantuvo una estrecha relación con la Selección Argentina. Una de las principales claves de este vínculo se atribuye al impacto que produ-

jo la aparición fulgurante de Diego Armando Maradona en las canchas argentinas.

El gran dilema consiste en determinar a qué juega la Selección. O, mejor dicho, cuál es su verdadera identidad de juego y a qué equipo del fútbol argentino se le parece. Existen numerosos argumentos para justificar que el combinado albiceleste conserva una forma de juego cuyo espejo se refleja en el club de La Paternal. Los acontecimientos están a la vista tanto en la Selección Mayor como en los juveniles.

El primer antecedente ocurrió en 1979, cuando el seleccionado Sub-20 se consagró por primera vez campeón del mundo en Japón, gracias a la figura estelar del Pibe de Oro, el mayor símbolo futbolístico que ha dado la cantera de Argentinos desde que debutó en 1976.

Maradona formó una dupla de ensueño con Ramón Díaz, el joven delantero explosivo surgido de las inferiores de River Plate que hizo historia en los juveniles en Japón, un año después de la obtención del Mundial 78. Abelardo Carabelli también fue campeón del mundo con Diego y provenía de las inferiores del Bicho.

Esta la relación de amor por el fútbol entre la Selección Argentina y Argentinos Juniors quedará sellada siete años más tarde con la conquista del Mundial de México 86, el segundo título de su historia.

Aquel plantel campeón del mundo tuvo a Maradona como bandera del mejor fútbol, el principal orgullo del club de La Paternal convertido en la gran estrella del Napoli de Italia que por primera vez ganaba el Scudetto en la temporada 1986-1987.

En esa selección de Carlos Salvador Bilardo también jugaron Ricardo Giusti y Pedro Pablo Pasculli, quienes vistieron la camiseta del *Bicho*, y los otros dos grandes valores surgidos del Semillero: Sergio Bastita (titular indiscutido en los 7 partidos) y Claudio Borghi, los principales exponentes del mejor fútbol de Argentinos de la época.

Tema aparte, cabe destacar que, un año atrás, la selección juvenil volvió a enamorar a los hinchas luego de haber ganado el Sudamericano Sub-16 disputado en Buenos Aires. El equipo dirigido por Carlos Pachamé contaba con figuras que asomaban para *cracks* como Fernando Redondo y Hugo Turco Maradona, el hermano menor de Pelusa, surgidos de las inferiores de Argentinos.

Volviendo al seleccionado Mayor, y tras la consagración en México 86, el plantel albiceleste subcampeón del mundo en Italia 90 no contaba con jugadores que en ese momento representaban a Argentinos, pero tenía tres futbolistas que habían germinado de las inferiores del Bicho: Maradona (Napoli), Néstor Lorenzo (Bari de Italia) y Checho Batista (River).

Cuatro año más tarde, en el Mundial de Estados Unidos 1994, la selección de Alfio Basile estaba integrada por tres jugadores provenientes de la escuela de La Paternal: Diego Maradona (Newell's Old Boys), Fernando Redondo (Tenerife de España) y Fernando Cáceres (Zaragoza de España).

Pero la influencia del fútbol de Argentinos en la Selección tuvo mayor presencia desde que José Pekerman asumió como director técnico de los juveniles, siendo el entrenador más exitoso de las categorías menores por haber obtenido tres Mundiales Sub-20: Qatar 1995, Malasia 1997 y Argentina 2001. Además, bajo su conducción ganó dos campeonatos sudamericanos Sub-20: Chile (1997) y Argentina (1999), y el Torneo Esperanzas de Toulon Sub-21 (1998).

Cabe destacar que José Pekerman también salió de la cantera de La Paternal y jugó en la Primera. Rubio y espigado era un volante derecho con buena técnica y despliegue, pero tenía escasa potencia. Jugó 134 partidos y marcó 12 goles entre 1970 y 1974. Su debut se produjo el 12 de julio de 1970 en la derrota por goleada frente a San Lorenzo por 4 a 0. En esa época, un tal Pelusa comenzaba a dar sus primeros pasos en Los Cebollitas, y luego pasó a las inferiores de Argentinos antes de su aparición estelar en Primera.

Volviendo a la Selección, el "Proyecto Pekerman", una idea a largo plazo que la AFA celebró con beneplácito para promover jugadores proyectarlos a futuro a la Selección Mayor, le devolvió la grandeza, la frescura y brillantez a los pibes argentinos, algo que no ocurría desde hace unos 20 años, cuando un joven Maradona de 18 años asombraba al mundo con sus genialidades en Japón y levantaba su primer trofeo en el Mundial Juvenil de 1979, nada menos con César Luis Menotti como entrenador.

Con Pekerman a la cabeza, Argentina logró el salto de calidad que se esperaba, con un estilo de juego colectivo que le daba identidad propia, un sello bien argentino. Con mucho fútbol, toques y goles, durante su gestión se obtuvieron cinco títulos juveniles en 12 años. Récord absoluto para las divisiones menores en AFA.

El "equipo de José" fue la marca distintiva de José Pekerman que pregonaba por el buen juego, un estilo "a la nuestra". Por sus filas pasaron Juan Pablo Sorín, Diego Markic, Sebastián Pena, Esteban Cambiasso, Juan Román Riquelme, César La Paglia, Pablo Rodríguez, Diego Placente, Federico Insúa, Ariel Seltzer, Fabricio Coloccini y Julio Arca. Todos, surgidos del Semillero del Mundo.

Julio Barroso, Lucas Biglia, Gustavo Oberman y Nicolás Navarro fueron los representantes de la cantera de Argentinos Juniors que

formaron parte del plantel Sub-20 campeón del mundo en Holanda 2005, que tuvo a Lionel Messi como figura y a Francisco Ferraro como entrenador del combinado juvenil. En ese entonces, José asumía el rol de Coordinador de las Divisiones Juveniles en la AFA.

Como Francis Cornejo, Diego Maradona, Claudio Borghi y Sergio Batista, José Pekerman es considerado una de las glorias del semillero. Su pasado tiene relación directa con el club que lo ha formado. En Argentina, la única camiseta que vistió fue la del Bicho durante cuatro temporadas. Como entrenador, trabajó con éxito en las divisiones menores del club durante una década, también estuvo al frente de las inferiores del Colo Colo de Chile, antes de llegar a ser el director técnico y coordinador de fútbol de la Selección Argentina en los juveniles y en la Mayor.

Pese a sus dos primeros títulos mundiales Sub-20 bajo el brazo, Pekerman rechazó el ofrecimiento que le hizo la AFA para ser el director técnico de la Selección Mayor, tras la renuncia de Daniel Passarella después del Mundial de Francia 1998. Pero, seis años más tarde, aceptó el cargo cuando Marcelo Bielsa se alejó como entrenador del conjunto albiceleste en 2004. Pekerman asumió el rol de entrenador de la Selección Argentina y logró la clasificación al Mundial de Alemania 2006.

Al "equipo de José" se lo recuerda por la nobleza del Fair Play, por el talento individual y por la brillantez del juego colectivo sostenido por tres grandes figuras de la época: Juan Pablo Sorín, Esteban Cuchu Cambiasso y, sobre todo, por el ya consagrado Juan Román Riquelme, campeones del mundo en los Sub-20 con Pekerman como DT: Al igual que José, los tres salieron del Semillero.

A pesar del maravilloso estilo que desplegaba su juego colectivo, la Selección quedó eliminada por penales en cuartos de final frente a Alemania, el país anfitrión, tras el 1 a 1 en los 90 minutos en el estadio olímpico de Berlín. Con la derrota consumada, apareció el exitismo de siempre, el de aquellos hinchas que no digieren la eliminación, mientras hubo medios de comunicación que hicieron leña del árbol caído y le marcaron la cancha a este hombre cuyos valores se manifiestan en su pasión por el trabajo, la humildad y el perfil bajo. A Pekerman no le perdonaron haber sacado a Riquelme (por Cambiasso) y haber dejado a un joven Messi de solo 18 años sentado mirando el partido desde el banco de suplentes. Sin embargo, Don José se marchó con más gloria que pena de la Selección Argentina.

Una vez finalizado el ciclo de Pekerman, Alfio Basile volvió a dirigir a la Selección después de 14 años, pero renunció después haber perdido por primera vez frente a Chile, por 1 a 0 en Santiago, por las eliminatorias para el Mundial de Sudáfrica 2010.

Así llegó el turno de Diego Armando Maradona, quien cumplió el gran sueño de dirigir a la Selección, un pedido que hizo eco en Julio Humberto Grondona,[37] el mandamás de la AFA en aquel momento. Con el excapitán de México 86 como DT, el conjunto albiceleste clasificó con dramatismo a la Copa del Mundo, pero quedó eliminado en cuartos de final por un lapidario 4 a 0 frente a Alemania.

Julio Grondona entendió que el ciclo de Maradona estaba cumplido y le cedió el lugar a Sergio Batista como interino. Se trata del técnico que ganó la medalla de oro en los Juegos Olímpicos de Beijing 2008, con Leo Messi y Di María.

El Checho, otro símbolo de Argentinos, tampoco pudo encauzar el juego de un equipo plagado de figuras que sucumbió en la frustración de reivindicarse con su gente en la Copa América 2011, como país anfitrión, al caer por penales frente al futuro campeón, Uruguay, en cuartos de final en Santa Fe, desperdiciando la gran ocasión de volver a levantar un trofeo internacional después de 18 años. De esta manera, llegaría el punto final a la etapa de este un hombre nacido futbolísticamente en La Paternal y con una exitosa trayectoria en la Selección Nacional.

Argentinos siempre estuvo asociado a la formación de futbolistas juveniles y al buen juego. Sin embargo, la presencia de sus jugadores promovidos de la cantera se fue alejando de las categorías menores en la Selección Argentina. "Para mí es una deuda que AAAJ no mande jugadores estando en la Selección porque el defecto es nuestro", subraya Roimiser.

Sin embargo, Fausto Vera y Maximiliano Centurión fueron los últimos representantes del Bicho en la Sub-23, ganador del Preolímpico Sudamericano en Colombia, que obtuvo la clasificación a los Juegos Olímpicos de Tokio 2020. Además, integraron el plantel Neuhén Peréz (Atlético de Madrid, cedido al Famalicao de Portugal) y Alexis Mac Allister (Brighton Albion de Inglaterra), también promovidos de la cantera de Argentinos. El técnico era Fernando Bocha Batista, el hermano del Checho, también entrenador de la Sub-20, otro hombre

---

37 Julio Humberto Grondona fue el presidente que más tiempo duró en ese cargo en la AFA con 35 años en el poder: desde 1979 hasta 1994. Durante su gestión al frente de la entidad madre del fútbol argentino, la Selección Argentina obtuvo el Mundial de México 86, dos medallas de oro en los Juegos Olímpicos en Atenas 2004 y Pekín 2008, la Copa Confederaciones 1992, y dos Copa América (1991 y 1993), además de seis mundiales juveniles Sub-20 (1979, 1995, 1997, 2001, 2005 y 2007), y varios campeonatos sudamericanos juveniles. También fue vicepresidente senior de la FIFA durante 26 años (1988-2014). Falleció el 30 de julio de 2014 por una aneurisma mientras era operado en el sanatorio Mitre de Buenos Aires. Tenía 82 años. El predio de la AFA en Ezeiza lleva su nombre como homenaje.

del Semillero, con un pasado como exfutbolista y formador de juveniles en el Bicho.

"Argentinos Juniors es una cosa irracional, emocional, bien de adentro. La Selección no es lo mismo. Soy hincha, quiero que gane, disfruto, pero es otra cosa. Para mí, una Selección sin jugadores de Argentinos no es una Selección", señaló Alberto Fernández en TNT Sports.

DIEGO Y ARGENTINOS: LA VOZ DE UN EMBLEMA, DESDE ADENTRO

Si hay alguien para hablar de la historia y de la vida de Argentinos Juniors es nada menos que Adrián Domenech. Su carta de presentación lo dice todo: se formó en las inferiores y tuvo a Don Francis Cornejo como entrenador. Además, jugó en la cantera y también en la Primera del Bicho, junto a Diego Armando Maradona, su gran amigo.

Domenech fue un aguerrido lateral izquierdo de mucha marca y mucho juego, su toque de distinción. Es el capitán que levantó la soñada Copa Libertadores en 1985. Todo un símbolo del club de La Paternal por su entrega y dedicación a la institución que lo formó como futbolista y también en el aspecto humano. Para él, Argentinos Juniors fue su "escuela de vida", como indica en algunos párrafos más adelante.

Su paso por el club de La Paternal jamás pasará desapercibido. Su debut como futbolista profesional se produjo el 7 de agosto de 1978 en la derrota frente a Racing Club, por 4 a 2. Defendió la camiseta del Bicho en dos etapas: en 1978-1990 y en 1982-1987. En total, jugó 265 partidos y anotó 8 goles. Domenech es el segundo futbolista que más veces visitó la camiseta de la institución, nada menos que detrás de otra gran leyenda como Checho Batista (299).

Si bien conserva el ADN de La Paternal, el defensor dejó su huella en el fútbol argentino, ya que también jugó en otros clubes en la década de 1980. En 1981, tuvo un breve paso por Independiente (9 partidos, un gol), también defendió la camiseta de Boca Juniors durante dos temporadas (1987-1989, 14 partidos) y en 1990 finalizó su carrera en Platense (5 partidos). En total, jugó 273 partidos y convirtió 8 goles.

Domenech saboreó las mieles del subcampeonato del Metropolitano de 1980, un presagio de todo lo que vendrá en la riquísima historia de Argentinos en el fútbol local, encadenada por una serie de títulos imborrables como el campeonato Metropolitano 1984 y el Nacional 85, la mencionada Libertadores de 1985 y la Copa Interamericana de 1986. Fue, es y será uno de los mayores emblemas y protagonistas de la época de oro de Argentinos como parte del legado que dejó la era post-Maradona.

Una vez retirado de la actividad profesional, en 2003-2004, integró el cuerpo técnico de Sergio Batista en Argentinos, cuando su equipo logró el ascenso a la Primera División. Con Checho también integró el cuerpo técnico en Nueva Chicago.

En 2005 y 2006, fue el director técnico de la Primera de Argentinos. Lo más destacado de su campaña fueron los dos empates frente a Huracán (1 a 1 en la ida y 2 a 2 en la vuelta) por la Promoción, que sirvió para que el Bicho se mantuviera en la máxima categoría.

También fue coordinador de las divisiones juveniles de Argentinos (2006-2010) y River Plate (2011-2013). Un año más tarde, regresó al club de La Paternal como asistente técnico de Borghi, también en Primera. Actualmente, se desempeña como coordinador de las divisiones juveniles del Club Social y Deportivo Defensa y Justicia.

Domenech, todo un símbolo de Argentinos Juniors, una voz más que autorizada para hablar de la historia del club. Por eso, este capítulo forma parte del epílogo de este libro que identifica el sentimiento del hincha y de aquellos futbolistas surgidos de la cantera del *Bicho* que formaron y formarán parte de la institución.

Su testimonio es clave para dar cuenta de cómo se vivía en sus comienzos: sus inicios en las inferiores, el debut de Diego, la era post-Maradona, los primeros títulos, la Libertadores de 1985, los partidos memorables, cuál es el estilo de juego de Argentinos y, por supuesto, el Semillero del Mundo, entre otros tantos temas. Domench habla sobre fútbol y lo hace desde su corazón:

De Argentinos Juniors tengo los mejores recuerdos. Era otra época, otras vivencias y una edad que fue muy linda. Allí pude conocer a mucha gente, entre ellos, a Diego, cuando llegué a las inferiores. Para mí, fue un paso muy lindo, muy sano.

Siempre digo que Argentinos no solo fue una escuela de fútbol, sino que fue mi escuela de vida. Vivíamos alrededor de una pelota e íbamos por un sueño, porque todos en aquel momento soñábamos con ser jugadores de fútbol y jugar en Primera, a lo mejor sin pensar tanto en lo económico o en lo material como ahora. Antes era un poquito más lírico por el sueño en sí mismo, por el gusto y la satisfacción que nos podíamos dar cuando éramos chicos. Era más el

sueño de ser jugador de fútbol con todas esas ganas y el amor que uno sentía por encima de las posibilidades económicas que nos iba a dar a futuro para poder vivir de esto. Es lo que sentíamos en ese momento —al menos era lo que yo sentía—, pero creo que ese sentimiento era compartido por el resto de mis compañeros que lo han vivido en aquel momento.

Empecé a jugar en Novena División de Argentinos. Estuve poco tiempo en inferiores ya que tuve la suerte de que me suban enseguida de categoría. Me acuerdo que cuando me presenté, en el verano de 1973, enseguida me habían fichado para representar al club, y a las dos semanas comenzaba el campeonato. Mi primer partido fue contra River, me acuerdo que habíamos empatado pero no me acuerdo tanto del resultado. Eso sí: debuté en la Novena en cancha de Defensores de Belgrano.

Soy categoría 59, una antes que la de Diego, que es de 1960. Hice toda la Novena y también Octava, siempre jugué con mi división. Pero, a mitad de año, cuando ya estaba en Séptima, me tiraron para arriba, me subieron de categoría. Sin embargo, algunos sábados alternaba: jugaba en la Sexta, también lo hacía en la Quinta o en la Cuarta. Por suerte, mi proceso en inferiores fue bastante rápido.

Al año siguiente me subieron a la Primera cuando tenía edad de Sexta. Fue en la misma época que habían subido a Diego, en 1976. Él estaba en la Séptima y yo en la Sexta. El técnico de la Primera era Juan Carlos Montes, el mismo que lo hizo debutar contra Talleres.

Cuando jugaba en las inferiores, ya se hablaba de Diego. Siempre fue un jugador diferente. Desde el primer día que entré, cuando lo conocí, no era Maradona sino que era Diego. Era un jugador extraordinario, también un pibe bárbaro como persona. Hacia absolutamente todo diferente a los demás. En ese entonces nos hicimos muy amigos. Mirándolo como jugador, era todo lo que uno podía llegar a imaginarse en el fútbol llevado a la práctica. Él podía hacer todo.

Como dije antes, soy categoría 59 y Pelusa, 60. Cuando yo estaba en la Novena, él todavía no tenía edad para integrarla, pero a veces jugaba con nosotros con la cédula de otro chico más grande, de nuestra categoría.

Que Diego jugaba para nosotros es una historia archiconocida. Es más: recuerdo un partido que íbamos perdiendo 3 a 0 frente a Boca, en el predio de La Candela, hasta que entró Diego y empatamos 3 a 3. Si teníamos cinco minutos más, lo ganábamos. Lo empató él siendo más chico. No recuerdo quién hizo los goles —probablemente los haya hecho Diego— pero ese partido me quedó grabado por cómo lo dio vuelta él solo. Francis [Cornejo] era nuestro formador.

Diego ya estaba cuando yo llegué al club. No sé hace cuánto tiempo, pero él ya estaba. Su categoría eran Los Cebollitas, la de 1960, la misma de los pibes que hacían jueguitos en el entretiempo en cada partido.

Mi división y la suya practicaban juntas en el mismo horario. En realidad, los entrenamientos no tenían mucho misterio: eran dos vueltas a la cancha y nada más, después nos tiraban una pelota y nos decían "jueguen". Ahí se armaban los equipos.

Los entrenamientos eran todos iguales: primero estaba la práctica de fútbol y después terminaba con los penales "a dos balas", como le decía Francis, nuestro entrenador, ya que había solamente dos posibilidades de errarlos. Se jugaba por la (chocolatada) Cindor y por el alfajor. Entrenábamos en el complejo Las Malvinas y el premio lo íbamos a buscar al buffet.

Recuerdo aquel entonces que el predio era todo campo, nada que ver con el que hoy tiene Argentinos Juniors, con una infraestructura completamente diferente. En ese momento era la pileta, el buffet y unos vestuarios al lado. El resto era todo campito. También había un galpón al fondo de todo.

Éramos muy felices ahí, hacíamos cosas de pendejos, ya que teníamos 13-14 años, son esas cosas que hace cualquier chico a esa edad. Lo más importante es que estábamos muy contentos cuando jugábamos a la pelota, era lo que más nos gustaba hacer en ese momento.

A Diego y a mí nos subieron prácticamente juntos. Nos subió Juan Carlos Montes, quien era el director técnico de la Primera de Argentinos Juniors en aquella época. Él debutó a los dos meses, y yo lo hice dos años más tarde, en 1978, cuando Victorio Spinetto era el DT. Esa fue la gran diferencia, pero seguíamos juntos en el plantel. Obviamente, Diego a los dos meses ya era titular en Primera.

También fui testigo de su debut contra Talleres, el 20 de octubre de 1976. El partido lo vi desde la platea de Argentinos. Ese día había mucha gente, pero no creo que estaban todos los que dijeron que habían estado; sino nos tendrían que haber sacado de la cancha para jugar en otro lado. Sin embargo, me acuerdo que había mucha gente tratándose de que el partido se jugaba un día de semana a la tarde. Pero no les creo a los que dicen que estuvieron en el día del debut de Diego.

Lo del caño es cierto. No sé si lo hizo en la primera jugada o a la siguiente, cuando Diego entró en contacto con la pelota. Pero yo no lo estaba viviendo como un acontecimiento histórico, sino que estaba viendo el debut de un amigo en Primera.

Con Diego nos cambiábamos juntos en el mismo vestuario, en el vestuario visitante, porque no nos cambiábamos en el de Primera. Todavía éramos pibes como para tener la autorización para que nos dejaran cambiarnos con los más grandes. Era otra época. Había un respeto muy grande por los jugadores mayores. Eso también te lo hacían sentir, era una manera de educarte. Vos no te cambiabas en el vestuario local sino en el visitante en la semana durante los entrenamientos con los más jóvenes.

También jugaba Jorge López, el Avión, que era dos años más grande que yo y tres más que Diego, pero había debutado antes, en 1975. Lo conocíamos de las inferiores, no teníamos un día a día con él, pero sí cuando nos habían subido a Primera. También estábamos con Ricardo Ruso Fusani, un chico de la categoría 58, un año más grande que yo. Con ellos compartíamos los momentos juntos y, como éramos chicos, nos acodábamos entre nosotros para afianzar la relación. Eso nos daba más seguridad entre nosotros ya que convivíamos con un plantel con jugadores profesionales de Primera. Puedo asegurar que eso pasa en cualquier época, cuando los grandes reciben a los chicos pero en ese momento los chicos éramos nosotros.

Diego era bastante callado, pero siempre tuvo una personalidad muy firme y ganadora. Por ahí no era un pibe locuaz, que andaba jodiendo con uno o con otro, tampoco era un pibito tímido y retraído, sino que era un chico callado, una excelente persona. Ahí fue cuando nos conocimos como amigos. Siempre nos llevamos bien desde el momento en que nos conocimos, sentimos una afinidad entre nosotros más allá de que éramos de diferentes divisiones. Nuestra relación de amistad empezó cuando estuvimos juntos en Primera siendo tan chicos. Ahí empezamos.

Jorge Cyterszpiler también tuvo mucho que ver porque estaba muy pegado a Diego, lo conocía desde muy chico. El Cabezón compartía todos los entrenamientos y los momentos con todos los chicos de Argentinos. Cuando nos subieron a Primera, también seguía muy cerca como siempre lo estuvo con Diego, pero ya empezaba a relacionarse de otra manera: además de ser su amigo empezaba a ayudarlo como representante. Fue uno de los que inventó la profesión de representante de futbolistas.

Respecto a los partidos, me acuerdo que en los años 1979 y 1980, sobre todo cuando salimos subcampeones del Metro 80, jugábamos domingo-miércoles-domingo-domingo. Es decir, en una semana de por medio se jugaba entre semana y a la semana siguiente, no. Por eso, durante esas semanas nunca las teníamos libre, siempre jugábamos en varios lugares. Podía ser contra el Barcelona en Barcelona o en los Estados Unidos, en Colombia o en Ecuador. También jugamos en otras provincias como en Salta y Mendoza, o en Río Gallegos, entre otros lugares. Teníamos partidos en el exterior y en el interior del país. Nos cansamos de viajar y de jugar amistosos.

Casualmente, en Colombia fuimos a jugar un torneo contra el América de Cali, el Deportivo Cali y el Deportivo Pereira, con el que jugamos la final. A nosotros nos habían llevado para que la final la jugasen el Deportivo Cali contra el América de Cali, pero les salió mal. Al final, ganaron los dos equipos que fuimos de partenaire.

Por eso, en vez de jugar en el estadio Pascual Guerrero, en Cali, nos fuimos a jugar la final a Pereira. Lo que hicieron ahí fue una cosa alevosa, querían que ganara el Pereira como sea, a toda costa. Fue algo muy alevoso, muy evidente, y eso nos enojó muchísimo. Pero lo peor que pudieron hacer fue hacerlo enojar a Diego.

Me acuerdo que en ese partido Diego hizo un gol que todavía está pasando gente, mientras los que iban pasando se iban cayendo, los rivales caían como fichas de dominó, se levantaban y los volvía a pasar. Parecía una película cómica.

¡Diego metió un gol impresionante! Obviamente, la trascendencia que tuvo fue otra pero al famoso Gol del Siglo contra los ingleses, en México 86 , creo que le faltó la cantidad de jugadores para compararse con los que caían en ese partido contra el Pereira, en Colombia. Aquel gol fue una cosa monstruosa.

Lo de Pereira fue una cosa terrible, extraordinaria. Y nació de un enojo por esto de "me estás choreando". "¡Dame la pelota, dámela!", decía Diego. Y después vino ese ta-ta-ta... se cayeron todos, faltaba que se cayera el arco.

También fue terrible el gol que le hizo a Huracán. Es más: lo terminó con un caño a Carrascosa. De aquel partido solo me acuerdo el final de la jugada.

Un CRACK nace y se hace. Obviamente que lo podés hacer, para eso está el trabajo formativo desde la ciencia hasta la práctica y de la mejora continua que se viene dando en la formación del jugador. Como dije antes, cuando arrancaba en las inferiores eran dos vueltas a la cancha y "jueguen" pero hoy está todo muchísimo más desarrollado, independientemente de que sea otra época.

Pero al jugador lo vas haciendo, lo vas mejorando, tampoco es que mejoras una piedra que encontrás en la calle. No es para cualquiera ¿Se hace? Sí, se hace, pero es para alguien que nació con determinadas condiciones.

En Argentinos no dirigís como se te ocurre o tal vez sí. Mientras te acompañen los resultados vas a tener duración en el cargo, pero cuando los resultados no te acompañen o el funcionamiento del

equipo que estás dirigiendo no es afín con el estilo futbolístico de Argentinos, no durás nada.

A veces, es implícito: no es que los dirigentes bajan y te dicen "acá se juega así", pero es como que hay un virus en el aire. Francis [Cornejo] siempre nos inculcaba eso: no la dividas, no la tires, no la revolees, salgan jugando y toquen la pelota a un compañero. Con esos pequeños llamados de atención fuiste aprendiendo a jugar o viste que se lo decían al compañero de al lado, al otro o al pibe de la otra división. Ese estilo forma parte del ADN de Argentinos Juniors.

Por eso digo que la aparición de Diego no fue casual. Que hayan salido grandes cracks, jugadores de la talla del Checho Batista, el Bichi Borghi o Fernando Redondo, Nicolás Cambiasso o Juan Román Riquelme fue una continuidad de lo que se venía haciendo en las divisiones inferiores.

En mi paso como formador de Argentinos Juniors, durante tantos años, puedo asegurar que lo del estilo era una condición *sine qua non*. No se jugaba como quería cada técnico en cada división. No había una bajada de línea. Por eso siempre digo lo mismo: lo único que no negocio es el estilo, la idea, y no solo en Argentinos sino donde me toque estar. Cuando fui coordinador de River me pasó exactamente lo mismo, ahora me pasa lo mismo como coordinador en Defensa y Justicia.

El estilo al que me refiero es jugar siempre por abajo, hacer pases cortos y tocar la pelota a un compañero. Hay que ir progresando así en forma asociada, en ser protagonista y pensar en el arco de enfrente, tener esa mentalidad ofensiva, una actitud ganadora en cualquier lado. Afortunadamente eso lo viví en Argentinos y trato de transmitirlo en donde me toque estar. De hecho, cuando me vienen a buscar de cualquier otra institución es porque me asocian con ese estilo futbolístico que llevo adentro.

Ningún sistema es ofensivo y defensivo por sí mismo, sino que los jugadores que pongas en la cancha hacen que el sistema sea ofensivo o defensivo. En mi caso, no controlo ni bajo líneas del sistema, creo que si formamos bien, tenemos que dar la mayor cantidad de herramientas posibles a los jugadores que estamos formando y cuando les toquen ser futbolistas profesionales —independientemente de quien sea quién los esté conduciendo—puedan tener las herramientas suficientes con respecto a los que el técnico les está mandando hacer en la cancha. Por eso, si formás de una sola manera o con un solo sistema no les estás dando esas herramientas. Pero el estilo no lo negocio. Con cualquier sistema podés seguir siendo fiel a ese estilo de juego.

También tiene mucho que ver la etapa haber jugado al fútbol de salón o al baby, como se decía en los ochenta. Era el mismo estilo, el del control y el de la pisada. Los jugadores que estuvieron después de nosotros, como el Checho, el Bichi, vinieron de la mano de ese estilo.

Todos los que pasamos por Argentinos tuvimos a los mismos formadores: alguno los habrán tenido un poco más avanzado y otros lo habrán tenido antes, pero todos conocieron a Francis [Cornejo], a Carlos Bálcazar y a Oscar Refojos. Luego fueron apareciendo otros formadores que yo nos los tuve, pero probablemente los haya tenido el Checho, y después vinieron otros que probablemente el Checho no los haya tenido, pero sí los tuvo el Bichi. Así se fue agregando gente a las divisiones inferiores: el legado ya estaba y era uno solo.

Argentinos es mi casa. Como dije antes: no solo fue una escuela de fútbol sino que también fue una escuela de vida. Me crie en mi barrio y en Argentinos Juniors. Por eso es mi casa. Puedo pasar un tiempo sin ir al club, sin estar pendiente de lo que pasa o sin ver un partido en Primera División y, de repente, cuando me mezclo de nuevo y me quiero informar no necesito muchas cosas ni muchos datos. Es como cuando no ves a alguien que hayas tenido una relación muy intensa, un gran amigo que por ahí lo dejás de ver durante muchísimos años y cuando lo ves no estás distante o viendo cómo te relacionas nuevamente, sino que te salen las mismas cosas y seguís hablando de la misma manera y seguís recibiendo del otro lo mismo y vos seguís dando lo mismo. Eso me pasa con Argentinos Juniors.

A mí me reconforta y me enorgullece muchísimo que te reconozcan o que te pregunten en la entrada de un barrio, cuando voy a buscar a mi hija, y te piden el nombre. Y cuando se lo das te preguntan: "¿Tiene algo que ver con el jugador?" Sí, les respondo. Y luego te dicen automáticamente: "Domenech, Argentinos Juniors". Eso a mí enorgullece, me da una gran satisfacción.

Argentinos es una marca. Durante un tiempo, el club descuidó mucho sus divisiones inferiores, pero he tenido la suerte o el honor de que cuando me tocó ser coordinador de las inferiores fui un poco por eso: querían volver a abrir la fábrica que se había cerrado. Hace muchos años que no producía jugadores por decisiones políticas, y no porque tuviera malos profesionales o porque no surgieran jugadores. Se fue descuidando.

Pero enseguida se pudo recomponer la cantera porque Argentinos no había perdido la marca. Cuando el club transitaba entre la Primera División y la B Nacional algunos pensaban que no tenía el mismo poder de captación o el mismo atractivo. Pero fue muy fácil hacer funcionar la fábrica de nuevo porque nunca perdió la marca:

a donde iba y proponía cosas era la Asociación Atlética Argentinos Juniors con su escuela de inferiores.

Para mí está muy bien denominado el término el "Semillero del Mundo". Así se lo conoce y doy fe que la gente viene de distintas partes del mundo, se paran delante de una pared y dicen "¿todos estos salieron de acá?".

Obviamente, se trabajó un poco sobre eso, también se desarrolló un poco lo del Semillero del Mundo en términos marketineros. Pero, tal vez un poco más o un poco menos, creo que Argentinos es de las escuelas de fútbol formativas por excelencia en la historia del fútbol argentino. De eso no tengo dudas. También están River y Newell's que también tienen sus escuelas de fútbol, son tradicionales y siempre juegan futbolistas surgidos de sus divisiones inferiores. Y en esa línea, Argentinos también comparte ese lugar.

En Argentinos hubo un antes y un después de Diego. Yo no lo viví en las inferiores, pero su paso por el club ha marcado una bisagra a nivel institucional. De eso no tengo dudas. Es que, a partir de Diego, internamente Argentinos ya no era o no tenía las mismas presiones que tenía aquel equipo simpático que todos querían de mitad de tabla, que no jodía a nadie, que jugaba lindo y nada más, más allá del resultado.

Con Diego, Argentinos comenzó a tener ese protagonismo y en no conformarse con ser un equipo de mitad de tabla. No tengo dudas que su aparición generó todo esto. A mí me tocó vivir ese momento y desde entonces no hubo una bajada de línea, nadie te decía eso de que "ahora no podemos ser más así y tenemos que ser asá". Expresamente, no hubo una bajada de línea pero se fue dando. Como dije antes, **había un virus en el aire**. ¿Qué mitad de tabla? ¡Hay que pelear el campeonato! Hay que ir a jugar contra River en el Monumental y ser protagonista y ganar y, de hecho, eso se daba. Contra Boca también pasaba lo mismo y se daba en cancha de Vélez o donde nos tocara jugar. Así era contra el equipo que sea, salíamos a la cancha a ganar y eso se dio a partir de la aparición de Diego.

En Argentinos viví momentos especiales, y muchos de ellos fueron maravillosos. Lo que más acuerdo fue cuando mi vieja se fue a Paraguay a verme cuando recibí la Copa Libertadores. Salir campeón de América y con tu mamá en andas sin que nada supieras que se había subido a un colectivo y de pronto apareció en Paraguay para presenciar la final contra el América de Cali, para acompañar ese momento para mí fue sublime. Mayor alegría que esa, imposible. Es que yo no la dejaba ir a la cancha, pero eso tiene toda una historia. Supuestamente, ella no iba a la cancha y no quería que fuera. De hecho, mi mamá no iba hasta que en 1985 jugamos la Copa Libertadores y nos tocó ir a Río de Janeiro. En ese momento había un *tour* de hinchas de Argentinos que viajaban. Y como jugador, pensé: "Pucha, cómo no voy a hacer para que mis viejos conozcan Río".

Entonces, subí a mis viejos a uno de esos tours de hinchas de Argentinos. Estuvieron una semana en Río pero en esa misma semana, dentro del paquete turístico había dos partidos por la Copa que nos tocó jugar. Aparentemente, los hinchas llevaron a mi mamá a la cancha, ella no se quedó sola en el hotel cuando teníamos que jugar contra el Vasco da Gama y, más tarde, contra el Fluminense. Eso yo no lo sabía pero allá, en Brasil, ganamos.

Entonces, mi mamá pasó a ser un poco la cábala para un grupo de gente y para ella misma. Nunca me enteré, nunca me lo dijeron que había viajado para verme. Mi mamá no estuvo en la final frente al América, en Colombia, pero estaba en Buenos Aires cuando íbamos a jugar el desempate en Paraguay. Estaba desesperada: entonces, se subió a un colectivo y apareció en Asunción. Se hizo conocer por los hinchas, ese día le dieron alojamiento. Yo me enteré después de toda esta historia.

La otra gran satisfacción que tuve en Argentinos fue cuando me entregaron la Libertadores, cuando era el capitán del equipo. Fue todo un acontecimiento. No es poca cosa para ningún club pero para una institución como esta, por ahí es mucho más. Y que haya sido el "representante", el primero en tocar esa Copa del club eso no me lo saca nadie. Fui el primero en tocarla por ser el capitán, después la Copa pasó por 400 manos. Es como decía Diego cuando levantó la Copa del Mundo pero, en este caso, yo sé lo que pesa la Libertadores [risas].

Encima, ves que viene un malón de gente y que ahí aparezca tu vieja que sube y baja y terminás en un abrazo en mitad de cancha, con la Copa y con tu vieja... Listo, basta. Bingo.

Sé que es muy egoísta lo que digo pero, gracias a Dios, he vivido y me han tocado vivir grandes momentos como futbolista. Tuve muchas emociones pero si no me detengo a pensar en nada en particular esto fue lo más sublime que he tenido.

Sobre el partido que tuvimos frente a la Juventus, por la Copa Intercontinental en Tokio, la gente nos decía que ese día habíamos jugado bárbaro. Hoy les doy la razón a los que nos decían eso en el vestuario: al técnico (Yudica), el médico, el presidente y los pocos dirigentes que fueron a Japón y nos decían que no sabíamos lo que habíamos hecho, que íbamos a quedar en la historia.

Sinceramente, hubiese cambiado ese partido por haber ganado la Copa Intercontinental pero hoy les doy la razón. Puedo afirmar que quedamos en la historia con ese partido frente a la Juventus que tenía grandísimos jugadores como el arquero Stefano Tacconi,

Gaetano Scirea, Michel Platini y Michael Laudrup, entre otros monstruos.

El partido contra Independiente también fue épico. Cuando trabajé en River también doy fe que los hinchas venían y me decían que nunca habían sufrido tanto en una cancha como aquel 0 a 0 que jugamos en Vélez, por el desempate.

Fue un 0 a 0 maravilloso. Uno piensa que un resultado así puede ser un embole pero fue maravilloso: fue un partido de un día y vuelta impresionante. Los dos equipos priorizamos jugar por encima de la instancia que nos estaba tocando. Fue uno de los grandes partidos que hemos tenido en Argentinos.

Lo mismo aquel duelo contra Independiente, por las semifinales de la Copa. Ese partido terminó con ese penal que "Quique" Vidallé le atajó a Marangoni, fue una final a pura emoción tanto para nuestro lado como para los del Rojo. Pero cuando te vas de la cancha aplaudido por tu rival y de visitante o no (como ocurrió en el desempate frente a River, en Vélez) donde también nos fuimos aplaudidos. En Japón también nos fuimos aplaudidos, lo mismo ocurrió en el mencionado partido contra Independiente, en Avellaneda. También, cuando le ganamos al Vasco Da Gama nos aplaudieron los hinchas locales, en Río de Janeiro.

Pero hubo otro que ni por asomo ha tenido la trascendencia de estos partidos: fue un 1 a 0 frente a Talleres, en el viejo estadio del Chateau Carreras (hoy conocido como el Mario Alberto Kempes), el 26 de octubre por el Nacional 80. Ese partido lo recuerdo mucho porque, desde lo individual, Diego había dicho que yo había sido la figura de la cancha pero él la rompió, incluso convirtió el gol de la victoria, de penal. Ese partido no lo recuerda nadie, ni siquiera me acuerdo quiénes fueron mis compañeros. Creo que fue en 1980. Le ganamos a Talleres en Córdoba. Fue un partido extraordinario por cómo jugó Argentinos, el equipo fue una maravilla. Ese partido no tiene trascendencia. Ni siquiera me acuerdo del resultado pero lo que sí me acuerdo es que nos fuimos de la cancha con todos los hinchas de Talleres aplaudiendo en el Chateau. Son partidos que te marcan cuando jugás diferente como equipo. Una filosofía de juego que jamás renunciaré en mi vida.

BIBLIOGRAFÍA

Revista *El Gráfico*
Diario *Olé*
Diario *Clarín*
Diario *La Nación*
FC Barcelona
Agencia Telam
Infobae
T&C Sports
ESPN.com
Asociación del Fútbol Argentino (AFA)
Asociación Atlética Argentinos Juniors (AAAJ)
The International Football Association Board (IFAB)
Ministerio de Turismo y Deporte de la Nación
Archivo TEA y Deportea
YouTube
Wikipedia

Libros:

Singorini, F. *Diego desde Adentro* (2021)
Zyseskind, H. *D10S es Argentinos. De La Paternal al mundo* (2021)
Aguirre, A. *El mejor gol de Maradona no fue a los ingleses* (2019)
Zanoni, L. *Vivir en los medios* (2006)
Cornejo, F. *Maradona Cebollita* (2001)
Diego Armando Maradona, Yo soy el Diego de la gente (2000)
Levinsky, S. *Maradona, rebelde con causa* (1996)

AGRADECIMIENTOS

Principalmente a Mauro y a todo LIBROFUTBOL.com por hacer posible este sueño y por haber confiado en mi idea desde el primer momento ¡Incluso, la mejoraron! También a Javier Roimiser por su aporte fundamental para concretar este sueño sobre los orígenes de Diego.

A la Asociación Atlética Argentinos Juniors (AAAJ) y a Oscar Barnade por el prólogo.

A Roberto Marcos Saporiti y a Adrián Domenech por su amabilidad para contar historias que vivieron desde adentro del club como protagonistas en la época de oro de Argentinos.

A Julio Chiappetta, Diego Borinsky y Sergio Levinsky por su buena onda, aportes, datos y entusiasmo para refrescar la memoria del hincha y por contar tantas historias y anécdotas sobre la vida de "El más grande" de todos los tiempos.

Quiero dedicarle una especial mención a los estudiantes de periodismo y a los periodistas que diariamente intentan ejercer la profesión que tanto amamos y no bajan los brazos, y que persiguen sus sueños en busca de un mejor periodismo de investigación y de calidad, haciendo prevalecer sus ideas con objetividad y en absoluta libertad.

A mis amigos de siempre, los que están en los buenos y malos momentos.

A mis compañeros, a mis seres queridos y a quienes no he podido ver por cuestiones de la distancia o por este maldito virus. A los nuevos amigos que se han sumado a mi vida en estos duros momentos que hemos padecido.

A mi queridísimo amigo Loyds y a Luciano Wernicke por su apoyo y por brindarme los contactos necesarios para que esta trilogía sea realidad.

A Diego Lipschitz y a Giselle Vidal por ser maravillosas personas con luz propia y por ser incondicionales en cada etapa de mi existencia.

A mi familia: a mi tío Beto, a mi viejo y a mis hermanos UAIO y Beduino que me bancaron en las buenas y en las malas pese a todo y a pesar de mis caprichos.

Por último, quiero dedicarle especialmente esta trilogía a mi mamá Stella y a mi abuela Armonía: juntas me dan fuerzas cada día y me iluminan desde el cielo.

SOBRE EL AUTOR

Maximiliano Kronenberg es periodista especializado en deportes, escritor, productor e investigador. Es Técnico Superior en Periodismo Deportivo en DeporTEA (1997). Su tesis "Peronismo, Deporte y Sociedad" le permitió obtener el título de Magister en Periodismo en la Universidad de San Andrés - Grupo Clarín (2006). Trabajó en medios gráficos, digitales y audiovisuales, entre ellos, el diario deportivo Olé, SportsYA!, Agencia Télam, Fox Sports, América Noticias, Clarín y C5N. También se desempeñó como redactor de contenidos en Sala de Inversión América, un portal latinoamericano de finanzas de Saxo Bank (Dinamarca). En 2019 ofreció una charla sobre "Gardel, Perón y los deportes", en el Museo Casa Carlos Gardel, que derivó en la publicación del e-book Perón, Gardel y los deportes (Indie Libros), su primer libro en formato digital, en el mismo año. Desde 2017 hasta la actualidad realiza trabajos especiales en el diario Clarín para las secciones Cultura, Deportes, Espectáculos y Sociedad y para Revista Pymes del mismo medio. En 2022 publicó una trilogía sobre los orígenes de Alfredo Di Stéfano, Diego Armando Maradona y Lionel Messi, su primera obra en formato papel en coincidencia con sus 25 años de trayectoria como profesional de los medios.